世界哲學家叢書

狄 爾 泰

張 旺 山 著

1 9 8 6

東大圖書公司印行

中華民國七十五年七月初版

© 狄爾泰

基本定價肆元肆角肆分

著作者 張旺山
發行人 劉仲文
出版者 東大圖書股份有限公司
總經銷 三民書局股份有限公司
印刷所 東大圖書股份有限公司
臺北市重慶南路一段六十一號二樓
郵撥：〇一七五一〇號

行政院新聞局登記證局版臺業字第〇一九七號

狄 泰
號 E 14009
東大圖書公司

獻給我敬愛的雙親及岳父母

「世界哲學家叢書」總序

本叢書的出版計劃原先出於三民書局董事長劉振強先生多年來的構想，曾先向政通提出，並希望我們兩人共同負責主編工作。一九八四年二月底，偉勳應邀訪問香港中文大學哲學系，三月中旬順道來臺，即與政通拜訪劉先生，在三民書局二樓辦公室商談有關叢書出版的初步計劃。我們十分贊同劉先生的構想，認為此套叢書（預計百册以上）如能順利完成，當是學術文化出版事業的一大創舉與突破，也就當場答應劉先生的誠懇邀請，共同擔任叢書主編。兩人私下也為叢書的計劃討論多次，擬定了「撰稿細則」，以求各書可循的統一規格，尤其在內容上特別要求各書必須包括 (1) 原哲學思想家的生平；(2) 時代背景與社會環境；(3) 思想傳承與改造；(4) 思想特徵及其獨創性；(5) 歷史地位；(6) 對後世的影響（包括歷代對他的評價），以及 (7) 思想的現代意義。

作為叢書主編，我們都了解到，以目前極有限的財源、人力與時間，要去完成多達三、四百册的大規模而齊全的叢書，根本是不可能的事。光就人力一點來說，少數教授學者由於個人的某些困難（如筆債太多之類），不克參加；因此我們曾對較有餘力的簽約作者，暗示過繼續邀請他們多撰一兩本書的可能性。遺憾的是，此刻在政治上整個中國仍然處於「一分為二」的艱苦狀態，加上馬列教條的種種限制，我們不可能邀請大陸學者參與撰寫工作。不過到目前為止，我們已經獲得八十位以上海內外的學者精英全力支持，包括臺灣、香港、新加坡、澳洲、美國、西德與加拿大七個地區；難得的是，更包括了日本與大韓民國好多位名流學者加入叢書作者的陣容，增加不少叢書的國際光彩。韓國的國際退溪學會也在定期月刊「退溪學界消息」鄭重推薦叢書兩次，我們藉此機會表示謝意。

原則上，本叢書應該包括古今中外所有著名的哲學思想家，但是除了財源問題之外也有人才不足的實際困難。就西方哲學來說，一大半作者的專長與興趣都集中在現代哲學部門，反映着我們在近代哲學的專門人才不太充足。再就東方哲學而言，印度哲學部門很難找到適當的專家與作者；至於貫穿整個亞洲思想文化的佛教部門，在中、韓兩國的佛教思想家方面雖有十位左右的作者參加，日本佛教與印度佛教方面却仍近乎空白。人才與作者最多的是在儒家思想家這個部門，包括中、韓、日三國的儒學發展在內，最能令人滿意。總之，我們尋找叢書作者所遭遇到的這些困難，對於我們有一學術研究的重要啓示（或不如說是警號）：我們在印度思想、日本佛教以及西方哲學方面至今仍無高度的研究成果，我們必須早日設法彌補這些方面的人才缺失，以便提高我們的學術水平。相比之下，鄰邦日本一百多年來已造就了東西方哲學幾乎每一部門的專家學者，足資借鏡，有待我們迎頭趕上。

以儒、道、佛三家為主的中國哲學，可以說是傳統中國思想與文化的本有根基，有待我們經過一番批判的繼承與創造的發展，重新提高它在世界哲學應有的地位。為了解決此一時代課題，我們實有必要重新比較中國哲學與（包括西方與日、韓、印等東方國家在內的）外國哲學的優劣長短，從中設法開闢一條合乎未來中國所需求的哲學理路。我們衷心盼望，本叢書將有助於讀者對此時代課題的深切關注與反思，且有助於中外哲學之間更進一步的交流與會通。

最後，我們應該強調，中國目前雖仍處於「一分為二」的政治局面，但是海峽兩岸的每一知識份子都應具有「文化中國」的共識共認，為了祖國傳統思想與文化的繼往開來承擔一份責任，這也是我們主編「世界哲學家叢書」的一大旨趣。

傅偉勳　韋政通

一九八六年五月四日

自　　序

「愛」除了是一種嚮往、追求的情愫，一種想跟所愛對象結合起來的發自人性深處的本能之外，還應該具有一種主動排除內心與外界障礙，使一切更美好的積極樂觀精神，以及一種由良知萌生的責任感。秉持這份「愛」的信念，我在灰闇的娑婆世間，發現了生命之可愛、生活之可愛與智慧之可愛。

生命之可愛，使我珍惜身心的健康，蓄養生活實踐的動源；生活之可愛，使我在待人處世中不斷充實自己、提鍊人格；而智慧之可愛，則使我立志以思想的探索為終生事業。

真理之海是無邊無際的，唯有揚帆出海，勤於撒網，才能滿載而歸。懷着智識上的謙卑與追求真理的意志，終於在赴德前夕完成了這本書。由於時日迫促，書中必有偏失謬誤之處，謹就教於高明，並望來日再行補正。

想到那些長久以來始終關愛着我的人，心中湧起一股難抑的感激——一種接近深沉痛楚的感激。心頭突然浮現一句名言：無聲無臭獨知時，此是乾坤萬有基。

張　旺　山

1985. 10. 22.

狄爾泰 目次

關於本書的幾點說明

一、本書的基本骨架是筆者的碩士論文《狄爾泰的「歷史理性批判」之研究》，曾發表於《中國文化月刊》；附錄一〈狄爾泰的解釋學〉一文，亦曾在《中國論壇》發表。

二、本書只是進一步研究狄爾泰的導論，系統的舖陳與批判較弱，這是筆者學養的限制，希望將來繼續鑽研後，能有所補充。

三、關於若干術語的中譯：

Zusammenhang：譯成「系統」，取其較廣的意義，有時亦因脈絡而譯成「系絡」或「關聯」。Wirkungszusammenhang 譯爲「作用系統」，亦可譯爲「影響系絡」。

Leben：譯爲「生命」或「生活」；Lebendigkeit 是指生命靈動活潑的特性，不同於機械、法則之死板，譯爲「生命性」或直接譯成「活潑」。

此外，geistige welt 指人的精神所建構出來的世界，譯成「精神世界」，Sinn 譯成「含義」，有「總義」的意思，Bedeutung 譯成「意義」有在一整體中的「分義」的意思。希望讀者由脈絡去了解語詞的「使用意義」，以免滋生不必要的誤解。至於無法直譯的文句，則採意譯並附原文，以求忠實於原著。

狄爾泰的主要著作及其簡稱與代號

GS	《全集》*	*Gesammelte Schriften.* 12 Bañde. Leipzig und Berlin: B. G. Teubner (1914～1936)
JD	《青年狄爾泰》	*Der junge Dilthey: Eine Lebensbild in Briefen und Tagebüchern 1852-1870.* ed. Clara Misch geb. Dilthey, Leipzig und Berlin; B. G. Teubner, 1933
BDY	《狄一約通信》	*Briefwechsel zwischen Wilhelm Dilthey und dem Grafen Paul Yorck von Wartenburg 1877-1897.* ed. Sigrid v. d. Schulenburg, Halle (Salle): Max Niemeyer, 1923
ED	《體驗與詩》	*Das Erlebnis und die Dichtung: Lessing, Goethe, Novalis, Hölderlin.* Leipzig und Berlin: B. G. Teubner, 1924
VDM	《詩與音樂》	*Von deutscher Dichtung und Musik: Aus den Studien zur Geschichte des deutschen Geistes* ed. Hermann Nohl u. Georg Misch, Leipzig: B. G. Teubner, 1933
LS	《史萊瑪赫傳》	*Leben Schleiermachers.* I. Band 2. Aufl. Berlin und Leipzig: Walter de Gruyter, 1922

* 狄爾泰的《全集》自 1914 年開始出版，因第一次世界大戰一度中斷，至 1936 年出版至 12 册（其中第 10 册 1944 年才出版）。二次大戰後，將《史萊瑪赫傳》收編爲 13、14 册，1970～

1974 年間，又將一些專論、短文、書評等收編爲 15、16、17 三册（共同標題爲《關於十九世紀精神史》）。1977 年和 1982 年，Helmut Johach 和 Frithjof Rodi 又分別將 1865～1880 年間的一些論著及 1870～1895 年間爲《導論》第二册而作的一些手稿，編爲 18 及 19 册（18 册的標題是《人、社會與歷史的科學》，19 册的標題是《人、社會與歷史的科學之奠基》），筆者於去年取得這二本書（Göttingen: Vandenhoeck & Ruprecht 出版），助益甚大。（狄爾泰全集的英譯工作，目前已在進行，R. Makkreel 是主編，計劃出六册）

《全集》中重要論著之寫成年代與簡稱

1864〈道德意識〉	*Versuch einer Analyse des moralischen Bewußtseins.* (GS VI, 1–55)
1875〈1875年論文〉	*Über das Studium der Geschichte der Wissenschaften vom Menschen, der Gesellschaft und dem Staat.* (GS V, 31–89)
1883《導論》	*Einleitung in die Geisteswissenschaften: Versuch einer Gruhdlegung für das Studium der Gesellschaft und der Geschichte.* (GS I)
1887〈想像力〉	*Die Einbildungskraft des Dichters: Bausteine für eine Poetik.* (GS VI, 103–241)
1888〈教育學〉	*Über die Möglichkeit einer allgemeingültigen pädagogischen Wissenschaft.* (GS VI, 56–68)
1890〈論實在性〉	*Beiträge zur Lösung der Frage vom Ursprung unseres Glaubens an die Realität der Außenwelt und seinem Recht.* (GS V, 90–138)
1894〈觀念〉	*Ideen über eine beschreibende und zergliedernde Psychologie.* (GS V.

		139–240)
1895/96	〈論個體性〉	*Beiträge zum Studium der Individualität*. (GS V, 241–316)
1900	〈興起〉	*Die Entstehung der Hermeneutik* (GS V, 317–338)
1905	〈黑格爾〉	*Die Jugendgeschichte Hegels*. (GS VI, 1–282)
1904–1910	〈奠基研究〉	*Studien zur Grundlegung der Geisteswissenschaften*. (GS VII, 1–75)
1907	〈本質〉	*Das Wesen der Philosophie*. (GS V, 339–416)
1910	〈建構〉	*Der Aufbau der geschichtlichen Welt in den Geisteswissenschaften*. (GS VII, 79–188)
1910	〈批判〉	*Plan der Fortsetzung zum Aufbau der geschichtlichen Welt in den Geisteswissenschaften: Entwürfe zur Kritik der historischen Vernunft*. (GS VII, 189–291)
1911	〈世界觀〉	*Die Typen der Weltanschauung und ihrer Ausbildung in den metaphysischen Systemen*. (GS VIII, 189–291)

第一章 導論:「狄爾泰問題」與狄爾泰學

一、開 場 白

狄爾泰 (Wilhelm Dilthey) 1833 年 11 月 19 日生於德國萊茵河畔的小鎮 Biebrich (即今之 Wiesbaden-Biebrich), 1911 年 9 月底欲往 Tyrol 避寒, 途經魯爾 (Ruhr) 河畔的 Bozen 時罹疾, 而於 10 月 1 日逝世於 Seis, 享年 78 歲。

這位思想家在國內、甚至在英語世界, 一直未得到應有的重視, 直到近幾十年來, 由於解釋學(Hermeneutik, Hermeneutics, 或譯「詮釋學」) 的興起與法蘭克福學派 (Frankfurt Schule) 的風行, 尤其是在海德格 (Martin Heidegger, 1889-1976)、嘉達瑪 (Hans-Georg Gadamer, 1900-)、霍克海默 (Max Horkheimer, 1895-1973) 及哈伯瑪斯 (Jürgen Habermas, 1929-) 等人作品的英譯及研究的影響下, 才逐漸受到英語世界的重視與研究。四十年來, 尤其是近二十年來, 有關狄爾泰作品的英譯及其思想的研究作品紛紛出籠; 但大體上言之, 各家對狄爾泰思想的詮釋之間, 仍存在着極大的差異, 甚至常出現南轅北轍的論點。稍後我們將就這各種詮釋紛然雜陳的情形作一批判式的描述, 並對造成此種結果的原因提出說明。

在此我們首先要說明的是，儘管狄爾泰在德語以外的世界一直未受應有的重視，但其影響力在德國思想界却是不可忽視的。這一方面固然是因爲他一生泰半在大學任教，造就了不少傑出學生；但更重要的因素是他治學謹愼、踏實而具有原創性，且涉獵領域之廣更是少出其右者。

計自 1864 年獲得在大學任教資格，到 1905 年退休爲止，狄爾泰在大學任教的時間長達四十年之久。在這長期的教學生涯中，狄爾泰造就了不少傑出的學生，包括 G. Misch, H. Nohl, B. Groethuysen, K. Ritter, E. Weniger, O. F. Bollnow, M. Redeker 和 U. Herrmann 等人；狄爾泰生前發表於許多雜誌的文章及未發表的手稿、講稿之所以能以「全集」的形式陸續整理付梓，這些學生的努力是功不可沒的。此外，在 Eduard Spranger, Theodor Litt, Hermann, Georg Misch, Herman Nohl, Max Frischeisen-Köhler, Ludwig Langrebe 與 Erich Rothacker 等人的紹承與發揮之下，在德國思想界形成了一直具有一定影響力的所謂「狄爾泰學派」(Dilthey Schule)。

狄爾泰一生治學甚爲認眞，直到晚年還保持每天工作十四小時的習慣。他的健康情形一直不佳，主要便是這種強力探求的工作習慣所造成的。在他二十二歲致父親的一封信上，狄爾泰寫道：「生命與意義不斷在擴展着，眞希望每小時當十小時用以把握住一切」(JD, 27)；就是這種深恐「時不我與」的強烈求知心與想要「一口吸盡西江水」的旺盛企圖，驅策着狄爾泰不斷的研讀、思索、開拓思想的新境界。除了用力之勤之外，興趣之廣亦是使狄爾泰成爲大學者與思想家的重要因素。他著力探討的領域包括了史學、心理學、哲學（包括知識論、倫理學、美學與教育學理論）、神學、文學史、文學批評，對當時新興的人類學、社會學和自然科學上的若干成就亦頗注意（他寫過許多關於自然科學與人類學新著的書評）。

狄爾泰治學踏實而謹愼。這種治學態度使他在學術上獲得了傑出的成就，如他的《史萊瑪赫傳》(*Leben Schleiermachers*)即是研究史萊瑪赫的思想發展史（「精神史」）之唯一無二的鉅著；而他晚年寫成的《黑格爾的青年史》(*Jungendgeschichte Hegels*)，更是復興研究黑格爾興趣的第一部最重要著作，其他有關「精神史」的許多著作，也都望重士林、深獲好評。可以說，除了布克哈特 (Jacob Burckhardt, 1818-1897) 之外，狄爾泰在治思想史上的成就是無人堪與匹敵的。

這種治學態度和狄爾泰對「系統精神」(esprit de systéme)的厭棄態度有密切的關聯，而二者的結合乃形成的狄爾泰思想的特殊性格。正如他的弟子兼女婿的哲學家米許(Georg Misch) 所說的，狄爾泰比較像是一位地質學家而不像一個工程師。❶這種抗拒系統的態度，使狄爾泰在進入哲學時即有自覺地儘量避免定下立場。他一直有一種感覺，認爲他那個時代是一個哲學新時代即將來臨的「黎明破曉之際」，而自已對德國文化的再創新局有一股強烈的使命感。因此雖然他在早年就表現出了強烈的科學信念，立志以眞理之探求爲終身事業，但對機械式的「系統」，一開始就抱着懷疑的態度。他說:「我們鄙棄建構 (Konstruktion)，

---

❶ Georg Misch, *Vom Lebens- und Gedankenkreis Wilhelm Diltheys* Frankfurt am Main: Gerhard Schulte-Bulmke, 1947, p. 11.

我們樂於探究 (Untersuchung)，我們對系統的機械 (die Maschinerie eines Systems) 抱着懷疑的態度」，並在 1864 年的一篇日記上，批評他所敬愛的列辛 (G. E. Lessing, 1729-81)，說他所建構的系統流於空洞 (GS V, xiv)。

關於狄爾泰思想的特殊性格，稍後當作更詳細的分析。此處之所以提及這一點，主要有二個用意，一是爲以後的進一步分析預下伏筆，一是據以說明，在這種思想性格下，紛然雜陳的詮釋與理解，毋寧是很正常的事。正如在晚年跟他關係最爲密切的學生葛羅催生 (B. Groethuysen) 所說的，狄爾泰的思想極富啓發性，往往在他所表達出來的思想中，即蘊藏着超越此思想之因素或線索❷。但也正因爲這種性格，使狄爾泰的思想有作多種詮釋的可能。

因此，研究狄爾泰的思想，首先會遇到一個和「馬克思學」相同的困擾：各種解釋紛然雜陳，莫衷一是。詮釋的紛歧固然是常見之事，但各種詮釋間乖異程度如狄爾泰學或馬克思學之甚者，却並不多見。西班牙的大思想家奧特嘉 (Ortega y Gasset, 1883-1955)對狄爾泰有極高的評價，說他是「十九世紀下半葉最偉大的思想家」，造成西班牙學界研究狄爾泰的熱潮；相反的，許多英語世界的學者却幾乎對狄爾泰的思想完全的陌生，要不然就是認爲他不過是一個頭腦簡單的心理主義者或歷史主義者，而加以懷疑甚至鄙棄。

關於詮釋狄爾泰思想之紛歧乖異的情形，可以由以下各種

---

❷ Michael Ermarth, *Wilhelm Dilthey: The Critique of Historical Reason*, Chicago and London: The University of Chicago Press, 1978, p. 5.

「主義」(-isms) 之用以表示其思想特徵見出一斑：這些用以形容狄爾泰思想特徵的「主義」包括「生命主義」(vitalism)、「新觀念主義」(neo-idealism)、「實證主義」(positivism)、「歷史主義」(historicism)、「非理性主義」(irrationalism)、「主觀主義」(subjectivism)、「相對主義」(relativism)、「唯美主義」(aestheticism)、「存在主義」(existentialism)、「心理主義」(psychologism)、「客觀主義」(objectivism)……等等。用這些「主義」表徵狄爾泰的思想，不僅顯示人們對狄爾泰的了解極不精確，甚至根本就是誤解，更往往誤導讀者，造成正確了解狄爾泰思想之不必要的障礙❸。

狄爾泰的思想對後世的影響是不容忽視的。他的影響力雖然主要見於德國思想界，但受其影響的思想家却不只在德國。就筆者所知，直接或間接受到狄爾泰思想影響的思想家有 Martin Heidegger, Max Weber, Karl Jaspers, Ernst Cassirer, Ernst Troeltsch, Max Scheler, Georg Simmel, Karl Mannheim, Raymon Aron, Ludwig Langrebe, Ludwig Binswanger, Otto Friedrich Bollnow, Georg Misch, Karl Löwith, Georg Lukács, Eduard Spranger, Erich Rothacker, Rudolf Bultmann, Hans-Georg Gadamer, Max Horkheimer, Jürgen Habermas, Ortega y Gasset 等等，且其影響力正方興未艾，依筆者之見，在學者不斷研究、發掘其思想精蘊的努力下，狄爾泰的影響將隨着世人對他的了解而增長。

因此，狄爾泰在思想史上的重要性是勿庸置疑的。但要貼切了解他的思想，却不是一件容易的事。事實上，雖然狄爾泰逝世

❸ Ibid, p. 7.

至今已有七十餘年，但正如其《全集》第十八、十九二册的編輯者之一的波鴻（Bochum）大學教授羅帝（Frithjof Rodi）在其《形態學與解釋學》（*Morphologie und Hermeneutik*, 1959）一書的導論所說的：「狄爾泰可說是十九世紀所有大哲學家中，至今尙最受到誤解的一位」❹。他的著作極難掌握，甚至他的二個入室弟子米許（G. Misch）和諾爾（H. Nohl）都承認要全盤掌握其思想實在非常困難，而稱其師爲「謎樣的老人」或「神秘的老人」。

狄爾泰的思想之所以難以明確掌握住，最直接的原因固然是他在寫作時文體牽涉龐雜，論點常不明確，對自己使用的許多重要術語，也往往未作精確、一貫的定義，而在表達自己的想法時，又常使用「破中帶立」的手法作歷史的回顧與反省。這種文體的特性及概念使用的鬆泛，一方面使他自己的思想隱晦不彰，一方面也使各種解釋論點都能從他的著作中獲得支持的證據。然而，除了這種直接的原因之外，更重要的原因乃是狄爾泰的治學態度與思想性格的結果。先說狄爾泰的治學態度。

二、狄爾泰的治學態度

狄爾泰治學認眞踏實，同時也非常謹愼。他在年青時代就受到康德哲學和啓蒙精神的影響，有很高的「現代科學意識」（das moderne wissenschaftliche Bewuβtsein）；此外，狄爾泰自

---

❹ Frithjof Rodi, *Morphologie und Hermeneutik: Zur Methode von Diltheys Ästhetik* Stuttgart-Berlin-Köln-Mainz: W. Kohlhammer, 1969. p. 9.

始就有極強的「歷史意識」(das historische Bewuβtsein)，相信每一哲學思想在哲學的整個發展中都有其侷限性 (Gliedhaftigkeit)。在狄爾泰的心目中，哲學也只是一門「分殊科學」(Einzelwissenschaft)，是「精神科學的進一步提昇」；因此他譏諷那種認為哲學至高無上優於所有分殊科學的想法為一種「哲學的自負」或「夢想」(GS V, xviii)。因此他鄙棄系統精神，而着力於從事「精確的探究」(exakte Untersuchung)。

這種厭棄系統建構而致力於踏實謹愼的探究工作的治學取向，使狄爾泰延後了對自己思想作全盤性、系統性反省的時間。可以說，在不斷的探索過程中，狄爾泰的思想迭有創新與發展，但終其一生並未完成其思想體系。據他晚年關係最親密的學生，也是《全集》七、八二册的編者葛羅催生 (Bernhardt Groethuysen) 所說，狄爾泰曾在 1895 及 1907 年二次想完成其思想體系（他建議二人合力完成《導論》第二册），但這份心願尚能完成他就在正值創造力顚峯之時溘然辭世了。甚至，他原想在 1911 年寫一篇說明自己思想的內在關聯的文章，作為他親自揀選的「系統性論著」（後來編為《全集》第五、六二册）的前言，也未能完成就過世了。因此，可以說狄爾泰未曾明確表達其思想體系，而他之未能完成其思想體系而卒，乃是了解其思想的一項無法彌補的損失。

狄爾泰的思想在晚年受到胡賽爾猛烈的誤解與批評，說他是一位歷史主義者，甚至是一位懷疑主義者，為此他深感苦惱，因為他自覺自己一生的大部份工作，亦是在致力於一種「普遍有效的科學」(allgemeingültige Wissenschaft)，而與胡賽爾有共通之處。因此他反省自己之所以受到誤解的原因，而在 1911 年 6 月

29日致胡賽爾的一封信上坦白承認，他自己應爲其著作受到誤解負一部份責任，因爲他讓其著作的前一部份出版，而保留了後一部份「供進一步反省」❺。的確，由於這種謹愼的治學態度，使狄爾泰的許多重要著作都只出版或完成了一半，因此博得了「半冊學者」(man of the half-volume) 和「偉大的片段家」(the great fragmentist)這種帶有貶意的雅號。❻

狄爾泰的思想會遭受誤解，這種治學態度無疑是重要的原因之一。狄爾泰生前發表的著作中，除了散見報章雜誌的文章之外，大多是未完成之作。1870年出版的《史萊瑪赫傳》直到晚年一直未完成預計要寫的第二册，只留下了一些手稿；《黑格爾的青年史》是另一部未完成之作；其他像1875年的論文〈論人、社會與國家之科學的歷史之研究〉(*Über das Studium der Geschichte der Wissenschaften von Menschen, der Gesellschaft und dem Staat*)，1894年首次發表於《柏林科學院會議報告》(*Sitzungsberichte der Berliner Akademie der Wissenschaft*) 的〈關於描述與分析的心理學的一些觀念〉(*Ideen über eine beschreibende und zergliedernde Psychologie*)，乃至1883年出版的最重要著作《精神科學導論：爲社會與歷史之研究奠基的嘗試》第一册 (*Einleitung in die Geisteswissenschaften: Versuch einer Grundlegung für das Studium der Gesellschaft und der Geschi-*

---

❺ Walter Biemel (ed.) "Der Briefwechsel Dilthey-Husserl", in *Man and World* 1, 3 (1968), 435.

❻ Jonas Cohn "Über einige Grundfrage der Psychologie", *Logos*, XII (1923/24) pp. 50-87. 關於狄爾泰全集編輯的過程，此期的書後附註 (pp. 293-298) 有詳細的介紹。

chte)，都是未完成之作。

這種審愼的態度，一方面使狄爾泰生前發表的著作多屬「導論」性質，而易滋生種種誤解；但「進一步反省」的結果，也使狄爾泰身後留下了大量的遺稿，供後人進一步研究其思想。

狄爾泰的《全集》自1914年起開始陸續出版，至1982年爲止已出到了第十九册，預計出到二十一册。但是必須記住的是，即使出齊了二十一册，仍不過是狄爾泰遺作的一部份。由於二次世界大戰的關係，除了少數遺稿由狄爾泰的二個學生米許和諾爾帶到西德保存於哥廷根的下薩克森邦與大學圖書館的手稿部(Handschriften-Abteilung der Niedersächsischen Staats- und Universitätsbibliothek in Göttingen) 之外，尙有十萬頁以上的遺稿存放在東德的柏林科學院德國語文研究所的文件檔案室 (the Literatur-Archiv of the Institut für deutsche Sprache und Literatur of the Akademie der Wissenschaften der DDR in Berlin)。這些遺稿大多字跡潦草，難以辨認，造成整理上的莫大困難。

然而，正由於狄爾泰常將一些思索的結果留在「進一步反省」的遺稿中，因此這些遺稿對於了解狄爾泰思想也就顯得格外重要了。例如《導論》一書是狄爾泰生前最重要的系統性論著，原計畫分二册出版，但後來只出版了第一册。在他的計畫中，第一册是要對精神科學的奠基問題在歷史上出現過的種種努力作一番批判性的回顧，以爲第二册進行系統性的知識論奠基的準備。因此未出版的第二册當比第一册更爲重要。《全集》第八册所收集的文章，是他晚年在這方面的努力成果，但早在1880年左右，狄爾泰已作過深入的反省而寫成所謂的〈布果斯勞手稿〉(*Breslauer Ausarbeitung*)； 此外在1890-95年間，又有所謂的〈柏林草稿〉(*Berliner Entwurf*);且在 1865–80 年間,狄爾泰除了1875年論文之外,也寫了不少關於精神科學方法論的手稿。這些重要著作都編在約哈赫和羅帝(Helmut Johach & Frithjof Rodi)合編而分別於 1977 和 1982 年出版的《全集》第十八、十九二册裏。

這些作品的整理付梓,使學者有了重新理解狄爾泰思想的新材料,造成了「狄爾泰學」(Dilthey–Untersuchungen)不小的震撼。所謂「傳統的解釋」與「新近的解釋」之間嚴重紛歧乖異的現象,很重要的一個促因就是這些新材料的問世。這種情形有一點像《1844 年經濟學哲學手稿》(*Ökonomisch-philosophische Manuskripte von 1844*)對「馬克思學」所造成的震撼。

狄爾泰的思想雖迭有創新與發展,但大體說來,仍是有其一貫性的,這種一貫性主要是來自他自始至終所關心的問題是不變的。正如 Michael Ermarth 所說的:「狄爾泰的思想有很高的延續性,但也顯示着許多重大的轉變;這一方面是出於他自己的反省,一方面也是受其他思想家影響的結果」。❼由於狄爾泰在思想發展的過程中,遲遲未建立自己的體系,但却有一貫關心的問題,因此他的思想發展,正如「修理破船」一般,雖不斷有創新與發展,但却展現出「前後相隨」、「難分難捨」的特性。這種特性無疑使正確掌握其思想的努力,增加了幾分困難❽。

❼ Michael Ermarth, loc. cit., p. 9–10.

❽ 狄爾泰在 1911 年寫道:「如果人們相信,過一段長時期就能獲得更成熟的見解,則他可能會先已喪失了發現的當下之樂與年輕活潑之心,甚至喪失了當時把握到的眞理,而那眞理後來可能就不再有那麼好的把握了。」(GS V, 3)這段話出現在他晚年爲《全集》第五、六册(包括他自己選出來的 1864–1907 年間的許多「系統性論著」)所寫的「前言」裏,可以證明他到晚年仍相當重視早年的思想。因此,光就他晚年的著作了解狄爾泰是不夠的。

當然，除了上述諸原因會造成掌握狄爾泰思想的困難之外，就解釋者一方，我們也可以提出幾點常見的造成不同詮釋原因，例如：旣有文獻卷帙浩繁，取材範圍因人而異，結論自然有所不同；有些學者僅就所及材料作「內在的解釋」(immanent interpretation)，而有些學者則試圖使狄爾泰思想更具系統性、一貫性，而採取「建構性解釋」(constructive interpretation)；有些學者有很強的「成見」(prejudice) 或「預存立場」(preoccupation)，而在狄爾泰的著作中尋求印證，或據以批判其所了解到的狄爾泰思想。

三、狄爾泰思想的特殊性格

然而筆者認爲，之所以會造成各種詮釋紛雜乖異的現象，最根本的原因乃是狄爾泰思想有一種特殊的性格，這種性格我們可以用「難以捉摸」來表示。事實上，這種性格乃是狄爾泰思想的三重性格——多面性、發展性、非系統性——的奇異混合。以下我們分別就這三重特性加以說明。

首先，就整體而言，我們幾乎無法將狄爾泰的思想歸入十九世紀任何一個主要傳統之中，但我們却可以在他身上看到所有這些思想傳統的影子。譬如：他強烈抨擊實證主義與經驗主義的一些重要觀點，但却處處表現出對科學的經驗性的尊重，並以哲學的「科學性」(Wissenschaftlichkeit) 爲最迫切的心願，甚至稱自己爲「頑強的經驗論者」(ein hartnäckiger Empiriker)[9]，以

[9] Georg Misch, *Vom Lebens- und Gedankenkreis Wilhelm Diltheys* p. 14.

致使哈伯瑪斯 (Jürgen Habermas, 1929-) 認定他的思想中隱含着實證主義或客觀主義的因子⑩；他標舉自己爲「康德運動」(Kantbewegung)的一員，一再呼籲哲學應越過黑格爾 (G. W. F. Hegel, 1770-1831)、謝林 (F. W. Schelling, 1775-1854) 和費希特 (J. G. Fichte, 1762-1814) 而廻溯到康德，要「追隨康德的批判途徑」(GS V, 5, 13, 27)，但對康德的思想却處處加以反對，試圖建立一種「新的理性批判」(neue Kritik der Vernunft)，並和新康德主義巴登學派的二位大將溫德爾班 (Wilhelm Windelband, 1848-1915) 和李恪特 (Heinrich Rickert, 1863-1936) 進行了長期的論戰；他採用並發展了德國觀念論者（尤其是黑格爾）的一些觀念，但却極力反對費希特式的知識學 (Wissenschaftslehre) 和黑格爾思辯式的歷史哲學，事實上，狄爾泰構思數十年的「歷史理性批判」(Kritik der historischen Vernunft)，正是要證明黑格爾式的歷史哲學是不可能的⑪；他強調歷史意識的力量，對歷史主義或浪漫主義的傳統頗多讚揚，但却秉持啓蒙主義的精神，處心積慮要爲普遍有效的歷史知識尋求哲學基礎，以避免歷史相對主義的後果。凡此皆說明了狄爾泰的思想和時代思潮之間，有着非比尋常的密切關聯，展現爲其思想的多面性。因此，任何想從單一思潮方向去掌握狄爾泰思想的企圖，都是行不通的，唯有細心分梳、探求其思想和時代思潮的互動情形，才能

---

⑩ Jüngen Habermas, *Knowledge and Human Interests* tr. by Jeremy J. Shapiro, Boston: Beacon Press, 1972, p. 179 & p. 185.

⑪ Herbert A. Hodges, *The Philosophy of Wilhelm Dilthey* London: Routledge & Kegan Paul, 1952, p. xv.

確切掌握住他的思想。狄爾泰思想的這種多面性，一方面使人很難對其思想有明確而一貫的掌握，一方面也使各種不同、甚至相衝突的解釋觀點，都能在其著作中找到相當豐富的支持證據。

狄爾泰是一位極具原創性的思想家，獨立思考的能力很強，性趣也很廣，因此能在許多領域上，一方面以開放的心態接受當時各種思潮的影響，但却不受其左右，而能多方思索、獨立反省，以謹愼的態度與批判的精神，開創出自己的思想道路；然而在另一方面，却也顯示出在表達自己思想時有點放不開，往往東牽西扯而把持不定，最後則欲「供進一步反省」而只發表了其著作的前半部——這正是他的著作大多未能完成的根本原因。因此，我們從他的著作裏，很難定出那些章節代表他的主要思想，甚至要對他的思想作明確的分期也是不可能的。

狄爾泰的思想雖具這種「多面性」，但也有其「發展性」。在長期的思想探索的過程中，或受到其他思想家的影響，或出自自己的反省，狄爾泰不斷對自己的思想作他所謂的「內在的批判」(immanent critique)。所謂「內在的批判」是指針對思想本身所要達到的目標，而對該思想作批判性的判斷或修正。在這裏我們可以看到由於狄爾泰對待「系統」的特殊態度所造成的思想特徵：他不汲汲於建立系統，並且謹守「內在批判」的原則，因此他雖對構成其思想的一些概念與理論之間的內在關係作了修正，甚至相當重要的修正，但整體而言，其思想的大輪廓並不致發生相對應的改變。這就是前述的「修理破船」的方式：不因船的某一部份有破損就大肆翻修，而只作必要的局部修補。因此，狄爾泰的思想雖迭有發展，但這些發展都未曾發生全面性改變其思想的結果。

因此究竟言之，狄爾泰的思想是不具有系統哲學家的那種「系統性」的。他在 1910 年所寫的《精神科學中歷史世界的建構》(*Der Aufban der geschichtlichen Welt in der Geisteswissenschaften*) 一文中，曾舉了一個「體驗」的例子說：「晚上，我醒着躺在床上，擔心晚年不能完成那些已經開始了的工作，並考慮接下來該怎麼做。」(GS VII, 139) 而在 1903 年的七十歲生日講演裏，他也明白的說出：「目標我看見了。如果我停留在半途，那麼我希望，我的年輕同道、我的學生們能走完這條路。」(GS V, 9) 這兩段話道盡了狄爾泰晚年的心境——想完成一生治學的目標，却心有餘力不足，恨時不我與也！

狄爾泰晚年的確未及明確建構出其思想體系就與世長辭了。由他晚年的心境，我們可以歸結出二點結論：一是他生前的著作中所表達出來的思想確是不具有系統性的，而這種非系統的特性結合前述的多面性與發展性兩個特性，便形成了狄爾泰思想的特殊性格：難以捉摸。他的所有著作就像夜霧中的大海，在其中摸索而行，很容易就「霧失樓臺，月迷津渡」而航錯方向了。正如霍克海默 (Max Horkheimer, 1895-1973) 所說的，研究狄爾泰的思想是一件「旣刺激又無邊無際」的事⓬。

因此有些極端的批評者遂認爲，「狄爾泰本身的思想根本就沒有統一性，如果有人主張有這種統一性，則該統一性也不是本來就有的，而是讀者自己加上去的。」⓭對於這種論調，筆者不

⓬ Max Horkheimer, "Psychologie und Soziologie im Werk Wilhelm Diltheys" in *Kritische Theorie,* 2 Vols. (Frankfurt am Main, 1968) 2:273. Cited from M. Ermarth, loc. cit., p. 4.

⓭ Michael Ermarth, loc. cit., p. 6.

敢苟同。因爲我們從前述狄爾泰的晚年心境，還可以得到另一個結論，那就是狄爾泰確實曾致力於完成其思想。筆者認爲，狄爾泰的思想不但具有統一性，且可以有系統性，只是他可能建立的思想體系，必須是一種「開放的體系」(open system) 而非「封閉的體系」(closed system)。

狄爾泰的女兒，也就是米許的太太，在《青年狄爾泰：1852-1870年間書信與日記集》(*Der Junge Dilthey: Eine Lebensbild in Briefen und Tagebüchern 1852-1870*) 的序言曾說：「當我晚年陪父親在草地上散步時，父親常跟我說，他一生所有的作品，都只是在實行年青時的想法和計畫。」(JD, iii) 此外，狄爾泰在生前最後一年 (1911 年) 反省一生的工作，而爲《全集》第五、六册所蒐集的一些「系統性文章」寫的〈前言〉中，更明白的指出，這些文章「固然隨着哲學發展前後相續的不同階段，而出現於不同的時間，但却由於貫穿着我年輕時那股幾近狂熱的衝動，而有其統一性」(GS V, 3)。從這兩段話我們至少可以肯定，狄爾泰一生的「終極關切」(ultimate concern) 始終是不變的，而就在這始終不變的「終極關切」的線索中，我們可以找到狄爾泰思想的統一性，進而挖掘出其思想的「深層結構」(deep structure)。

透過以上的分析，我們便可擬定研究狄爾泰思想的初步策略：由於狄爾泰思想的特殊性格使然，我們無法對其思想作截然的分期；但爲了要挖掘其思想的「深層結構」，我們又必須在其缺乏系統性的長期思想探索的結晶中，掌握其思想的精蘊所在。因此，我們唯有先採取一種「縱斷面分析」(Längsschnittanalyse) 的方式，以狄爾泰思想的終極關切作爲貫穿其一生的指導性線索，藉以釐清其思想主軸——即所謂「歷史理性批判」(Kritik der historischen Vernunft）的主要內容，然後再循此一思想主軸，逐步建構出其思想的「深層結構」。因此，本書將同時採取「內在的解釋」與「建構性解釋」二種途徑探討狄爾泰思想，希望能在紛然雜陳的各種詮釋中，提供一種較客觀、較合理的詮釋觀點。

四、我國研究狄爾泰的情形

我國關於狄爾泰的研究，實在非常缺乏。就筆者所知，除了創立於民國22年的「中德學會」所發行的雜誌《中德學誌》（創刊於民國28年，原名爲《研究與進步》），曾於民國32年出版的第五卷中，刊載了與狄爾泰密切相關的一篇王錦第先生寫的〈宇宙觀學與精神史〉（頁八十八到一一一），與關琪桐先生所翻譯的〈宇宙觀論叢〉（頁四四四至四六五），選譯狄爾泰《全集》第八册最後一部份〈關於世界觀學〉（Zur Weltanschauungslehre）中的三段文章（〈我的哲學的基本思想〉、〈現代文化與哲學〉和〈幻夢〉），並在譯文前加了一段〈狄爾泰小傳〉的介紹之外，四十年來的研究成果幾乎等於零。

五、日本研究狄爾泰的情形

然而，反觀我們的近鄰日本，就筆者在臺大文學院聯合圖書館蒐羅所及，早在大正13年，也就是民國13年，就有勝部謙造所著的《狄爾泰的哲學》（ディルタイの哲學，改造社刊行）；勝部謙造並於昭和7年（民國20年）以德文出版《狄爾泰的生命哲學方法》（*Wilhelm Diltheys Methode der Lebensphilosophie,*

廣島文理科大學哲學研究室刊行)。此外，昭和 17 年又有岸本昌雄著《歷史主義哲學的根本問題：狄爾泰的哲學與文化體系的客觀性》(《歷史主義哲學の根本問題：ディルタイの哲學と文化體系の客觀性》，六盟館發行)。關於狄爾泰著作的翻譯則有昭和 3 年三枝博音所譯的《精神科學序說》(卽《導論》，東京大村書店刊行)；昭和 18 年大野敏英譯的《非特烈大王與德國啓蒙思潮》(《フリードリッヒ大王と獨逸啓蒙思潮：獨逸精神史の研究》，刀江書院刊行)；同年松山厚三譯的《文藝復興時期以後的人生與世界觀》(《ルネサンス期以後の人間と世界觀》白楊社版)等等。

筆者相信，上列諸書只是日本研究狄爾泰的一小部份成果。由於筆者在就讀研究所期間，常進出臺大文學院聯合圖書館的一間專門陳列日據時代臺北帝國大學文學院遺留下來的書籍的小藏書室(幾皆屬哲學類圖書)，對日本人研究思想之認眞、踏實、徹底與自由，有極爲深刻的感受，因此忍不住在此說些「題外話」。

六、題　外　話

筆者因寫作碩士論文而研讀狄爾泰的著作，而筆者的碩士論文之所以能順利完成，日本人留下來的書籍乃是最重要的一個外在因素。筆者發現，除了 1958 年才出版的《全集》第十册外，這間小藏書室中幾乎蒐羅了當時所有已出版的狄爾泰原著及重要二手資料，1936 年以前出版的《全集》前十二册更有三套之多。許多在哲學史書籍中只提到一點，甚至根本沒提到的思想家的《全集》，更是比比皆是。藏書室的二樓，收藏了許多當時甚爲重要的辭書與哲學雜誌，其中許多雜誌甚至是研究現代思想極爲珍貴的「寶貝」；而日本人自己刊行的哲學雜誌種類之多、內容之豐富與研究之認眞踏實，更令人肅然起敬。此外，以日本人反共產主義之徹底，而竟能在極早的時期就譯出《馬克思全集》，更可見其思想研究自由之一斑。日本人翻譯外國書籍之勤與認眞，是舉世聞名的；許多重要的德文哲學著作，在尙無英譯之前，已有日文譯本，且譯文精益求精，一再重譯（海德格的《存有與時間》已有六種譯本），更令人對其重視思想普及化的精神，由衷感到佩服。

筆者始終認爲，人乃是思想的動物；一個人持什麼樣的思想、態度去看待世界、看待人生，往往就決定了他是怎麼樣的一個人。進而言之，一個民族的文化生命力是否能堅實強韌、歷久彌新，就看這個民族是否能在文化思想上精益求精、勇猛篤行。卽以中國近代之「現代化」過程而言，筆者認爲，決定中國現代化成敗的最根本因素，乃在於中國人是否能眞正認眞、踏實、徹底而自由的面對固有的傳統思想文化與外來的思想文化，從而透過一種創造性的轉化或綜合，而找到一條適合中國人的自己的健康寬坦的思想道路。這是中國人必須嚴陣以待、全力以赴的思想冒險，也是對中國文化生命力的一項重大考驗。沒有經過一番徹底的精神洗禮、沒能紮下穩固的根基，要成爲一個眞正的現代人是不可能的，更遑論要建立眞正的中國現代社會了。在這一方面，日本明治維新以來對待傳統與回應西方文化刺激的方式，確實有許多值得我們深思之處。

我國自清末遭逢「二千年未有之大變局」以來，許多政治家與知識份子亦對這場「大變局」提出了解釋與救治之道，如「富國強兵」、「中學爲體、西學爲用」、「全盤西化」等等，其間也發生了科學與玄學、人生觀等爭論；但除了譚嗣同、梁漱溟、熊十力與方東美、唐君毅、牟宗三等「新儒家」成員之外，却很少人眞正觸及並致力於中國現代化的根本問題。一般說來，五四時期「全盤西化」、「打倒孔家店」的口號，象徵了中國文化思想傳統之遭受到前所未有之懷疑；文化生命力受到了空前嚴重的鉅創，其不絕如縷的情形，有甚於「禮敎吃人」的魏晉時代。在這種情況下，中國文化生命體質呈現了一種虛弱的狀態，而帶有道德、理想色彩的共產主義便乘虛而入，攫住了許多急於改造現況的知識份子的心靈，遂造成了中國史無前例的大災難。偉大的理想常常會造成偉大的災難。至於中國人回應西方思潮的方式，常常是西方思潮還沒有眞正生根就不見了；這種情形很像目前青年文化中的趕時髦心態。然而思想上的趕時髦却是一件危險的事：實用主義、科學主義、存在主義與行爲主義，像一陣陣颶風襲來，只留下破壞性的負面影響，而未帶來建設性的正面貢獻。　國父曾說我們要恢復「民族固有的智能」，我對「固有智能」的解釋是：我國堅實強靭、歷久彌新的文化生命力。而要恢復這種文化生命力，便需要認眞、徹底、踏實而自由地面對固有的傳統文化與外來文化。如何使不絕如縷的文化生命力，在現代中國人的心靈裏重新振作起來，乃是現代中國人責無旁貸的歷史使命。

言歸正傳，讓我們看看德國與英美學者研究狄爾泰思想的情形。

七、德國1911～1936年間的情形

在德國，自狄爾泰之死到 1936 年出版《全集》第十二册爲止的25年間，即有不少研究狄爾泰思想的著作問世，以下僅就筆者所知，擇其要者依出版年代順序列出：

1911/12 Max Frischeisen-Köhler〈哲學家狄爾泰〉（"Wilhelm Dilthey als Philosoph", in *Logos* II, 29-58）

1912 Eduard Spranger《狄爾泰》（*Wilhelm Dilthey*, Berlin）

1923 Max Scheler〈生命哲學之嘗試〉（"Versuche einer Philosophie des Lebens", in *Umsturz der Werte*, II, 135-181, Leipzig）

1926 Joachim Wach《全德倫堡的類型學及其對狄爾泰的影響》（*Die Typenlehre Trendelenburgs und ihr Einfluss auf Dilthey*, Tübingen）

1926 Arthur Stein《狄爾泰的了解概念》（*Der Begriff des Verstehens bei Dilthey*, Tübingen）

1928 Ludwig Landgrebe《狄爾泰的精神科學理論：其基本概念之分析》（*Wilhelm Diltheys Theorie der Geisteswissenschaften*, Halle）

1930 Georg Misch《生命哲學與現象學：論狄爾泰的思想方向與海德格及胡賽爾之分際》（*Lebensphilophie und Phänomenologie: Eine Auseinandersetzung der Diltheyschen Richtung mit Heidegger und Husserl*, Lepzig）

1931　Fritz Kaufmann《當代歷史哲學》(*Geschichtsphilosophie der Gegenwart*, Berlin)

1933　C. Cüppers《狄爾泰的知識論基本思想》(*Die erkenntnistheoretischen Grundgedanken Wilhelm Diltheys*, Leipzig)

1933　A. Degener《狄爾泰與形上學問題》(*Dilthey und das Problem der Metaphysik*, Köln)

1933　Arthur Liebert《狄爾泰》(*Wilhelm Dilthey*, Berlin)

1934　Julius Stenzel《狄爾泰與德國現代哲學》(*Dilthey und diè deutsche Philosophie der Gegenwart*, Berlin)

1935　Dietrich Bischoff《狄爾泰的歷史的生命哲學》(*Wilhelm Diltheys geschichtliche Lebensphilosophie*, Leipzig)

1936　Otto Friedrich Bollnow《狄爾泰哲學導論》(*Dilthey: Eine Einführung in seine Philosophie*, Leipzig)。

以上所列，只是一部份直接以狄爾泰思想爲研究主題的著作，較詳細的書目可參閱霍吉士 (H. A. Hodges) 所著《狄爾泰導論》(*Wilhelm Dilthey: An Introduction*, 1944) 一書所附的參考書目。霍吉士在 1939 年卽寫過一篇論文〈狄爾泰哲學之硏究〉(*A Study of Wilhelm Dilthey's Philosophy*)，是英美早期硏究狄爾泰思想成就最大的學者；1952 年繼《狄爾泰導論》之後，又出版了一本更爲詳盡的狄爾泰專著《狄爾泰的哲學》(*The Philosophy of Wilhelm Dilthey*)，此書至今仍是硏究狄爾泰思想的重要參考資料。據霍吉士《狄爾泰導論》一書書目所載，1913 至 1935 年間，在德國卽有九本以狄爾泰思想爲硏究主題的博士論文，可見德國學術界研究狄爾泰之一斑。且在上列書籍中，Spranger, Scheler, Wach, Stein, Landgrebe, Misch, Stenzel, 與 Bollnow 等人都是卓然有成的思想家，亦可見狄爾泰對德國思想界之廣泛影響力。

八、狄爾泰的影響力

狄爾泰對當時思想界之廣泛影響的見證，可從胡賽爾的一段話中看出來。胡賽爾在 1910 年所發表的現象學宣言〈哲學：嚴格的科學〉(*Philosophie als strenge Wissenschaft*) 中，曾大肆攻擊狄爾泰的「世界觀哲學」(Weltanschauungsphilosophie)，但他 1931 年 6 月 10 日在柏林大學演講〈現象學與人類學〉(*Phänomenologie und Anthropologie*)[14] 時，亦不得不承認：「狄爾泰的生命哲學 (Lebensphilosophie) 就是一種新的人類學，在現在有很大的影響力，甚至所謂的現象學運動都被這新思潮打動了。」[15] 此外，海德格雖也批評狄爾泰的生命哲學不夠徹底[16]，但在

---

[14] 這篇演講首先在 1941 年發表於國際現象學學會的刊物《哲學與現象學研究》(*Philosophy and Phenomenological Research*, Vol. II, No. 1. pp. 1–14)，後來由 Richard G. Schmitt 譯成英文，收入 Roderick M. Chisholm 所編的《實在論與現象學的背景》(*Realism and the Background of Phenomenology*, New York, 1967) pp. 129–142.

[15] Edmund Husserl "Phänomenologie und Anthropologie", in *Philosophy and Phenomenological Research*, 2 (1941), No. 1, p. 1.

[16] Martin Heidegger. *Being and Time* tr. by John Macquarrie & Edward Robinson, New York: Harper & Row, 1962, pp. 72–73 & pp. 252–253.

1927年發表的《存有與時間》(*Sein und Zeit*) 中，行文走筆間處處表現出對狄爾泰的熟悉與推崇，更承認他在書中對歷史問題的分析乃得自狄爾泰的研究成果的啓發⑰。今年 (1985年) 9月，Hans-Georg Gadamer, Walter Bröcker, Ludwig, Landgrebe, Otto Friedrich Bollnow 等海德格當年的友生，將聯袂到波鴻 (Bochum) 與 Otto Pöggeler, Frithjof Rodi 等人，共同舉行兩天的討論會，專門探討早年海德格與狄爾泰思想的關係；此外，1983年4月6日至9日，「德國現象學研究協會」(Deutsche Gesellschaft für Phänomenologische Forschung) 爲了紀念狄爾泰誕生150週年暨《精神科學導論》出版屆滿百年，特別在西德特利爾 (Trier) 舉辦了一場以「狄爾泰與現象學」(Wilhelm Dilthey und die Phänomenologie) 爲專題的學術會議，參加者除了主其事的O. Pöggeler與特利爾大學教授 E. W. Orth 之外，尙有 Otto Friedrich Bollnow, Manfred Riedel, Horst Baier, Frithjof Rodi, Hans-Georg Gadamer, Ilse N. Bulhof, Rudolf A. Makkreel, David Carr, Karl Otto Apel 等等著名學者，發表了將近二十篇的論文。凡此種種跡象顯示，狄爾泰不僅在過去有其影響力，且其影響力在現在更可謂方興未艾。

近二十年來，狄爾泰之受到德國，尤其是英美學界的重視，一方面固然是由於《全集》的陸續出版與早期手稿之發現整理並受到重視，造成「狄爾泰學」本身的進一步發展，另一方面也是由於科技的急遽進步，駸駸乎成了一種支配人心的「意識型態」(Ideologie) 甚至具體而微的社會力量，造成了現代思想與社會的鉅大潛在危機，許多學者在批判實證主義或科學主義，並尋求思

⑰ Martin Heidegger, loc. cit., p. 449.

想的新出路之際，往往藉着對狄爾泰思想的詮釋與批判，試圖凸顯出自己的思想理路。

九、《全集》第十八、十九册中的手稿

由於狄爾泰有一種「供進一步反省」的習慣，使他生前發表的著作，往往只是該著作研究計劃中的前半部，其後半部往往是一些草綱式的手稿。譬如，狄爾泰在 1875 年發表了一篇題爲〈論人、社會與國家之科學的歷史之研究〉(*Über das Studium der Geschichte der Wissenschaften vom Menschen, der Gesellschaft und dem Staat*) 的論文，而這篇論文只是一更大的研究計劃的前半部。事實上早在 1865 至 66 年間，狄爾泰就寫了一些相關主題的計劃與草綱；且在 1871 年卽開始爲〈1875 年論文〉作了一些準備工作；1875 年論文發表後，狄爾泰更寫了二份手稿，想完成這篇論文的原訂計劃（這二篇手稿學者通稱爲〈1875年論文續編〉*Fortsetzungen der Abhandlung von 1875*）。所有這些未發表的手稿，後來都收入了 1977 年出版的《全集》第十八册中了。無疑的，這些手稿對於了解狄爾泰早期思想的發展，是極爲重要的；事實上，1883 年出版的《導論》第一册，甚至晚期著作中的一些主要觀念，都可以在這些早期手稿中看到發展的線索。

同樣的，狄爾泰生前所發表的最重要的精神科學方法論著作《導論》第一册，亦只是一部規模閎偉的寫作計劃的前半部。這部著作原來計劃包括歷史的論述與系統的論述二部份，而已發表的第一册則只包含了歷史的論述的部份。《導論》是在 1883 年發表的；1882 年狄爾泰前往柏林繼承洛采 (Rudolf Hermann Lotze,

1817–1881）的講座，而 1871–1882 年間，狄爾泰一直在布累斯勞任教。自從 1864 年獲得博士學位及任教資格後，狄爾泰的生活一直不很安定，一直到赴布累斯勞（Breslau，今屬波蘭，改名爲 Wroclaw）後才安定下來。38–48 歲的狄爾泰正逢壯年，創造力可謂達到高峯，加上生活的安定，自然可以安心的從事研究與思想探索。因此，狄爾泰在這段期間，寫了大量的著作，大部份編進了《全集》十五到十七册，光是《全集》第十七册中所附狄爾泰發表在《威斯特曼月刊》（*Westermanns Monatsheften*）中的評論的書目（見 GS XVll, 471–520）卽有五十頁之多，此外尙有一大堆系統性的著作與草稿，其中只有一小部份付梓。

可以說，在 1895 年多天由於受到埃賓豪斯（Hermann Ebbinghaus, 1850–1909）對其描述心理學的強烈攻擊而中止《導論》的原訂計劃之前，在長達近二十年的時間中，狄爾泰並未放棄完成《導論》的工作。爲了《導論》的後半部，也就是系統性論述的部份，狄爾泰在 1880–1890 年間與 1890–1895 年間，分別寫成了二份手稿。這二份手稿早在米許（Georg Misch）爲《全集》第五册所寫的長達 110 頁的〈編者弁言〉（*Vorbericht des Herausgebers*）中卽提到過，第一份手稿中尤其以計劃中的《導論》一書第四卷（題爲〈知識的奠基〉）的第一部（題爲〈意識事實〉）所包含的論述較詳的十二章最爲重要，大約是 1880 年在布累斯勞寫成的，因此稱之爲〈布累斯勞手稿〉（*Breslauer Ausarbeitung*），第二份手稿則是在 1893 年左右柏林所寫的《導論》第二册的草綱，稱之爲〈柏林草稿〉（*Berliner Entwarf*）。這二份當前狄爾泰學學者極爲重視的手稿，1880 年以前所寫的一些有關精神科學之知識論與方法論的一些早期草稿，以及一篇寫於 1892/

93年左右，題爲〈生命與認知〉(*Leben und Erkennen*) 的手稿（此手稿可與收入《全集》第五册中，寫於 1892 年的〈經驗與思想〉一文一倂硏讀），都收入了 1982 年才出版的《全集》第十九册中。狄爾泰的《全集》仍在繼續編輯中，預計第二十册將蒐羅一些演講稿，以補充第十八、十九册的不足，而狄爾泰部份由於受到胡賽爾的《邏輯探究》(*Logische Untersuchungen*, 二册，第一册於 1900 年出版）一書影響，而於 1900 年開始着手的「新起點」，亦將在《全集》第二十一册中有所補充。

上述這些遺稿雖到 1977 和 1982 年才分別收入《全集》第十八、十九兩册，但事實上許多狄爾泰學學者（如 P. Krausser, U. Herrmann, F. Rodi, H. Johach, H. Ineichen, M. Riedel, M. Ermarth 等等），在這些手稿出版前就已經極爲重視且大量利用了（尤其是〈布累斯勞手稿〉)。對這些手稿的探討與詮釋，使世人對狄爾泰的思想有了嶄新的認識，從而也造成了各種詮釋紛雜乖異的現象。

十、嘉達瑪與哈伯瑪斯

然而嚴格說起來，影響近二十年來詮釋狄爾泰思想的熱潮最大的，還是當今德國思想界的二位泰斗：嘉達瑪 (Hans-Georg Gadamer, 1900-) 與哈伯瑪斯 (Jürgen Habermas, 1929-)。

嘉達瑪於 1960 年發表了現代哲學中的劃時代鉅著《眞理與方法》(*Wahrheit und Methode*)，使解釋學 (Hermeneutik) 成了當代歐陸最重要的哲學流派之一。他在這部著作中，花了頗長的篇幅詮釋並批判狄爾泰的解釋學思想。接着，法蘭克福學派新生代的最主要代表人物哈伯瑪斯，亦於1968年發表其重要著作《知識與興趣》(*Erkenntnis und Interesse*)， 他在書中花了二章的篇幅探討狄爾泰的解釋學與精神科學理論。隨着解釋學與法蘭克福學派的批判理論的盛行與相關著作的英譯，使德國和英美學界掀起對實證主義、科學主義加以反省、批判的熱潮，並亟於想在社會科學的哲學及一般哲學問題上尋找新的思想出路。就在這種思想氛圍下，狄爾泰重新受到世人的重視與研究。

嘉達瑪和哈伯瑪斯二人基本上仍只注意到狄爾泰晚年的著作，尤其是其中所隱含的解釋學思想。他們對於狄爾泰的解釋，基本上還是承襲 1920 和 30 年代的傳統解釋 。一方面他們都認爲， 狄爾泰思想的意義， 在於他標舉了歷史經驗與了解的特殊性，而他們便在狄爾泰思想中，汲取了狄爾泰批判實證主義的一些洞見；然而另一方面，他們也都認爲狄爾泰在克服自然科學的思考模式上，並未眞正成功，而他們便是要在這方面有所建樹。例如嘉達瑪認爲，狄爾泰基本上是「啓蒙之子」，具有追求「科學的確定性」的笛卡兒心態，因此在狄爾泰心目中，精神科學的客觀性事實上即是自然科學中的客觀性。也就是說，他批評狄爾泰換湯不換藥， 還是以在自然科學中所得來的方法理想， 生搬硬套到精神科學上⑱ 。哈伯瑪斯亦認爲，狄爾泰的思想中暗含有「實證主義」(Positivismus) 或「客觀主義」(Objektivismus) 的成份⑲ 。

---

⑱ Hans-Georg Gadamer. *Wahrheit und Methode: Grundzüge einer philosophischen Hermeneutik*, 4. Aufl. Tübingen: J. C. B. Mohr, 1975, p. 5 & 218ff.

⑲ Jürgen Habermas *Erkenntnis und Interesse*, Frankfurt/M.: Surkamp Verlag. p. 224f.

然而嘉達瑪和哈伯瑪斯對狄爾泰的了解也有所不同。基本上嘉達瑪是秉承着胡賽爾，尤其是他的老師海德格的現象學傳統，將狄爾泰看成是在「現象學的解釋學」(phänomenologische Hermeneutik)發展過程中的一位先驅型、甚至過渡型的人物——海德格一派的學者大抵都有這種毛病，前面提到過的 Bollnow 的《狄爾泰哲學導論》，亦是站在海德格式的存在主義立場，視狄爾泰爲一過渡型思想家——而以狄爾泰的一些觀念爲發展其「哲學的解釋學」(philosophische Hermeneutik) 的踏脚石。哈伯瑪斯則試圖借用狄爾泰對實證主義的批判，重新將「自我反省」的概念引進科學中，藉以批判科學所產生的「意識型態」。此外，哈伯瑪斯還將狄爾泰的解釋學解釋爲一種研究「生活世界」(Lebenswelt) 的社會學理論，藉以「補充」馬克思主義的不足，並企圖結合狄爾泰與馬克思以達到一思想的更高綜合。

十一、1968～1978年間重要的狄爾泰學著作

1968-1978 這十年間，除了上述哈伯瑪斯的《知識與興趣》一書之外，詮釋狄爾泰的重要著作不少，以下依年代順序擇要列出，讀者從這份書目可略窺近二十年來狄爾泰學的研究趨勢。稍後筆者擬就其中幾本主要的著作略加說明，以具體的例子說明解釋狄爾泰思想之紛歧乖異的情形。

1968　Peter Krausser《有限理性批判：一般的科學與行動理論之狄爾泰革命》(*Kritik der endlichen Vernunft, Wilhelm Diltheys Revolution der allgemeinen Wissenschafts- und Handlungstheorie*, Frankfurt/M)

1969 Frithjof Rodi《形態學與解釋學: 論狄爾泰的美學方法》(*Morphologie und Hermeneutik. Zur Methode von Diltheys Ästhetik*, Stuttgart–Berlin–Köln–Mainz)

1970 Manfred Riedel〈狄爾泰的精神科學理論中的知識論動機〉(*Das erkenntnistheoretische Motiv in Diltheys Theoeri der Geisteswissenschaften*),此文收入 1970 年爲紀念嘉達瑪七十歲生日而出的二册論文集《解釋學與辯證法》(*Hermeneutik und Dialeklik*) 的第一册中 (pp. 233–255)。另外,Riedel 在 1970 年由 Suhrkamp 出版的狄爾泰〈精神科學中歷史世界的建構〉(*Der Aufbau der geschichtlichen Welt in den Geisteswissenschaften*) 一文袖珍單行本中, 也寫了一篇極爲重要的〈導論〉。

1971 Ulrich Herrmann《狄爾泰的敎育學》(*Die Pädagogik Wilhelm Diltheys*, Göttingen)

1972 Karol Sauerland《狄爾泰的體驗概念: 一個文學史概念的誕生、全盛與式微》(*Diltheys Erlebnisbegrift. Entstehung, Glanzzeit und Verkümmerung eines literaturhistorischen Begriffs*, Berlin–New York)

1974 Helmut Johach《行動人與客觀精神: 論狄爾泰的精神與社會科學理論》(*Handelnder Mensch und objektiver Geist. Zur Theorie der Geistes-und Sozialwissenschaften bei Wilhelm Dilthey*, Meisenheim am Glan)

1974 Hans-Joachim Lieber《文化批判與生命哲學: 世紀之交的德國哲學之研究》(*Kulturkritik und Lebensphiloso-*

phie. Studien zur Deutschen Philosophie der Jahrhundertwende, Darmstadt)

1975 Hans Ineichen《知識論與歷史社會世界：狄爾泰的精神科學邏輯》(*Erkenntnistheorie und geschichtlich-gesellschaftliche Welt. Diltheys Logik der Geisteswissenschaften,* Frankfurt/M)

1975 Rudolf A. Makkreel《狄爾泰：精神科學的哲學家》(*Dilthey, Philosopher of the Human Studies,* Princeton)

1975 Christofer Zöckler《狄爾泰與解釋學：狄爾泰之建立解釋學爲「實踐科學」及其接受的歷史》(*Dilthey und die Hermeneutik. Diltheys Begründung der Hermeneutik als "Praxiswissenschaft" und die Geschichte ihrer Rezeption,* Stuttgart)

1978 Michael Ermarth《狄爾泰：歷史理性批判》(*Wilhelm Dilthey:The Critiuqe of Historical Reason,* Chicago–London)

由以上羅列的書目可以看出，其中雖不乏探討狄爾泰的教育學、文學與美學理論的論著，但絕大部份的狄爾泰學學者的興趣，是集中在狄爾泰的解釋學或精神科學之知識論與方法論奠基思想上的。以下筆者擬參考 Bernard E. Jensen 教授 1978 年發表於《社會科學的哲學》上的一篇書評，並就自己研讀的心得，對上列書目中的若干論著提出說明與評論，以凸顯其中所隱藏的狄爾泰學上的若干問題。

十二、這些著作對狄爾泰的詮釋

首先我們可以很明顯的看到，這些新詮釋者有幾項共同的特色：（1）他們大多大量使用一些尚未出版的手稿（尤其是〈布累斯勞手稿〉與〈柏林草稿〉）或以前一直不受重視的一些作品（如《全集》第六册中的美學與教育學論著及一些探討政治史、精神史的作品）。（2）他們大多從事發展性的研究，且多以 1883 年《導論》第一册出版之前的著作爲研究的起點。（3）他們都各有所見，作了各種不同甚至相衝突的詮釋，使狄爾泰學呈現着五花八門的紛雜景象。（4）大部份的新詮釋者主要都是從事「內在的解釋」，而不甚注重狄爾泰的特殊歷史處境（當然也有例外）。

傳統的詮釋者部份是由於文獻的限制，而過份偏重狄爾泰晚期的著作，因而往往不能正確掌握狄爾泰早期著作所扮演的角色；甚至常認爲狄爾泰因受胡賽爾影響，在晚年（1900 年左右）思想上起了根本上的重大「轉向」（Wenden）。如此一來，不但忽視了狄爾泰思想發展中的心理學階段的重要性，更常以一種斷章取義的方式，將狄爾泰解釋成現代若干思潮的先驅或過渡型人物。如 Bollnow 卽幾乎是將狄爾泰視爲現代存在主義的先驅[20]，而 Kurt Müller-Vollmer 則將狄爾泰視爲現象學的先驅[21]。新詮釋者正好糾正了傳統詮釋者的偏差，但也造成了若干問題。

---

[20] Otto Friedrich Bollnow *Dilthey. Eine Einführung in seine Philosophie* 2. Aufl. Stuttgart: W. Kohlhammer 1955.

[21] Kurt Müller-Vollmer *Towards a Phenomenological Theory of Literature: A Study of Wilhelm Dilthey's Poetik*, The Hague: Morton & Co. 1963 pp. 106ff.

(一) Krausser

首先向傳統的解釋挑戰的學者是西柏林自由大學教授 Peter Krausser。他在 1968 年出版的那本《有限理性批判》㉒一書中，首度將解釋狄爾泰的重點，放在傳統詮釋者不感興趣的狄爾泰 1875-1892 年間的著作上（尤其重視〈布累斯勞手稿〉）。Krausser 將狄爾泰的「歷史理性批判」解釋爲狄爾泰對人類有限而會犯錯的理性之不斷自我修正模式的分析，並強調狄爾泰和康德在解決知識論問題上的根本不同㉓。此外，Krausser 還認爲，精神科學與自然科學的區分乃是第二序的問題，狄爾泰的重要性不在於是一位「精神科學的哲學家」，而在於他所建構的「科學探究的一般理論」。也就是說，Krausser 認爲，狄爾泰的眞正意圖，乃在於分析「科學探究、人類（合理的）行動、與社會體系的結構」。在這種詮釋下，狄爾泰的「歷史理性批判」竟像極了巴柏 (Karl R. Popper, 1902-) 在《科學發現的邏輯》等著作㉔中所發

㉒ Peter Krausser *Kritik der endlichen Vernunft: Diltheys Revolution der allgemeinen Wissenschafts- und Handlungstheorie* Frankfurt/M: Suhrkamp, 1968.

㉓ Peter Krausser "Dilthey's Revolution in the Theory of the Structure of Scientific Inquiry and Rational Behavior", in *The Review of Metaphysics,* 22 (1968/69) 262-280。這篇論文乃是前註《有限理性批判》一書之英文簡述，其中並附有二個表，分別說明狄爾泰的「解釋的過程的結構」與「科學探究與合理行動之過程的結構」，並與現代資訊理論和神經機械學 (cybernetics) 的模式互相發明。

㉔ 關於巴柏的科學哲學思想，主要見之於他的《科學發現的邏輯》(*The Logic of Scientific Discovery*)和《推測與推翻》(*Conjecture and Refutation*)。

展出來的科學哲學思想。

（二）Rodi

接着是波鴻大學教授 Frithjof Rodi 在 1969 年出版了《形態學與解釋學》㉕一書，紀念 Bollnow 六十歲生日。Rodi 運用「形態學」(Morphologie) 和「解釋學」這二個概念作爲分析文學作品的二種不同的「理想類型」(ideal types)，並試圖透過狄爾泰方法論思想中這二種途徑之間的緊張，去詮釋狄爾泰整個思想的發展㉖。Rodi 認爲，由於狄爾泰早年一方面受到歌德 (J. W. von Goethe, 1749-1832) 形態學思想的影響㉗，一方面亦批

㉕ Frithjof Rodi *Morphologie und Hermenentik Zur Methode von Diltheys Ästhetik*, Stuttgart-Berlin-Köln-Mainz: Kohlhammer 1969.

㉖ 形態學 (Morphologie) 原是生物學中的一支，主要是將動植物的差異與改變的現象，解釋爲某些基本形式或類型的變異，這種想法提供了一種自然主義的研究途徑去研究人。這種研究途徑和解釋學的途徑有很大的不同（關於解釋學的途徑，將有專章討論，玆不贅述），形成一種強烈的對比（緊張）。然而這種形態學與解釋學之間的緊張，Rodi 並不是第一個提出來的；早在 1928 年 Ludwig Landgrebe 就已注意到了 (Ludwig Landgrebe *Wilhelm Diltheys Theorie der Geisteswissenschaften. Analyse ihrer Grundbegriffe*, Halle: Max Niemeyer, 1928).

㉗ 關於狄爾泰與歌德的關係，Rodi 在《形態學與解釋學》一書中（尤其是 pp. 60-70）有詳細的論述。Rodi 指出，狄爾泰在大學時代的思想卽具有浪漫主義與實證主義的雙重性格；受斯賓諾莎的影響而具有泛神論(Pantheismus) 的傾向。熱情洋溢的青年狄爾泰，深愛音樂及詩（音樂的愛好主要來自母親和外祖父的影響；在詩人中，則尤傾心於歌德和賀德齡）；最後因受心理學家穆勒(Johannes Müller) 的影響，而認定歌德的「形態學」觀念亦可應用於精神科學。

判地繼承了史萊瑪赫（F. E. D. Schleiermacher, 1768-1834）的解釋學思想，遂造成他日後思想發展在形態學與解釋學這兩種途徑之間，形成一種內在的緊張，早期的著作以形態學的途徑爲主，而晚年則愈來愈偏向於往解釋學一途發展。

根據這種觀點，Rodi 反對狄爾泰學派若干成員（尤其是 Kassner 和 Hofmannsthal）的「結構」概念，同時也反對 Hans-Joachin Lieber 在稍早的一篇論著㉘所提出的看法。Lieber 在這篇文章中認爲，狄爾泰的主要興趣在分析歷史發展的形式結構（亦即採取形態學的途徑），以個體性（Individualität）爲相同形態之各種典型的結合與流變，因此歷史即可化約爲相同形態的重複。

筆者認爲，Lieber 之偏重形態學途徑固然未能正確掌握狄爾泰思想的內涵，但 Rodi 顯然也有偏重解釋學途徑之嫌。Rodi 固然比其他詮釋者更認清狄爾泰從未完全放棄心理學，但偏重解釋學途徑的結果，却使他視心理學之繼續存在於狄爾泰思想中，爲一敗筆。事實上，無論是從 1887 年的〈詩人的想像力：一詩學的基石〉（*Die Einbildungskraft des Dichters: Bausteine für eine Poetik*, GS VI, 103-241）一文，或從 1894 年的〈關於描述與分析的心理學的一些觀念〉（*Ideen über eine beschreibende und zergliedernde Psycholgie*, GS V, 139-237）一文看來，狄爾泰都是二種途徑並重的。此外，以二個截然對立的「理想類型」去分

㉘ 指 Lieber 於 1965 年所發表的〈狄爾泰思想中的社會與歷史〉（"Geschichte und Gesellschaft im Denken Diltheys", in *Kölner Zeitschrift für Soziologie und Sozialpsychologie*, 17 (1965): 703-42）。

析狄爾泰思想發展的方式，本身就是一種太過簡化、僵化的「形態學途徑」，很容易讓人看不清楚狄爾泰思想發展的自然軌跡。事實上，狄爾泰的思想絕不是那麼容易把握的。

（三）Riedel

其次，海德堡大學教授Manfred Riedel則從狄爾泰的早期著作（尤其是〈布累斯勞手稿〉）中，發掘出另一種解釋。Riedel的解釋首先出現在他1969年的海德堡大學就職演說〈狄爾泰與形上學問題〉（*Wilhelm Dilthey und das Problem der Metaphysik*）㉙一文中，其後在前面所列的〈導論〉一文與〈狄爾泰的精神科學理論中的知識論動機〉一文中繼續有所補充與發揮。Riedel強調，狄爾泰有見於當時在德國社會與文化上所發生的鉅大危機，想尋求根本救治之道，因此在其有關精神科學理論的著作中，有着一股極爲強烈的「知識批判的動機」（das erkenntniskritische Motiv），想連結理論與實踐，使精神科學所獲致的成果，能應用於社會生活實踐上，發生安頓人心、導正社會的功能。例如他說：「對狄爾泰來說，精神科學首先乃是道德政治的科學（die moralisch-politischen Wisseuschaften）」，又說：「狄爾泰的思想所追求的、所要解決的課題，不光是爲精神科學作知識論方法論的奠基，或證明與精神科學息息相關的歷史感性意識的有效，而是近代科學興起所帶來的問題：理論性知識（theoretisches Wissen）與實踐性信念（praktische Lebensgewiβheit）的關係問

㉙ Manfred Riedel "Wilhelm Dilthey und das Problem der Metaphysik", in *Philosophisches Jahrbuch,* 76 (1969): 332-48.

題。」[30]

Riedel 有關狄爾泰的論述雖不多，且多集中在分析〈布累斯勞手稿〉的內容，但他的論點却極爲重要，對狄爾泰學產生了重大的影響。筆者基本上接受他的論點，將在第五章中詳述。

狄爾泰《全集》第十五、十六和十七三册的編者Ulrich Herrmann，曾在 1969 年編了一份狄爾泰著作的詳細書目[31]，1971 年再度出版《狄爾泰的教育學》[32]一書。他也和 Riedel 一樣，從當時的文化危機去了解狄爾泰思想的動機。他認爲，狄爾泰的基本理想，是要使人類對過去的了解和對未來的開創連結起來。不過他將狄爾泰連結理論與實踐的重點放在其教育學上。《狄爾泰的教育學》一書，也對狄爾泰學的發展產生了重大的影響，可惜筆者未能取得此份資料，未能一窺究竟。

(四) **Johach**

筆者目前最喜歡的狄爾泰學專著之一，乃是紐倫堡埃爾朗根 (Erlangen, Nürnberg) 教授 Helmut Johach 由其博士論文改寫而成，發表於 1974 年的《行動人與客觀精神》[33]一書。他在該書

[30] Manfred Riedel "Das erkenntnistheoretische Motiv in Diltheys Theorie der Geisteswissenschaften", in Rüdiger Bubner, Konrad Cramer & Reiner Wiehl (ed.) *Hermeneutik und Dialektik*, 1. Bd. Tübingen: J. C. B. Mohr, 1970, p. 234.

[31] Ulrich Herrmann *Bibliographie Wilhelm Dilthey, Quellen und Literatur*, (Pädagogische Bibliographien, ed. L. Froese, G. Rückriem, Reihe A, Bd. 1), Weinheim-Berlin-Basel, 1969.

[32] Ulrich Herrmann *Die Pädagogik Wilhelm Diltheys*. Göttingen: Vandenhoek & Ruprecht, 1971.

[33] Helmut Johach *Handelnder Mensch und Objektiver Geist, Zur theorie der Geistes- und Sozialwissenschaften bei Wilhelm Dilthey*. Meisenheim am Glan: Anton Hain, 1974.

的〈導論〉中，呼籲讀者正視《導論》的價值，並認爲狄爾泰在社會心理學與社會理論上的成就，可與大約和他相差一代的幾位社會思想大師韋伯(Max Weber, 1864–1920)、屠尼斯(Ferdinand Tönnies, 1855–1936)、齊美爾 (Georg Simmel, 1858–1918) 及涂爾幹 (Émile Durkheim, 1858–1917) 等人並駕齊驅。㉞ Johach 是《全集》第十八、十九册的編者之一 (另一編者是 Rodi)，對狄爾泰未發表的手稿甚爲重視，並透過詳盡的分析、引證，抽繹出狄爾泰思想中一直未被重視或論及的一些論點。他認爲，狄爾泰思想的着眼點，乃是要了解人與歷史、個體與社會間關係的各個不同層面，並以人同時是歷史的產物與創造者。書名《行動人與客觀精神》，卽顯示了 Johach 在論述狄爾泰的解釋學與社會思想時，所採取的一種較客觀的立場。

Johach 特別注意狄爾泰與黑格爾的關係。傳統的解釋者大多認爲，狄爾泰直到晚年發表〈黑格爾的青年史〉 (*Jugendgeschichte Hegels,* 1905) 時，才注意到黑格爾。而 Johach 則指出，狄爾泰自早年起，就一直致力於解決黑格爾所提出的有關人在社會與歷史中的角色的問題，並論證《導論》和〈1875 年論文〉中，皆含有黑格爾的基本思想成份㉟。他在書中基本上將狄爾泰的思想發展，視爲始終具有統一性，而反對嘉達瑪等人以狄爾泰晚年在思想上發生了「解釋學轉向」的說法。然而他亦指出，狄爾泰一生中，治學興趣與範圍確有一些重要的轉變，其中最重要的是由早期較重視實踐性社會科學 (如法學、經濟學、政治學)，轉變爲較爲純歷史性、思辯性觀點所支配的精神科學。

㉞ Ibid., p. 5.

㉟ Ibid, 35ff.

Johach也認為，狄爾泰的精神科學理論，乃是要連結理論與實踐。因此他特別重視狄爾泰在早期手稿和〈布累斯勞手稿〉中的「自省」(Selbstbesinnung) 概念，並強調狄爾泰「精神科學」(Geisteswissenschaften) 概念的幾個早期的同義詞，如「行動人的科學」(die Wissenschaften des handelnden Menschen)、「道德——政治的科學」(moralisch-politische Wissenschaften) 及「人、社會與國家的科學」(die Wissenschaften von Menschen, der Gesellschaft und dem Staat)。因此 Johach 認為，狄爾泰的精神科學理論既要連結理論與實踐，便不能只分析事實，而必須處理規範、價值、行動動機等問題，而不可能如哈伯瑪斯所說的，以「客觀主義」或實證主義作為思想的基本取向。

Johach 特別重視狄爾泰與黑格爾的關係，而另一位學者（Riedel 的學生）Hans Ineichen 的《知識論與歷史社會世界》一書則受 Riedel 的影響，而側重狄爾泰與康德的關係。此外，Johach 的研究基本上是在說明狄爾泰的解釋學與社會思想的發展，而Ineichen的主要興趣則是在狄爾泰思想中的倫理學與知識論側面，並試圖由先驗哲學的傳統中加以了解。因此，Ineichen 一方面分析狄爾泰對史萊瑪赫與全德倫堡(F. A. Trendelenburg, 1802-1872) 思想的運用，一方面則分析他對康德形式倫理學與知識論的批判。Ineichen 認為，狄爾泰早年的倫理學著作已包含了後期精神科學理論的所有觀念的雛形。在知識論的分析方面，Ineichen 亦非常重視狄爾泰未發表的手稿及早期的講稿（如1867/68年間在巴塞爾任教時的一份未發表的手稿及其他有關邏輯課程的講稿），對〈布累斯勞手稿〉的解釋，更有其重要的貢獻。大體上說來，Ineichen 的興趣主要有二點，一是分析狄爾泰知識論中心理學與先驗哲學取向之間的衝突，一是分析狄爾泰倫理學中的自然主義傾向。

（五）Ineichen

Riedel 在分析狄爾泰早期的知識論時，曾提出一個問題：狄爾泰在處理知識問題時，是否立於一種先於康德的反省層次？他的答案是肯定的。因此他試圖把狄爾泰的「體驗」(Erlebins) 概念解釋爲一先驗概念，以作爲知識奠基的堅實起點。Ineichen 基本上接受他的老師的想法，且進一步詳細分析了狄爾泰的「內覺」(Innewerden) 概念，認爲「內覺」乃是狄爾泰知識論的定點，相當於康德知識論思想中的「統覺」(Apperzeption) 的地位。然而 Ineichen 和 Riedel 的觀點却也有重大的不同。例如：Riedel 在〈導論〉一文中將狄爾泰早期的知識理論和稍晚的心理學區分開來，而以晚年的思想爲早期的知識批判的進一步發展；而 Ineichen 則堅決主張，由於受到當時普遍存在的一種對康德思想的誤解的影響（關於這一點在第二章中再談），使狄爾泰始終未能清楚的區分開知識論問題與知識心理學問題的不同。因此他批評狄爾泰的知識論思想，掉進了胡賽爾所批判的「心理主義」(Psychologismus) 的窠臼。然而據 Bernard Eric Jensen 的說法，Riedel 和 Ineichen 二人的詮釋之間的衝突，基本上乃是二人對知識批判所持的立場不同：Ineichen 只是重述康德的觀點，而 Riedel 的分析則是基於一較廣的概念[36]。筆者甚爲同意 Jensen 的說法，筆者認爲，要正確掌握狄爾泰的知識論思想，必須站在一

---

[36] Bernard Eric Jensen "The Recent Trend in the Interpretation of Dilthey", in *Philosophy of Social Science* 8 (1978): 428.

種更廣的知識論概念才行。

然而，Ineichen 的《知識論與歷史社會世界》一書[37]對狄爾泰學還是有其重大貢獻的。首先，這本書和 Johach 的《行動人與客觀精神》一書，都是以狄爾泰的精神科學理論爲主題，但從不同的側面入手，產生了互相補充的效果。Ineichen 之強調史萊瑪赫與全德倫堡對狄爾泰的影響，並以胡賽爾和李恪特（Heinrich Rickert, 1863–1936）作爲背景論述狄爾泰晚年的解釋學思想，都對 Johach 的著作產生了積極的補充效果。此外 Ineichen 的主要貢獻，則是對狄爾泰所使用的一些重要概念如「自省」、「內覺」、「體驗」等，作了縝密的分析，抽繹出許多不同的使用意義。

然而 Ineichen 的著作亦有其基本的限制與偏差。首先，由於他側重對狄爾泰的思想作系統性的分析（亦即採取一種建構性的解釋），使他對狄爾泰思想發展的來龍去脈，未能有正確而充分的掌握。其次，與這種研究取向相關的是，Ineichen 一開始就採取了康德的立場，以致他雖然注意到了史萊瑪赫倫理學思想對狄爾泰的影響，却未能詳盡分析史萊瑪赫對狄爾泰知識論思想的重大影響。筆者認爲，狄爾泰對康德的倫理學與知識論思想，基本上是持反對態度的；「體驗」或「內覺」的觀念基本上就是反對康德式先驗哲學與經驗主義知識論的思維成果，是不能與康德的「先驗統覺」觀念等同看待的。正如早經狄爾泰的學生 Herman Nohl 指出的，狄爾泰之以「內覺」作爲建立知識論之不可懷疑

[37] Hans Ineichen *Erkenntnistheorie und geschichtlich-gesellschaftliche Welt. Diltheys Logik der Geisteswissenschaften,* Frankfurt am Main: Vittorio Klostermann, 1975.

的起點，必須從史萊瑪赫的傳統加以了解[38]。

（六）Zöckler

儘管能不能站在康德的傳統詮釋狄爾泰是有問題的，但 Ineichen 基本上仍是想對狄爾泰思想提出一種可能的詮釋；但 Christofer Zöckler 那本也在 1975 年出版的《狄爾泰與解釋學》一書[39]，却志不在忠實詮釋狄爾泰思想，而欲借狄爾泰的著作來闡述自己的觀點。Zöckler 基本上是一位馬克思主義者，試圖對狄爾泰的思想作歷史唯物論的解釋，以駁斥嘉達瑪和哈伯瑪斯對精神科學和社會歷史世界的了解，並爲自己對馬克思的解釋辯護。因此在取材上，Zöckler 的作法是頗值得商榷的。

盧卡奇（Georg Lukács, 1885–1971）曾發表一本題爲《理性的破滅：非理性主義從謝林到希特勒的道路》（*Die Zerstörung der Vernunft: Der Weg des Irrationalismus von Schelling zu Hitler*, 1954）的書，他在書中將狄爾泰了解爲非理性主義在發展到法西斯主義的過程中的一環。Zöckler 循此一線索，欲對盧卡奇的觀點作進一步的發揮，藉以駁斥哈伯瑪斯所說的「狄爾泰和馬克思的思想中，都隱含了實證主義」的說法：因爲實證主義的思想模式是和傳統馬克思主義者所信持的「階級衝突」理論相衝突的。

Zöckler 以「解釋學」作爲狄爾泰爲精神科學奠基的整個工

---

[38] Herman Nohl "Theologie und Philosophie in der Entwicklung Wilhelm Diltheys", in *Die Sammlung*, 14 (1959): 19–23.

[39] Christofer Zöckler *Dilthey und die Hermeneutik. Diltheys Begründung der Hermeneutik als "Praxiswissenschaft" und die Geschichte ihrer Rezeption.* Stuttgart: J. B. Metzler, 1975.

作目標的總稱，並將狄爾泰的解釋學解釋爲一種「實踐科學」，其目的在於爲當時的自由主義政治服務。他認爲，狄爾泰在思想發展上，首先是着重於探求行動之不變的、先天的規範，但後來則認爲人類行動的規範，應由對歷史中的行爲模式的分析中抽提出來。他並比較狄爾泰的解釋學與馬克思恩格斯的歷史唯物論，找出二者間許多相似之處，如二者皆反對不變的、先天的行動規範，皆有意將精神科學與歷史研究當作是指導社會與政治行動的工具等。他比較的結論是：狄爾泰與馬克思恩格斯所致力的問題基本上是相同的，但他們所獲致的答案却完全相反。

要了解 Zöckler《狄爾泰與解釋學》這本書，當代德國思想界中法蘭克福學派的批判理論與馬克思主義之間的衝突，乃是必要的背景知識。法蘭克福學派的成員，如霍克海默 (Max Horkheimer, 1895–1973)、馬庫色 (Herbert Marcuse, 1898–1979)、佛洛姆(Erich Fromm, 1900–1980)等人，一直致力於援引黑格爾、佛洛伊德(Sigmund Freud, 1856–1936)等人的學說去「補充」或「修正」馬克思主義，哈伯瑪斯更是新生一代中之佼佼者，因此 Zöckler 卽以哈伯瑪斯爲主要的攻擊對象。他認爲，哈伯瑪斯認爲狄爾泰思想中有潛在的實證主義、客觀主義的論點，是剽竊自嘉達瑪的，因此就連嘉達瑪也一併批評了。他認爲，嘉達瑪和哈伯瑪斯都忽視了狄爾泰解釋學之實踐與政治的目標，都沒有扣緊狄爾泰所處的具體的社會與政治環境去詮釋狄爾泰的著作。哈伯瑪斯認爲狄爾泰與馬克思可作更高的思想綜合而揚棄實證主義的成份，並處心積慮想「重建」歷史唯物論；而 Zöckler 則認爲，以狄爾泰、嘉達瑪與哈伯瑪斯爲代表的解釋學傳統，乃是古典自由主義布爾喬亞的歷史哲學的翻版，是正確掌握歷史眞象的障礙，狄爾泰未能明確掌握歷史的客觀結構，治學興趣亦與馬克思截然不同，二者之間不可能有更高的綜合。

大體上說起來， Zöckler 的著作雖和 Riedel, Herrmann, Johach 等人一樣，非常重視狄爾泰連結理論與實踐的基本關懷，但在深度和廣度上， 他都遠不及其他三位學者 。此外更致命的一點是， Zöckler 所憑恃的歷史唯物論本身，在馬克思學中就是一個議論紛紜的主題， 直接削弱了他的詮釋的說服力 。此外，Riedel 是少數注意到狄爾泰與馬克思的關係的重要學者之一[40]，Zöckler 却未對其貢獻加以討論，對狄爾泰本身批評馬克思的著作也未曾隻字提及[41]，可說都使他的著作失色不少。Zöckler 的《狄爾泰與解釋學》一書缺陷雖多，但對狄爾泰學亦有其不可忽視的積極貢獻，如注重狄爾泰所處的具體社會歷史環境、狄爾泰思想的實踐（尤其是政治側面）動機、狄爾泰與馬克思的比較研究等等。筆者認為，不論 Zöckler 的詮釋之實際成果如何，狄爾泰與馬克思的比較研究，應是未來狄爾泰學的一個重要課題[42]。

[40] Riedel 在 1970 年為狄爾泰〈精神科學中歷史世界的構造〉一文單行本所寫的「導論」中，即曾論述狄爾泰與馬克思思想的同異處。他認為，狄爾泰和馬克思都想讓哲學跳出理論世界，而關心人類在具體的歷史實踐中所發生的問題，也都深信人的意識受其社會歷史環境所決定。同時 Riedel也指出，狄爾泰與馬克思的基本不同處，在於狄爾泰有一股很強烈的知識批判的動機。

[41] 如狄爾泰在收入《全集》第十册的一些倫理學講稿中，即曾對包括馬克思在內的當時的實證主義運動提出批判， 而 Zöckler 却未曾提及這些講稿。

[42] 事實上據筆者所知，已有人以狄爾泰與馬克思的比較研究作為博士論文的主題，如 1978 年 William H. Oman 即在 Quentin Lauer, S. J. 的指導下， 完成了一篇題為《狄爾泰的精神科學方法論： 就

（七）Makkreel

另一本也是在1975年出版的狄爾泰學重要著作，是浸淫於狄爾泰學甚久的Rudolf A. Makkreel的《狄爾泰：精神科學的哲學家》一書㊸。Makkreel 在 1968 年即曾發表〈論一個風格概念：對狄爾泰關於想像力之心理歷史論述的一項解釋〉（*Toward a Concept of Style: An Interpretation of Wilhelm Dilthey's Psycho-Historical Account of Imagination*）㊹，1969 年又發表了一篇〈狄爾泰與新康德主義者〉（*Wilhelm Dilthey and the Neo-Kantians*）㊺。《狄爾泰》一書收進了這二篇文章的部份內容，加以補充發展而成。該書展現了一個嶄新的面貌，正如 Jensen 所說的，如果先讀前述 Johach, Ineichen 和 Zöckler 的著作再來讀這本書，會讓人有置身另外一個世界的感覺，懷疑是不是在說另一位思想家了㊻。

（續）「全體與部份」和「理論與實踐」與實證主義和馬克思作比較》（*Wilhelm Dilthey's Methodology of the Geisteswissenschaften: A Comparision with Positivism and Marxism on Whole-Part and Theory-Practice*, Dissertation, Fordham University, 1978).

㊸ Rudolf A. Makkreel *Dilthey: Philosopher of the Human Studies*, Princeton University Press, 1975.

㊹ Rudolf A. Makkreel "Toward a Concept of Style: An Interpretation of Wilhelm Dilthey's Account of Imagination", in *Journal of Aesthetics and Art Criticism*, 27 (1968), 171-82.

㊺ Rudolf A. Makkreel "Wilhelm Dilthey and the Neo-Kantians", in *Journal of the History of Philosophy*, 7 (1969): 423-40.

㊻ Bernard Eric Jensen, "The Recent Trend in the Interpretation of Dilthey", loc. cit., p. 433.

Makkreel 在該書的前言中明白的指出，其研究目的之一，在於說明一般認爲狄爾泰早期的心理學著作和晚期的解釋學歷史學著作之間有一種根本的轉向（差異）的說法是不正確的，事實上二者之間有一種根本的連貫性，且後者正是由前者發展出來的思想成熟的表現。Makkreel 在書中非常重視狄爾泰的美學（詩學）著作，因爲美學這個領域乃是狄爾泰思想發展的一個溫床，是他從事理論反省時尋求試驗與印證的地方，因此 Makkreel 視美學爲狄爾泰心目中的「精神科學」的典型，試圖從其中掌握住狄爾泰思想發展的連貫性，從而掌握住狄爾泰的整個思想[47]。

Makkreel 分析狄爾泰的想像力 (Einbildungskraft) 概念，認爲他的想像力概念比康德的概念具有更多分析、澄淸的功能，並認爲這種想像力乃是了解人類世界的一項基本工具。然後，他又借用了康德對「反省判斷力」的分析，去解釋並發展狄爾泰的想像力概念，藉此連結狄爾泰心理學中的想像力理論與歷史解釋學。如此這般， Makkreel 就將狄爾泰的「歷史理性批判」理解成了一種「歷史判斷力批判」。

然而狄爾泰的「歷史理性批判」是否眞能了解爲一種「歷史判斷力批判」，却是頗成問題的。筆者覺得， Makkreel 過度強調美學在狄爾泰思想中的重要性的結果，反而使他忽視了一些極爲重要的側面，例如狄爾泰始終認爲人是社會歷史世界中的行動人、創造者，並在這方面寫了豐富的著作，但這些著作 Makkreel 却幾乎完全忽略了。其次， Makkreel 顯然是採取一種建構性的解釋，並試圖借用康德哲學來打通狄爾泰前後期著作的；他的分

[47] Rudolf A. Makkreel *Wilhelm Dilthey: Philosopher of the Human Studies*, loc. cit., p. 3; pp. 15f.

析本身固然極有價值，但由於狄爾泰與康德在認知主體與理性概念上，有着根本上的重大差異，因此引用康德去解釋狄爾泰，很容易產生混淆耳目的後果，讓人忘掉了二者間的根本差異。

（八）**Ermarth**

最後，筆者最喜歡的一本英文狄爾泰專著則是 Michael Ermarth 在 1978 年出版的《狄爾泰：歷史理性批判》[48]（*Wilhelm Dilthey:The Critique of Historical Reason*）一書。這本書是由 Ermarth 1875 年所寫的博士論文擴充而成的，其中論述之精實、引證之廣博與治學態度之謹愼，都給了我深刻的印象。Ermarth 幾乎搜羅了目前所能及的狄爾泰學的第一手和第二手資料，並且儘量在排除主觀因素，讓狄爾泰自已說話，尤其可貴的是，他所採取的是一種相應於「解釋學循環」（hermeneutischer Zirkel）的論述方式，一層層的剖析狄爾泰思想的轉折與豐富內涵。

Ermarth 在書中的導論部份，提出了「狄爾泰問題」，他認爲，狄爾泰在思想史上有其獨立的地位。旣不是拾觀念論餘緒的應聲蟲，也不是後來的現象學與存在主義的先驅思想家，更不是像許多學者所說的，是一個跨過實證主義而由德國觀念論（尤其是黑格爾的絕對觀念論）過渡到現象學或存在主義（尤其是海德格的存在主義）的過渡型思想家[49]。可以說，Ermarth 這本書的主要目的，就是在說明狄爾泰是一位基本的思想家，而不只是過

[48] Michael Ermarth *Wilhelm Dilthey: The Critique of Historical Reason,* Chicago & London: The University of Chicago Press, 1978.

[49] Ibid., pp. 7–8; esp. Note 15. pp. 360–61.

渡型人物。然而要說明這一點却不是容易的事；這需要處理狄爾泰學中的許多相關問題：如狄爾泰是否早期是實證主義者而晚期轉變成了存在主義者？(馬克思學中也有類似問題，只不過前後相反而已）又如 1896 到 1904 年間，狄爾泰思想發生了怎麼樣的變化？是先前思想的進一步發展成熟，還是有嘉達瑪所說的「解釋學轉向」，發生了根本的轉變？狄爾泰的思想和他所處的時代有何關係？應如何把握其思想？這一連串相關的問題都是不容易回答的，但 Ermarth 却能詳細的加以論述。

由於這本書採取的是以「解釋學循環」的方式論述狄爾泰的思想，且集中在「歷史理性批判」這一條思想主軸上，因此在論點上顯得有點雜散，涵蓋面也不夠廣。然而筆者認爲，如果仔細耐心的研讀，還是可以看出其中的條理的。

由於資料的限制，筆者無法得知 Sauerland 與 Lieber 對狄爾泰的詮釋的詳細情形；不過，由以上各學者的詮釋，我們已可看出近年來狄爾泰學發展之一斑，對狄爾泰學中各種詮釋紛紜雜陳的情形，也可以產生一種大致的印象了。

十三、本書的策略與課題

面對狄爾泰學的這種紛亂的情勢，我們應當採取什麼樣的策略呢？筆者在前面分析狄爾泰的治學態度及其思想的特殊性格後，曾擬定了研究狄爾泰的初步策略。根據這套策略，本書將以「歷史理性批判」作爲狄爾泰由其學術上的終極關切所推動的一生思想探索的主軸，因此首先將採取一種縱斷面分析的方式，由其思想發展的主軸掌握其思想的精蘊，作爲進一步建構其思想的深層結構的基礎。在這裏，筆者所採取的是一種「內在的解釋」的方式，儘量保持客觀的態度，讓狄爾泰自己去說話。換句話說，筆者遵循的是狄爾泰自己始終奉行的「內在批判」(immanent critique) 的方法，透過對狄爾泰各階段著作的分析，逐步彰顯其思想發展的內在結構。然而須再強調一次的是，由於狄爾泰對待「體系」的特殊態度，其思想基本上是不能作截然分期的，筆者所作的分期，只是依狄爾泰若干具有代表性意義的若干重要著作所採取的方便辦法。

其次，在完成縱斷面分析之後，筆者擬以狄爾泰晚年（尤其是 1905-1911 年間）的著作爲主，並以「歷史理性批判」這條思想主軸爲核心，採取「建構性解釋」的方式，去建構狄爾泰思想的深層結構；亦即根據前述「狄爾泰的思想可以有系統性」的假定，探討狄爾泰可能建構出來的思想體系的基本架構。

以上二項是本書的二個主要課題，目的在於提供讀者較客觀合理的理解狄爾泰思想的途徑，並說明狄爾泰思想的基本性——不是一位過渡型或踏板型的思想家。

與前二個課題相關的本書的第三個課題，乃是要基於前二個課題的成果，回答狄爾泰學中常見的一些爭論，其中最主要的有：

(1) 狄爾泰思想中是否有「潛在的實證主義」或客觀主義的成份？

(2) 狄爾泰在 1896-1905 年間，思想上是否有所謂的「解釋學轉向」？

(3) 狄爾泰是否一位上承德國觀念論餘緒，下導現象學及存在主義的過渡型思想家？

(4) 狄爾泰的知識論是否採取一種「先驗的觀點」？應從那一個傳統去了解？

(5) 狄爾泰是否一位「心理主義」者？

(6) 是否可以用 Karl Popper 的科學方法論思想去了解狄爾泰的方法論思想？

筆者將盡己所能，運用所及的一切材料去完成上述的三個課題。然而由於資料浩繁，時間迫促，筆者只能竭力爲之，不足或謬誤之處待他日再行補充或修正。

最後，由於十九世紀歐洲哲學思想界，呈現一種五花八門的紛亂景象，而狄爾泰思想的發展，正是和當時哲學的發展息息相關的，因此我們將在第二章中對狄爾泰思想發展的大環境作簡略的介紹。對大環境有了一定程度的認識之後，我們在第三章將進一步談及狄爾泰成長、求學與思想探索的過程，並適時強調狄爾泰在這過程中思想上所受到的影響。接着我們便可以展開「歷史理性批判」的縱斷面分析了。

第二章　時代思想背景

知識社會學大師曼罕（Karl Mannheim, 1893-1947）曾說，狄爾泰的思想滙集了幾乎當時所有的思潮，而形成一種「創造性的綜合」(produktive synthese)❶。這種創造性的綜合，是在狄爾泰運用「內在的批判」方法和當時各種思潮不斷激盪的過程中逐漸形成的。因此，要了解狄爾泰的思想，便必須對他所處的十九世紀思想背景，尤其是當時德國的思潮，有一定程度的了解。當然，由於本書並非探討十九世紀思想史的專著，不可能照顧到所有的細節，只能以狄爾泰所關注的問題爲中心，展開相關思潮的論述。這麼一來，不可避免的，本章所談的將只是十九世紀思潮中的某些側面而非全貌；讀者在閱讀本章時，也因此須有所保留。

此外，由於筆者本身的學養和資料等的限制，在論述本章時，將以 Michael Ermarth 的《狄爾泰：歷史理性批判》一書中關於狄爾泰思想背景的論述❷爲主要依據，並參考 Thomas E.

---

❶ Karl Mannheim *Strukturen des Denkens* ed. & intr. by D. Kettler, V. Meja & N. Stehr, Frankfur tam Main: Suhrkamp, 1980, p. 190.

❷ Michael Ermarth *Wilhelm Dilthey: The Critique of Historical Reason*, Chicago and London: The University of Chicago Press, 1978, pp. 37-90.

Willey 的《回歸康德：1860–1914 年間康德思想在德國社會與歷史思想中的復興》(*Back to Kant: The Revival of Kantianism in German Social and Historical Thought 1860-1914*) ❸及 Fritz-Joachim von Rintilen 的《當代德國哲學及其背景》(*Contemporary German Philosophy and Its Background*) ❹等書寫成。

本章所論述的狄爾泰思想背景，大致上包括了 1800 到 1910 年間的許多重要思潮。爲了方便論述起見，大致上分成四期：第一期論述德國觀念論的形成與轉變，主要對象有康德、費希特、史萊瑪赫和黑格爾；第二期論述 1830–50 年間德國觀念的反動，包括黑格爾左派（即青年黑格爾派）思想家如史特勞斯 (David Friedrich Strauss, 1808–1874)、德國歷史學派思想家如蘭克 (Leopold von Ranke, 1795–1886)、與全德倫堡 (Friedrich Adolf Trendelenburg, 1802–1872) 等；第三期論述 1850–75 年間的唯物論與實證主義思潮；第四期則論述 1875–1910 年間的一些重要思潮，如新觀念論、新康德主義、浪漫主義與非理性主義等。

十九世紀是西方文明自啓蒙運動以來的一個大豐收的時代，不但「科學之舒發，百年銳於千古」，各種思潮更是澎湃發展，交織成一幅壯觀而錯綜複雜的景象。叔本華 (Arthur Schopenhauer, 1788–1860) 說十九世紀是一個「哲學的世紀」；包爾森 (Friedrich Paulsen, 1846–1908) 說它是一個「歷史的世紀」，而

---

❸ Thomas E. Willey *Back to Kant: The Revival of Kantianism in German Social and Historical Thought, 1860–1914*, Detroit: Wayne State University Press, 1978.

❹ Fritz-Joachim von Rintelen *Contemporary German Philosophy and Its Background*. 2nd. revised edition, Bonn: Bouvier Verlag Herbert Grundmann, 1973.

以十八世紀爲「哲學的世紀」；費雪（Kuno Fischer, 1824–1907）說它是個「批判的時代」，摧毀了人們向來信持的一些信念，而代之以新的、更有力的一些觀念；赫姆霍爾茲（Hermann Ludwig von Helmholtz, 1821–1894）則以一位生理學家與物理學家的身份，直截了當的說它是一個「科學的世紀」。在這個急遽轉變的時代裏，一切都顯示出新舊交替的不確定狀態，從不同的觀點、側面去看它，便顯出不同的面貌，正是：橫看成嶺側成峯，左右高低皆不同。然而我們在狄爾泰身上，却同時看到了這個時代的所有側面：歷史、哲學、批判精神與科學集於一身，形成了一種獨特而深刻的綜合。

一、德國觀念論的形成與轉變

狄爾泰的思想和德國觀念論及「精神哲學」（Geistesphilosophie）的傳統，有很深的關係。他常說這種思想傳統是「德國民族文化的基礎」（VDM, 328）。他也常被說成是一個「新觀念論者」或「新康德主義者」，甚至是「歷史學中的康德」。這些說法當然都太過簡化了狄爾泰思想和德國觀念論的關係，然亦顯示出狄爾泰和始於康德的德國觀念論傳統，有一種極爲密切的關聯。大體上我們可以說，狄爾泰基本上同情德國觀念論思想探索的方向，但對於那種注重抽象形式與系統性哲學建構的作法，却不以爲然。他之重視德國觀念論活的精神而討厭其死的文字，和他所秉承的新教虔敬派的信仰是息息相關的。虔敬派強調直接的內在體驗，而不重視抽象的學說，這個教派雖不喜哲學思維，但對許多德國哲學家都發生過深遠的影響：如康德的倫理學思想和史萊瑪赫的神學思想，都深受此種宗教態度影響，狄爾泰基本上即承續此一傳統去從事思想的探索。

除了重視內心的體驗之外，狄爾泰亦極爲強調思想的現實意義。他認爲，思想應爲人生服務，而不能凌虛蹈空與生活脫節。基於此一信念，狄爾泰批評康德和費希特，說在他們身上「哲學沉淪於自身之中，想從純粹意識去解釋世界」(GS XII, 4)，造成了哲學觀點與常識觀點之間一條無可補救的鴻溝，他稱此種哲學取向爲「哲學的觀念論」。同時他也批評詩人之運用自由的想像力，遁入一遠離人生的遙遠的完美世界，而忘掉了最切近的週遭世界，並稱此種創作取向爲「詩的觀念論」。他認爲，哲學的觀念論否定了日常的實在世界，而詩的觀念論則忘掉了這個實在世界，而「哲學最偉大的任務，則在改造這實在世界」(Ibid)。在狄爾泰看來，德國觀念論的最大錯誤，乃在於將純粹意識當作是世界的基礎 (GS V, 356)。

（一）康德

德國觀念論的根源，可以上溯到柏拉圖、奧古斯丁 (Augustine, 354–430)、普羅丁 (Plotinus, 205–270)、古撒努斯 (Cusanus, 1401–1464)、萊布尼玆 (Gottfried Wilhelm Leibniz, 1646–1716) 等思想家，但在近代的眞正始祖則是康德 (Immanuel Kant, 1724–1804)。康德是近代德國心靈的重要奠立者之一，他的哲學在近代思想史上造成了一場影響極其深遠的「哥白尼革命」：正如哥白尼將地球中心的宇宙觀轉變成太陽中心的宇宙觀一樣，康德使人的眼光從外在世界轉向了內心世界。在康德之前的知識論都只知道心靈要符應對象才能成就知識，但康德却揭櫫一項至爲重要的觀念：認識對象必須與心靈的認識條件（卽時間與空間之純粹直觀的形式條件與知性範疇）相符合，是心靈運用自己的規則能力與直觀形式，主動的從感官與料中建構出知識的。

康德的《純粹理性批判》(*Kritik der reinen Vernunft*, 1781)，徹徹底底的批判了傳統的（尤其是理性主義的）形上學的可能性，給知識（純粹數學與純粹物理學）奠定了堅強的基礎，同時也對認識所能及的範圍劃定了明確界限，並將界限以外的領域保留給了實踐理性。康德指出，知識不能逾越現象的範圍。狄爾泰對這一點是信守不渝的；只不過對於可能經驗的範圍，狄爾泰注意的焦點却和康德有極大的不同。

基本上康德心目中的知識概念，是以純粹數學（歐氏幾何學）和伽利略（Galileo Galilei, 1564–1642），尤其是牛頓（Issac Newton, 1642–1727）的物理學爲典範的。他的知識論同時具有「批判」與「先驗」的性格：所謂的「批判」性是指，康德爲避免落入理性主義形上學的獨斷論與休謨式經驗主義的懷疑論的窠臼，而試圖探究人類理性能力的有效範圍，釐清理性的正當運用與不當運用的分際；而所謂的「先驗性」則是要探討普遍有效的知識之所以可能的形式條件，亦卽探討普遍有效的知識所根據的先天形式（卽「時間」與「空間」等純粹直觀的形式條件）與範疇（卽作爲「規則能力」的十二個知性範疇）。因此康德有句名言說：「沒有知覺的概念是空洞的，而沒有概念的知覺則是盲目的」。康德並且強調，所有的直觀（知覺），都是對外在對象之感官直觀，人類是沒有「智性直觀」的能力的。

知識雖不能逾越感性的直觀形式與知性的範疇所及的範圍，

亦即不能逾越現象界 (phenomenal world) 而達到本體界 (noumenal world)，但康德並不因此就完全否定了形上學的存在價值。相反的，康德承認形上學是人心的一種根深蒂固的自然衝動。我們雖然無法認識 (erkennen, know) 物自身，却能對物自身有所思考 (denken, think)。就這樣，康德限制了知識的範圍而給道德與信仰留下了餘地。在康德看來，「上帝存在」、「意志自由」與「靈魂不朽」雖都超出了認識的範圍，但都是道德與信仰實踐不可或缺的「統制性概念」，其對於理性的必要性與妥當性，正如範疇之於知性一般，康德稱之爲實踐理性的「公設」(Postulate)。

在康德的知識論思想裏，物自身 (Ding-an-sich, thing-in-itself) 乃是一個不可或缺的「界限概念」(Grenzbegriff)：我們雖無法獲得關於物自身的知識，却必須預設這個概念知識才有成立的根據。對「物自身」觀念的再反省以及對十二個範疇間的關係作辯證式的詮釋，可以說是德國觀念論產生的直接思想背景。

康德一生共寫了三大批判，除了 1871 年的第一批判外，尙有 1788 年第二批判《實踐理性批判》(*Kritik der Praktischen Vernunft*) 與 1790 年的第三批判《判斷力批判》(*Kritik der Urteilskraft*)。第一批判是針對人類的認知能力所作的哲學反省，第二、三批判則是將第一批判中所使用的批判與先驗的方法，運用到人類的意志 (倫理) 與情感 (美學) 二大領域的成果。在第一批判裏，康德處理了人對受嚴格的因果法則決定的物理世界的認識問題，在第二批判裏，康德處理了獨立於因果法則之外的意志自由的道德領域。人作爲物理世界的存在物，是和自然界一樣受嚴格的因果法則決定的，但在道德自由的世界裏，人却可以擺脫自然法則，而遵循自己所頒佈的自律的道德法則：人在經驗界是被決定的，但在本體界却是自由的。

從第一批判和第二批判，我們看到了理論理性與實踐理性之間似乎有一道鴻溝，必然的領域（即科學認識的領域）與自由的領域（即道德意志的領域）之間，亟需一種連結。第三批判的主要目的，即在於透過一種目的論的思想間架，將理論理性（必然）與實踐理性（自由）連結起來。

正如狄爾泰所說的，康德「改造了整個德國思想。這個時代中每一個重要的哲學心靈，都受到他的影響且同時必須超越他。」(GS IV, 46-7) 康德在思想上的偉大成就，使其後的思想家必須通過康德才有資格從事哲學的探究。康德的思想固然體大思精，但「凡有所說皆是可諍」，其中也不乏不一致之處，其論證亦有不少缺點 (GS IV, 44ff.)，而康德以後的思想家，即試圖從這些地方去「超越」康德。在狄爾泰看來，康德的哲學實具有二種解釋的可能，一種是走向純粹的觀念論，另一種則走向經驗與實在論。狄爾泰一直認爲，康德的理性概念（包括知、情、意的劃分）太過僵化而呆板，和其強調心靈的能動性與主動綜合的特性有其內在的衝突。而觀念論的發展，基本上亦是預設了康德自己就違背了他所定下的「知識不能逾越經驗之外」的信條。康德的知識論所採取的先驗途徑，實預設並證明了獨立於經驗的知識是可能的。康德以後的德國觀念論者，正是試圖將思想推展到經驗之外，將康德靜態的思想體系，轉化成動態的、辯證式的思想體系，打破康德思想本身的限制。於是康德曾斥之爲「假象的邏輯」的辯證法（Dialektik）乃正式登場，成爲德國觀念論者探討心靈活動與實在界的重要方法。

（二）費希特

費希特首先跨出了重要的一步，他認爲，心靈之無法觀察、感覺不到的先驗活動，正是康德所說的神秘的「物自身」。費希特想透過這種對「物自身」概念的詮釋，使三大批判成爲一個統一的思想體系。透過這種詮釋，康德哲學的唯心論（觀念論）色彩，乃正式彰顯了出來：心靈成了世界的最終基礎，「絕對自我」(absolute ego）成了世界的創造根源。可以說，費希特將康德保留給上帝的智性直觀與創造原理，轉移到了人類心靈上。因此狄爾泰逗趣的說費希特是一個「倒轉過來的斯賓諾莎，從創造性的純粹自我出發的建造者」(GS IV, 203)。康德的理性（Vernunft）概念到了他的手裏，已不只是一些「事實」(Tatsachen)，而是行動（Tathandlungen，或譯「事行」）了；意識的對象也不再是一些死的「事物」，而成了心靈的產物。

費希特本着實踐理性優位的原則，使康德的先驗哲學染上了主意主義的色彩。他認爲，將事物看成是客觀存在的自然對象的天眞的實在論，乃是心靈的依賴性的表現，眞正批判性的心靈（或「精神」）必須擺脫實在論的軟弱心態，而將自已當作是實在界的創造根源。費希特甚至認爲，實在不僅是由心靈組織起來的，更是由心靈所設定並透過行動（或事行）而加以實現的，而知識本身就是一種行動的形式。費希特的主觀觀念論含有一種極強烈的反現狀的奮進精神，且特重道德實踐上的奮進，因此常被稱爲「倫理的觀念論」(ethical idealism)。

（三）史萊瑪赫

史萊瑪赫和費希特一樣，也認爲自己在精神上是一位康德主義者。他常被認爲是康德以後的浪漫主義運動的主要人物之一，但就許多方面而言，他實深具康德哲學思維之批判的、反思辯的精神。狄爾泰自大學時代，就極爲喜歡史萊瑪赫的思想，他認爲，在康德的後繼者中，唯有史萊瑪赫最能扣緊康德的分析方法，是「神學中的康德」(Kant der Theologie)。在1890年出版的《德國名人錄》(*die Allgemeine Deutsche Biographie*) 第三十一册史萊瑪赫條中，狄爾泰指出，史萊瑪赫的神學體系結合了康德的批判哲學立場與歷史學派的概念，其神學的中心乃是「宗敎意識的現象學」(Phänomenologie des religiösen Bewuβtseins) (GS IV, 396–97)。

在史萊瑪赫看來，思想與存有是相關而不相同的，爲了避免落入康德的二元論、費希特的主觀觀念論與黑格爾的理性主義一元論的窠臼，史萊瑪赫提出了一種嶄新的觀點，認爲思想與存有、心靈與自然、自我與世界之間有一種不斷創進的互動。由於認爲康德和費希特都只賦予主體以形式的自律性，費希特的精神概念雖具能動性，但畢竟還是空洞的，因此史萊瑪赫提出其「感受」(Gefühl, feeling) 概念，試圖以之取代費希特的「空洞的」先驗自我概念。

然而何謂「感受」呢？却是一個極難回答的問題。史萊瑪赫不但在不同的時期有不同的用法，即使在同一時期、甚至同一本著作中，也有許多不同的用法。筆者在參考了Richard R. Niebuhr❺

---

❺ Richard R. Niebuhr *Schleiermacher on Christ and Religion: A New Introduction*, New York: Charles Scribner's Sons, 1964. 另外 Paul Edwards 主編的 *The Encyclopedia of Philosophy* 中的 Schleiermacher 條也是 Niebuhr 寫的。

和 Richard B. Brandt ❻ 論史萊瑪赫的著作後，嘗試說明如下：史萊瑪赫的「感受」概念雖有許多不同的含意，但由於其哲學的目的在於爲其神學奠立基礎，因此我們應從史萊瑪赫的神學關懷去理解他的「感受」概念。例如，佛教徒、自然主義者與路德派的教徒在面對世界時，會有不同的態度或感受，追求道德與追求名利的人，對世界的感受也會有所不同。筆者認爲，史萊瑪赫的感受概念的基本涵意，和中文所說的「生命情調」非常相似。基本上感受和個體性概念是息息相關的，可以說，一個具有某種生命情調的人在與世界、他人和社會接觸時，由生命直接呈現的（主要是情感方面的）意識狀態，即是感受。宗教即是一種感受，是感受的最高發展，道德與藝術的生命情調，若沒有宗教的感受便不可能達到完美的境界。所謂「宗教的感受」乃是一種「絕對依賴之感」，也就是一種自覺和神有關的意識；唯有在這種意識中，人才能深切的體認到自己獨特的個體性，因此「絕對的依賴之感」即是「直接的自我意識」，即是「神的意識」(Gottesbewuβtsein)。可以說，史萊瑪赫的感受概念，是結合了理論與實踐、現實與理想、相對者與絕對者之經驗的綜合統一。

史萊瑪赫非常重視「個體性」範疇，感受之不同於直觀，即在於感受是純屬個人的獨特經驗。在他看來，每個個體都有其獨特的個體性，神則是絕對的存有，是「全體」，是一切存在與知識的根源，而所有的個體都在此一全體中維持一種「多中有一，一中有多」的和諧關係。因此，一個人要眞正認識自己的個體

---

❻ Richard B. Brandt *The Philosophy of Schleiermacher: The Development of His Theory of Scientific and Religious Knowledge*, Westport, Connecticus: Greenwood Press, 1971.

性，便必須本着一種「宗教的感受」不斷在自我與全體之間進行體驗，才能實現其眞正的個體性與眞正的全體性（這就是「自我意識」＝「神的意識」的意思）。

由於受到歷史學派的影響，史萊瑪赫深信先驗的態度不能停留在純粹思想的領域，必須走到日常生活中；也就是說，先驗哲學不能脫離歷史與人類具體的生活經驗，而必須用來闡發藝術、宗教、倫理學、政治學、語言與歷史等領域。史萊瑪赫思想的這種「此岸性」(Diesseitigkeit)，對狄爾泰產生了很大的吸引力。在青年狄爾泰心目中，史萊瑪赫乃是他的領導者，甚至是他的「神」(Gott)❼。但在許多地方，狄爾泰却也強烈否認自己是史萊瑪赫的信徒，甚至說他滿腦子柏拉圖的思想，是一個「完全非歷史的腦袋」(ein ganz unhistorischer Kopf)(GS XIII, 2:155)。史萊瑪赫雖標舉「發展」爲一中心原則，但却未能掌握住人的具體歷史性 (Geschichtlichkeit) 的眞正性質，只將歷史當作是其哲學的一項假設。

史萊瑪赫之未能掌握人的歷史性，從其解釋學理論即能明顯的看出來。史萊瑪赫雖受康德先驗哲學影響而強調人類心靈的主動性，受浪漫主義運動影響而重視個體性，並且受歷史學派的影響而重視先驗哲學的「此岸性」，但骨子裏還是承續了柏拉圖的觀念論 (Ideenlehre)；因此其解釋學思想雖在傳統的文法、邏輯的解釋之外，強調心理的、歷史的解釋（即「技巧的解釋」），強調文件作品的風格與作者的內在形式（即「個體性」），但到頭來

---

❼ Georg Misch *Vom Lebens-und Gedankenkreis Wilhelm Diltheys* Frankfurt am Main: Verlag Gerhard Schulte-Bulmke, 1947, pp. 21-22.

還是提出了一種非歷史的「種子決定說」(Lehre vom Keimentschluss)。所謂「種子決定說」是將一件作品當作是作者心中早就由上帝種下的觀念(種子)之自然發展的結果，所有創造過程都只是預先決定的、單子式的作者的個體性的展現。在這種想法中，個體性和作品的風格都是預先決定的，與具體的歷史情境無關。在這種觀點下，人類文化在歷史上所呈現的種種變化，都只是觀念之永恒的辯證的靜態的、非時間性的影子 (GS XIV, 2:692)。狄爾泰對史萊瑪赫這種忽視歷史在創作過程中的重要性的學說，提出了強烈的批判。可以說，狄爾泰雖甚爲推崇史萊瑪赫在解釋學上的偉大成就，甚至稱之爲「解釋學的康德」(Kant der Hermeneutik)，但還是秉持一貫的「內在批判」的方式，透過對史萊瑪赫的批判性繼承而發展出自己的釋解學思想。

大約與史萊瑪赫同時代，有一批思想家批評康德的思想太過抽象、形式主義，而提倡感受、直觀與信仰等精神之較浪漫、較詩意的一面。這些思想家包括雅各比 (Friedrich Heinrich Jacobi, 1743–1819)、赫德 (Johann Gottfried Herder, 1744–1803)、歌德 (Johann Wolfgang von Goethe, 1749–1832)、謝林 (F. W. J. von Schelling, 1775–1854)、薛列格兄弟 (August Wilhelm Schlegel, 1767–1845; Friedrich von Schlegel, 1772–1829)、和洪堡德(Wilhelm von Humboldt, 1767–1835) 等人，他們一致譴責康德將生命當作冰冷的理論之大理石祭臺上的犧牲品，使自然變成「沒有生命與光的概念世界」(GS IV, 53)。大體上，他們都以具體的直觀作爲思想的根柢，並肯定人類有作客觀的「智性直觀」，直接契入自然與歷史而掌握其活生生的本質的能力。

由於強調具體的直觀，力圖去除先驗哲學偏重主觀反省、抽象造作的性格，使他們染上了強烈的非理性主義色彩。狄爾泰將這些思想家的思想，稱之爲「詩的觀念論」，以別於「哲學的觀念論」。這些思想家常以類比、隱喻、象徵與文學的手法，表達他們對自然與歷史的體認，並認爲如果理性通過概念、範疇、實驗、量化的方式去把握自然與歷史，將使實在界多采多姿的豐富內涵破壞無遺。因此他們強調，康德心目中的牛頓物理學的對象，只是人類可能經驗的一部份，此外如藝術、宗教、神話與歷史也都是知識之合法的來源與對象，只是不同於牛頓物理學的對象而已。如赫德即提出一種「投入了解」(Einfühlung) 的方法，主張人可以透過設身處地的方式，去把握不同時代與文化的內在靈魂而獲致歷史知識。謝林亦主張藝術直觀優於理論理性與實踐理性，將藝術的地位提高到哲學之上，並認爲唯有藝術中的「智性直觀」才具有絕對的客觀性，才可以掌握實在界之詩與神秘的向度。歌德亦反對康德所接受的那種形式化、量化、機械式的自然觀，主張唯有透過智性直觀才能揭露自然的奥秘，並由此建立其「根本現象」(Urphänomen) 與「根本兩極性」(Urpolarität) 的觀點。

狄爾泰在晚年曾稱這些思想家所代表的思潮，是對抗當時泛濫流行的形式化、理智化思考模式之「生命的反動」。他之所以將自已的哲學叫作「生命哲學」(Lebensphilosophie)，直接顯示了受他們影響的痕跡。但狄爾泰也批評這些思想家過度頌揚想像、信仰與冥想，而忽視了冷靜的批判性思考的重要性，致使他們的思想顯得鬆泛空洞。

（四）黑格爾

黑格爾是一位哲學天才，他的思想可說是自康德以來的所有思想側面之集大成，綜合了觀念論之批判的、浪漫主義的、與理性主義的各階段而爲一絕對的體系。康德堅守理性的界限，但黑格爾却宣稱，精神的本質正是超越。在黑格爾看來，理性乃是絕對的、不受任何條件限制的存有物，並且在歷史中發展、彰顯自己。而黑格爾思想很明顯的一種衝動，就是要將世界和歷史解釋爲精神（理性）的展現。因此，歷史哲學是黑格爾思想的一個基本側面，其目的在於掌握哲學體系嬗遞的必然性，從而在思想史中證明理性的存在❽。

史萊瑪赫認爲，思想與存有相關而不相同；但黑格爾站在承襲自巴門尼得斯（Parmenides, 545?–501? B. C.）的泛論理主義（Panlogismus）的立場，將思想與存有等同了起來。這種泛論理主義結合了泛神論的體驗，終於形成了黑格爾規模閎偉包羅一切的思辯形上學體系。在這個形上學體系中，「凡合理的都是實在的，凡實在的都是合理的」，思想提出了自己的對象，精神規定了存有。「眞理卽是全體」（Das Wahre ist das Ganze），唯有透過理性本身的辯證發展體系，亦卽概念的正反合三肢辯證發展體系，才能把握到眞正的世界實相。如果和康德比較起來，康德的批判觀念論基本上是一種知識論架構，但黑格爾的絕對觀念論則是一種客觀的、本體論的思想冒險。

在康德的用法中，辯證法（Dialektik）乃是一種「假象的邏

---

❽ Hans-Georg Gadamer "Heidegger und die Geschichte der Philosophie", in *Monist*, 64 (1981), p. 423.

輯」(Logik des Scheins)，是一般邏輯被誤用為一種產生知識的工具而產生的，其結果將流於玩弄光景的空談❾但對黑格爾而言，辯證法正是眞理本身活生生的發展歷程與形式。黑格爾摒斥了傳統的（亞里士多德的）形式邏輯與康德的先驗邏輯，而標舉其劃時代的思想革命成果——辯證邏輯（dialektische Logik）。形式邏輯以不矛盾律為基礎，是思維的運作法則，本身不能提供任何知識；但辯證邏輯正是要超越靜態的形式邏輯，以一種動態的「變化的邏輯」去把握生命的運動與思想的活動，使思想與存有緊密的結合起來。因此黑格爾的辯證邏輯同時具有本體的意義與歷史的意義。狄爾泰曾將黑格爾的辯證法界定為「使生命與發展之永不止息之流成為知識的方法」(GS IV, 237)。然而為了掌握發展的延續性（die Kontinuität der Entwicklung)，思想在完成由具體事物導出抽象的形式、範疇與觀念之後，還須進一步揚棄這些抽象產物的固定性，使思想變得流動，使概念變得具體(GS IV, 237)。

在黑格爾的思想中，精神的活動乃是一種歷史的過程，歷史即是理性或精神自我彰顯的過程，其最終目的則在達到絕對知識。就這樣，歷史哲學成了黑格爾整個哲學體系的核心，企圖通過理性思維的概念規定把握精神發展的過程。「歷史哲學」的探索，使黑格爾成為近代哲學史上首次挖掘「歷史意識」(geschlichtliches Bewuβtsein) 理念的哲學家，其「歷史性」(Geschichtlichkeit) 透過狄爾泰的朋友海姆 (Rudolf Haym, 1821–1901) 而對

---

❾ Immanuel Kant *Critique of Pure Reason,* tr. by Norman Kemp Smith, New York: St. Martin's Press 1961, p. 99.

狄爾泰發生了鉅大的影響，進而影響到海德格的思想⑩。

德國觀念論發展到了黑格爾的絕對觀念論，可以說是已經登峯造極，再無發展餘地了。天底下的眞理，似乎都給黑格爾說光了。黑格爾本身在哲學上曠古未有的成就，加上與當權者掛鈎而成爲德國王權復興時期的半官方哲學（蓋當權者認爲黑格爾的哲學與專制的意識型態相合），遂使黑格爾的哲學風靡一時。1831年黑格爾辭世時，他的一些狂熱的信徒幾乎把他捧上天了，他們將黑格爾在哲學上的使命比作和基督一樣崇高偉大。根據海姆的描述，當時黑格爾的哲學在德國雄踞一切學問的王座，其他學院的教授常聚集於哲學院的接待室，希望從黑格爾哲學獲得一點啓發，彷彿不懂得黑格爾就成了野蠻人或白癡似的⑪。

在黑格爾哲學的鉅大影響之下，當時德國學界普遍都反映了觀念論的影子。自然科學家鄙視「低俗」的分析性與實驗性的研究工作，而喜歡一體通吃式的「自然哲學」(Naturphilosophie)；甚至在醫學研究裏，也到處可以看到諸如「理想力量」、「精神吸引力」之類的觀念。尤其在人文社會科學裏，更有非採用絕對觀念論的架構作演繹式的推廣不可之勢，即使犧牲明白可見的經驗證據亦在所不惜。當時甚至發生了一件不可思議的事：佛利斯(Jakob Friedrich Fries, 1773–1843)⑫和本尼克(Friedrich Eduard

⑩ Leonhard von Renthe-Fink *Geschichtlichkeit: Ihr terminologischer und begrifflicher Ursprung bei Hegel, Haym, Dilthey und Yorck,* Göttingen: Vandenhoeck & Ruprecht, 1968.

⑪ Michael Ermarth, ibid, p. 51.

⑫ Fries 深受康德哲學的影響，強調批判哲學之分析、描述與方法論的側面，而反對費希特、謝林與黑格爾的觀念論，曾研究過數學和物理學並聽過費希特講課。早在 1798 年他就發表過一篇題爲〈論

Beneke, 1798-1854)⑬想用經驗心理學的途徑研究精神現象，竟遭到官方的排斥甚至公然的抵制；本尼克被解除了柏林大學的教職，理由是：不是由絕對理想導出實在的哲學不足以稱之為哲學！（此事件據稱黑格爾曾暗中推動——黑格爾在1818年赴柏林大學接任費希特的教職，從此聲名四播，且和普魯士當局關係甚佳，並於1830年任柏林大學校長。）當一種思想與官方勾結而成為僵化的意識型態時，這種思想就喪失了活力而變成桎梏人心的金箍咒。黑格爾的哲學就是這種情形。德國觀念論的發展命運，使狄爾泰對系統性思想產生了很大的警惕：它開始時是一種發揚創造自由與人類自律性的哲學，却發展成狹隘的「正統」，淪為官方維護既存秩序的工具，寖至成了絕對獨裁者、成了教

(續)經驗心理學與形上學的關係〉(*Über das Verhältniss der empirischen Psychologie zur Metaphysik*)的文章，認為哲學的基本任務是描述而非思辯。1818年他出版了一本以康德哲學為基礎的《倫理學》(*Ethik*)一書，強調個人自由與政治平等的理想，並鼓吹立憲與代議政治。他的言行激起黑格爾的猛烈抨擊，終於迫使他於1819年被解除耶拿的教職，直到1824年才復職。

⑬ Beneke 是德國的哲學家兼心理學家，1820年任柏林大學講師，頗受學生歡迎。他的前二本著作是1820年發表於耶拿的《根據純粹理性的意識之知識論》(*Erkenntnislehre nach dem Bewußtsein der reinen Vernunft*)與《經驗心靈學：一切知識的基礎》(*Erfahrungsseelenlehre als Grundlage alles Wissens*)。1822年復在柏林出版《道德物理學探本》(*Grundlegung zur Physik der Sitten*)。這部書觸犯了絕對觀念論者，終於被指為「非哲學」(unphilosophisch)著作，使Beneke被解除教職。解除教職後，Beneke本想赴Jena，最後却因柏林當局百般刁難限制出境，而喪失了機會，不得已只好轉往哥廷根，直到1827年才獲准重返柏林開課。

條。

當一種風行一時的思想或理念成了教條、成了桎梏人心的枷鎖之後，馬上就會產生反動。

二、德國觀念論的反動：1830～1850

狄爾泰在晚年的黑格爾研究著作中，即指出了黑格爾哲學中含有一種「形上學傾向」與「最深刻的歷史意圖」之間的衝突，並由黑格爾思想的此種「內在的二面性」(innere Zweiseitigkeit)，說明了其形上學與神學信徒終必和發展其歷史側面的歷史思想家分道揚鑣（GS IV，249）。思想史的發展印證了黑格爾的學說：他自已的思想也遭受了被「揚棄」（aufheben）的命運； 以往他說康德的先驗觀念論只有骨架沒有血肉，現在人們也拿同樣的話批評他。人們開始厭棄一體通吃式抽象思辯的形上學體系，而關注具體實際的事物。黑格爾死後，在哲學界與科學界各種反動思潮蠭起，令人目不暇接。

1830 至 1850 年間，正是狄爾泰成長的時期。這段期間德國的思潮極爲複雜，我們只能就其中對狄爾泰思想有直接或間接影響的思潮略加說明。我們要談的主要包括黑格爾左派的人學（Anthropologie 或譯人類學）轉向、德國歷史學派之經驗史觀與全德倫堡的目的論式的實在論。黑格爾左派（即青年黑格爾派）對於了解狄爾泰成長期間思想界的基調非常重要，而德國歷史學派（尤其是蘭克）與全德倫堡，則都對狄爾泰的思想有直接的影響。一般說來，狄爾泰青年時期的德國，觀念論已如殘陽餘輝，形上學的抽象觀念已不再滿足人心，梅特湼及其維護君主專制的措施與反動的社會與政治制度激發普遍的不滿，自然科學與產業革命蓬勃發展，神學與宗教中瀰漫着懷疑主義的情緒，一切都顯現出一種新舊交替、急遽變遷的社會所特有的不穩定、不確定特徵。

（一）黑格爾左派

在黑格爾死後，黑格爾的門徒與信奉者之間卽分裂成二大派，一是奉老年黑格爾的思想爲正朔的老年黑格爾派，又叫黑格爾右派。此派中人大抵全盤接受黑格爾思想，認爲思想已再無創新可能，而滿足於細節的發揮印證工作，尤其是哲學史的研究。這派人與黑格爾左派的分別，大抵可以從黑格爾法哲學中的那句著名的口號「凡合理的都是實在的，凡實在的都是合理的」的二種詮釋看出。右派重「凡實在的都是合理的」，因此趨向於保守；左派則較重「凡合理的都是實在的」，而較傾向於改革。

早在黑格爾生前，費爾巴哈（Ludwig Andreas Feuerbach, 1804–1872）就曾匿名出版了一本神學著作《論死與不朽的思想》（*Gedanken über Tod und Unsterblichkeit,* 1830），提出了「靈魂不朽」和「上帝個性」這二個引起激烈爭論的課題，而他也因爲這本書在 1832 年被解除了教職。到了 1835 年，黑格爾學派內部的分歧，由於史特勞斯（David Friedrich Strauss, 1808–1874）出版了《耶穌傳》（*Das Leben Jesu Kritisch bearbeitet,* 2 vols, 1835–36）第一册而變得更加明顯。這部著作也使史特勞斯遭遇了和費爾巴哈相同的命運，並從此和學院生活絕緣。

除了費爾巴哈和史特勞斯之外，青年黑格爾派的成員還包括盧格（Arnold Ruge, 1803–1880）、施蒂納（Max Stirner, 1806–

1856)、包威爾(Bruno Bauer, 1809-1882)、黑斯(Moses Hess, 1812-1875)、馬克思(Karl Marx, 1818-1883)與恩格斯(Friedrich Engels, 1820-1895)等人。這些思想家之間存在着極大的差異，然而大體上說來，他們都反對黑格爾用一套抽象的純粹思想去取代具體的實在，主張人是有血有肉的具體存在（自然存在物），和具體的自然有密切不可分的關係。他們在政治上大多是主張改革的自由主義者，關心社會與政治的實際情況。他們認爲，自然是人存在的基礎，純粹的理想或神聖的存在（如絕對精神或上帝）是和人相對立的，到頭來只會造成人的自我異化——費爾巴哈的《基督教的本質》(*Das Wesen des Christentums,* 1941) 一書的主要論點卽是認爲：宗教（基督教）固然揭露了人的本質，但如果將這種本質歸於上帝，人便成了異化了的人。

對黑格爾左派的思想家而言，實在尙未被合理化，也就是說，合理的實在尙未實現。他們認爲，黑格爾將思想與存有、理性與實在等同起來的作法，實在是一種眼高手低，忽視具體實在現狀的過早之論。正如馬克思在〈費爾巴哈論綱〉(*Theses on Feuerbach*) 最後一條所宣示的，他們所關心的不是「解釋」(interpretieren) 世界，而是要「改變」(verändern) 世界。他們非常注重思想的力量，並逐漸由思想轉向行動，相信眞正的辯證法唯有在哲學的實現中才能達到最高的成就。循着此一理路，他們終於認定觀念論（尤其是黑格爾的絕對觀念論）乃是人類精神自我異化的最終表現，轉而強調個人的力量與物質的重要性。因此馬克思試圖將黑格爾的辯證法徹底的顚倒過來，剝去其虛假的外殼而保留其合理的內核，建構其歷史唯物論思想。如此一來，人乃成爲哲學的眞正主體，而造成一種革命性的「人學的轉向」。

在黑格爾左派思想家的心目中，作爲哲學之眞正主體的人乃是活生生、有血有肉、有欲望有需要的具體的個人，是一個自然人，一個「類存在」，而不是一個「理想人」。由於重視具體的人的感覺活動與物質條件，使黑格爾左派思想家常被當時的人目爲知覺主義者或唯物論者。但我們可以很明顯的看出，這些思想家皆強調意識的能動性，強調意識與環境的辯證關係，事實上仍是帶有濃厚的觀念論或主意主義色彩的。因此，他們雖厭棄觀念論，但在他們的思想中實包含有許多觀念論的前提，甚至結論。因此他們的「唯物論」是極不同於稍後在德國興起的那種非辯證的、機械的或「科學的」唯物論的：對後一種唯物論而言，一切都化約成物理現象，即使心靈亦只是各種衍生（派生）的物理力量的產物或「伴隨現象」。關於這種唯物論思潮稍後將有論述，此處暫置不表。

狄爾泰對黑格爾左派的人學轉向與強調具體性及心靈能動性、具強烈實踐動機的思想頗表同情，但對科學唯物論或機械唯物論則持批判的態度。在狄爾泰看來，「具體的實在」不一定就只是物質或自然，心理現象同樣是具體的實在。

（二）德國歷史學派

柏林大學曾是黑格爾哲學雄踞之處，但黑格爾哲學的反動亦以柏林大學爲主要基地：青年黑格爾派的中心是柏林大學，另一股反動力量——德國歷史學派——的成員也都滙集於柏林大學。

德國歷史學派也和黑格爾左派一樣，一方面是黑格爾哲學的反動，另一方面又保留了黑格爾的一些思想作爲前提。德國歷史學派的主要成員有尼布爾 (Barthold Georg Niebuhr, 1776–1831)、沙威尼 (Friedrich Karl von Savigny, 1779–1861) 及蘭克 (Leopold von Ranke, 1795–1886)。尼布爾是一位法學史家，他對歷史研究的目標與方法的理解，對沙威尼和蘭克都有影響。以下我們僅就沙威尼與蘭克，說明歷史學派的特徵。

沙威尼是歷史法學的建立者，幼年卽受嚴格教育，十七歲入馬堡大學，二十一歲獲博士學位，二十四歲卽出版《所有權論》(*Das Recht des Besitzes*) 一書。他和尼布爾皆曾參與新成立的柏林大學的籌劃組織工作，1810 年任教於柏林大學並任校長，對柏林大學的發展可謂貢獻良多。1842–48 年間並出任普魯士首相。沙威尼的二部鉅著是 1815–34 年間陸續出版的七册《羅馬法在中世紀的歷史》(*Geschichte des römischen Rechts in Mittelalter*) 與 1840–49 年間出版的八册《現今羅馬法體系》(*System des heutigen römischen Rechts*)。

沙威尼認為，法律並沒有在自然或精神中有什麼抽象的根源 (如自然法及黑格爾的法哲學)，而是一個民族的民族精神(Volksgeist) 或集體天才的表現。基本上，法律是由習慣和通俗信仰形成的，並且和語言一樣會隨着民族精神的發展而發展。因此他強調，研究法律除須有「系統感」之外，還應有「歷史感」，以把握每個時代與每一種形式的法律的特性。

蘭克是現代歷史寫作之父，1825 年任柏林大學副教授，1834–1871 年間任正教授，狄爾泰就讀於柏林大學時曾參加過他的討論課，對他非常推崇，甚至稱之為「歷史感的化身」(GS V, 9; JD. 30)。蘭克討厭黑格爾式的理性思辯癖，劃淸歷史與哲學的界限：哲學運用抽象概念與概念反省進行探討；而歷史則須基於對個別事項作謹愼的探討，他認爲，歷史是歷史，哲學是哲學，二者各行其是毫不相干，而所謂的「歷史哲學」（指黑格爾式的歷史哲學）一詞本身就是不通的。

蘭克的「科學」(Wissenschaft) 觀念主要是得自狄爾泰稱之爲「詩的觀念論」者的歌德與謝林的。他在 1832 年發表的一篇文章〈論理論的影響〉(*On the Influence of Theory*) 中表達了歌德的觀點，認爲所有的理論都無可避免的會帶有理性主義的偏見，使人總想由一組第一原理導出所有的實在。蘭克深信，理性所建構出來的理論，是無法產生或把握住活生生的實在的，正如文法學不能產生語言、美（詩）學不能產生詩歌、政治學不能產生國家一樣。此外蘭克深信在每一個活生生的實在中都有一種神秘不可方物的力量，是理論絕無法把握到的。

蘭克治史有一種極強烈的宗教動機：受謝林哲學的影響，他深信上帝的無所不在，必會顯現自己於偉大歷史事件的脈絡中，透過歷史的研究即可掌握上帝的活動與旨意。因此蘭克以歷史寫作爲神聖的工作，並將史家比作教士。在他看來，歷史的任務只在於說明事情實際上是怎麼囘事，亦卽說明歷史的事實眞象，而將其餘的工作交給神。因爲他認爲，眞理就內在於每一個個別的歷史現象中，歷史體現了某種神秘的力量，唯有透過一種直接的直觀，才能直接把握到個別歷史現象的內在意義。因此蘭克宣揚以一種不帶褒貶、不含偏見的純粹眼光看待歷史。蘭克有句名言：「每個時代都直接面對上帝」，唯有直接從個別歷史對象下手，才能把握到眞理。

上述的蘭克史學思想中，實含有一種「內在的觀念論」，否則個別歷史對象的直觀是沒有意義的。

狄爾泰甚爲同情歷史學派，但他發現，歷史學派「迄今尚不能打破其內在的限制……缺乏哲學基礎」(GS I, xvi)。就某一意義而言，狄爾泰的「歷史理性批判」實可看成是在爲德國歷史學派的理想奠定哲學基礎，並去除其中不一致之處。歷史學派雖使歷史解脫了形上學、道德哲學與先天概念的束縛，但太過重視個別具體的事物，忽視了知識論與心理學等「理論」的基礎，却也使其成就顯得鬆泛瑣碎，有「見樹不見林」之感。此外蘭克的歷史寫作也太過偏重政治史，而忽略了歷史中的思想與文化運動。並且，爲了要求客觀，蘭克要求史家在研究歷史時要排除自我，讓歷史的眞象自己呈現眼前，並忠實的記錄下來。但這種要求客觀的精神發展到最後，却剝奪了歷史對人生的意義。狄爾泰是深信人生必須受思想指導的，正因爲這點，使狄爾泰對蘭克的對頭許洛瑟 (Friedrich Christoph Schlosser, 1776-1861) 頗爲稱頌：許洛瑟使歷史和倫理哲學緊密關聯起來，並視歷史爲指導人生的一種手段。

（三）全德倫堡

蘭克深化了狄爾泰研究思想史、探討歷史知識的哲學基礎的興趣；史萊瑪赫的學生全德倫堡(Friedrich Adolf Trendelenburg, 1802-1872) 則是狄爾泰的哲學老師、博士論文指導教授，在思想上對狄爾泰有莫大的影響。全德倫堡是最有影響力的觀念論批判者，其思想支配了黑格爾死後的學院哲學。受他思想影響的，除了狄爾泰之外，主要的思想家有齊克果 (Sören Aabye Kierkegaard, 1813-1855)、布倫他諾 (Franz Brentano, 1838-1917)、泰希穆勒(Gustav Teichmüller, 1832-1888) 與威爾曼 (Otto Wilmann, 1839-1920)。 全德倫堡的思想基本上承襲了史萊瑪赫， 但史萊瑪赫較偏向柏拉圖，受柏拉圖的觀念論影響很深；全德倫堡則忠於亞里士多德，重視經驗。全德倫堡在談及「經驗」概念時，常用由希臘文 empeiria 轉來的 Empirie 一詞，顯示了他的思想和亞里士多德有着密切的內在關聯。後來狄爾泰也援用 Empirie 代表廣義的經驗，以與只注重感官經驗的「經驗主義」(Empirismus) 嚴加區別 。 全德倫堡在 1840 年出版的《邏輯探究》(*Logische Untersuchungen*) 一書：對於打倒黑格爾在哲學上的霸權地位，作出了鉅大的貢獻，對思辯式的辯證法思想發動了致命的一擊。他將一切知識與思想的基礎放在 Empirie 上，認爲經驗才是人類偉大的導師。他的經驗觀念強調認知主體的主動整合與參與，並堅持哲學的探討必須始於對個別對象作審愼的研究，循序而進，不可躐等，一切皆須以經驗爲依歸。

全德倫堡也和史萊瑪赫一樣，欲使實在論與觀念論眞正融合爲一種「先驗實在論」或「經驗觀念論」：一方面強調意識的能動性以避免唯物論或英國經驗論的難題；一方面則強調思想應以實在爲依歸，以避免主觀主義或相對主義的難題。他認爲：「對我們人類來說，並無所謂的『純粹思想』這回事……思想若想去除具體知覺，無異自毀生機」⑭。思想永遠是關於存在物 (Seiende) 的思想，是人類在經驗中逐漸建立起來的。由經驗建立起知識的關鍵是語言， 而語言中的文法卽是一種深刻的邏輯 。因此全德倫堡視文法與邏輯爲相輔相成的「雙胞胎」。基於此一觀

⑭ Trendelenburg *Logische Untersuchungen,* 2vols. (Leipzig, 1870) 2nd. vol. p. 531. cited from Michael Ermarth, loc. cit., p. 59.

點，全德倫堡進一步主張：「所有的知識都是解釋，不管是對人所說的話的解釋或是對有意義的現象的解釋」⓯。

全德倫堡的「觀念實在論」(Idealrealismus) 的二個基本概念是「生命」與「變化」。他和黑格爾左派思想家都認爲，生命在知識論上是優先於純粹思想的。他以亞里士多德哲學中的「現實」(entelechy; entelecheia) 概念爲基礎，提出一種包含歷史與自然的具體歷程之哲學，他稱此種哲學爲「有機世界觀」(organische Weltanschauung)。這種世界觀是一種目的論式的、全體論式的世界觀，但却不落入非理性主義或淪爲一封閉體系。在全德倫堡看來，哲學不僅須有方法的批判，還須關注實在的發展，包括人類致力於把握實在的歷史。因爲「科學」(Wissenschaft) 是不能完全脫離「世界觀」(Weltanschauung) 的：思想與變化的實在、心靈與自然、科學與世界觀，乃是有機發展的不同階段，而不是互相排斥的東西。這種「科學」與「世界觀」的緊張，也是後來狄爾泰處心積慮想加以調和的一個重大課題。

由於強調具體經驗與思想史研究的重要性，使全德倫堡被稱爲「歷史學派的哲學家」。他認爲，要了解一個東西，就必須知道其發生過程；而這種發生學的研究途徑不僅適用於哲學思想，亦適用於研究其他自然現象與心靈現象。因此他一方面反對康德所採取的形式的、靜態的分析思想的方式，也反對黑格爾漠視具體經驗而熱衷於建構思辯性辯證法體系的作法。因此，哲學應與其他科學齊頭並進，並由其他科學中拮取內容——哲學乃是相對的、而非絕對的知識。這種關於哲學的本質與哲學和其他科學的

⓯ Trendelenburg, ibid., 2nd vol. 443. cited from Ermarth, loc. cit., p. 59.

關係的觀點，對狄爾泰也有很深的影響。如 Georg Misch 在《全集》第五册的那篇著名的〈編者弁言〉中便曾指出，狄爾泰在1859年曾說：如果人們好好想想，人的知識是什麼？哲學思維到底和事物的那一個環節有關？便不會有一種「哲學的虛榮」(philosophische Eitelkeit)，夢想對其他個別科學有一種至高的權力 (Suprematie) (GS V, xviii)，因為哲學也是一門個別科學。

全德倫堡對狄爾泰的影響是廣泛而深遠的，從「觀念實在論」的思想格局到討厭抽象、思辯性體系的心態，採取功能與發展的途徑探究思想、強調生命與變化、與哲學和個別科學的定位等等，在在都可以看到這種影響的明顯痕跡。但須注意的一點是，全德倫堡視哲學為一種「有機世界觀」，以有機體的生成發展為最終的暗喻 (metaphor)，而狄爾泰則深受歷史學派影響，因此在探討心靈生命的發展時，較傾向一種先驗的立場，可以看出歷史學派的內在觀念論的影響。全德倫堡終其一生，始終反對黑格爾的觀念論的一元論和 1960 年代興起的唯物論的一元論。但是，和許多採取折衷立場的思想家一樣，全德倫堡也是兩面不討好；他的思想還常被形容為過渡到他所反對的自然主義的過程中的一環。而這種把握全德倫堡思想的傾向，也正顯示着 1860 年代德國思潮確有朝自然主義發展的趨勢。

大體上說來，自黑格爾死後，德國哲學獨霸歐陸的局面已經結束；黑格爾一體通吃的龐大思辯體系遭受到強烈的反動，帶來的是德國哲學由大一統而陷入分崩離析，青黃不接的局面。哲學精神開始式微，而實證科學，尤其是物理學的輝煌成就，逐漸吸引人心，而實證科學的哲學基礎——實證主義——乃成為一種深植人心的哲學意識。狄爾泰的老師古典語言學家波克 (August

Böckh, 1785–1867）便曾經很感嘆的說：「今日許多人以見到哲學式微爲樂，並爲哲學行將就木而喜不自勝。然而在我看來，這實無異樂見世界之光行將熄滅！」⓰

波克的感嘆可以說是經歷黑格爾哲學由極盛轉衰的過程的那一代人共同的心聲。但在狄爾泰這一代人的感受就大不相同了。狄爾泰在 1911 年爲《全集》第五、六册所寫的那篇〈序言〉中說：

> 當我進入哲學的時候，黑格爾的觀念論的一元論已被自然科學的強勢打垮了。當自然科學的精神變成了一種哲學之後——如（法國）百科全書派思想家、孔德（August Comte, 1798–1857）、與德國那些哲學化的自然科學家所顯示者——這種自然科學的精神便將精神當作是自然的產物，從而也就支解了精神。偉大的自然科學家都想更深刻的把握問題，而這也就使人們回溯到康德了。正如康德基本上是本着自然科學的精神的，我們也可以在赫姆霍爾茲（Hermann Ludwig von Helmholtz, 1821–1894）身上，看到了自然科學精神與康德結合的體現。(GS V, 3)

這段話很扼要的描述了 1850–1875 年間唯物論（科學唯物論或機械唯物論）與實證主義興起的思想背景，與稍後新康德主義（回歸康德運動）產生的內在脈絡。在這裏，我們很明顯的看到了一個思想家和其時代的密切關聯：對波克來說，那是一個哲學由極

⓰ Erich Rothacker *Einleitung in die Geisteswissenschaften,* Tübingen: J. C. B. Mohr, 1930, p. 131.

盛而轉衰、前途茫茫、不堪回首的時代；而在狄爾泰看來，則是哲學精神經過一陣混亂低迷之後，柳暗花明、行將開創新局、充滿新希望的時代。

在這裏，有一點很值得一提的是狄爾泰對於文化復興的觀點。狄爾泰在 1865 年發表於《威斯特曼月刊》（*Westermanns Monathefte*）上的書評中寫道：

> 一個民族的（文化）生命中罕見而不凡的表現，必須被當作一種鼓舞與激勵的手段；我們畢竟是不能一一模仿的，因為時代與條件必定會有所不同，一味模仿的態度很容易就產生與所願相反的結果。⑰

文化生命的衰退是一去不返、不可倒頭走的。每一個時代都應就其時代與歷史條件的特殊狀況，開拓振興其文化生命，不能專事復古模仿。觀念論輝煌閎偉的思想成就，自有其時代的作用存焉，後來者無須一昧想去重建；因爲時代改變了，有些新的現實是往日的觀念論者無法設想的。狄爾泰曾以河流爲喻，很傳神的點出了觀念論在思想史上的地位。他說，過去半個世紀來，哲學就像一條洶湧澎湃的大河，却決堤氾濫，淹沒了本應屬於經驗科學的土地；如今這條河流流量減少了，但却已大大肥沃了淹沒區的土地，使後人能在這片土地上耕種出雙倍的產量。這種觀點對於我們今日談「文化復興」實具有深刻的意義。

---

⑰ Cited from Michael Ermarth, loc. cit., p. 62.

三、唯物論與實證主義

十九世紀下半葉的德國，是一個在政治、經濟與文化上都發生劇烈變化的時代。狄爾泰曾對這個時期的思想情況作過如下描述：

> 哲學精神指導生活的功能，已經由巨型的形上學體系轉移到了實證研究的工作。自十九世紀中葉以來，許多因素使得系統哲學對科學、文學、宗教生活與政治的影響力大為減弱。1848年以來爭取公民自由權的浪潮，德國與義大利的民族國家的統一，經濟的迅速發展以及相對的階級權力的轉移，和國際政治上的轉變——這一切都促成了對抽象的思辯的興趣的減低。⑱

此外在 1898 年教學常用的一份手稿裏⑲，狄爾泰也指出，他那個時代最普遍的特徵有四（GS VIII, pp. 194-198）：(1) 實在論與對俗世事務的興趣；科學的長足進步是促成此一特徵的重要力量。(2) 自 1687 年牛頓 (Issac Newton, 1642-1727) 出版其劃時

---

⑱ Dilthey *Grundriss der allgemeinen Geschichte der Philosophie*, 6th ed. rev. and enlgd. by Hans-Georg Gadamer, (Frankfurt: 1949), p. 231. cited from Ermarth, loc. cit., pp. 62-63.

⑲ 這份手稿後來收入《全集》第八册，題名爲《現今文化與哲學》(*Die Kultur der Gegenwart und die Philosophie*, GSVIII, pp. 194-203)。

代的鉅著《自然哲學的數學原理》(*Philosophiae Naturalis Principia Methematica*) 以來，物理科學與數學密切結合，使人類建立了確定而有效的自然科學領域，而物理科學也就逐漸成了一切科學的典範。這點尤其對哲學的探討有決定性的影響。(3) 工商業的蓬勃發展、個體權利意識的興起、以及科學方法在社會問題上的廣泛運用等，造成了社會組織與秩序的急遽變遷。(4) 浪漫主義的反動與歷史意識的興起，揭露了歷史上所有深植人心的信念的相對性，使人類喪失確定的生活目標、價值與理想，造成普遍的深刻的不確定感與無根空虛的痛苦。

1850–75 年間，反黑格爾與觀念論的浪潮達到了頂點；黑格爾被說成是一條「死狗」，整個先驗的觀念論的合法性被徹底的推翻，甚至連哲學本身也被認爲是和實在與科學的結果相矛盾的東西。於是在 1860 與 70 年代，逐漸形成了一股新康德主義運動，將康德哲學予以「實證化」，以符合實證科學的發展。一時間，似乎哲學（或玄學）的時代已然成爲過去，歷史的發展已邁入人類極致的科學時期了。人類的眼光開始從內心轉移到外在世界，充滿「實在」與「實證」色彩的實證科學紛紛興起獨立，而哲學在人心中的地位則大幅滑落。當然，在這種普遍的趨向中也有許多思想家抱持不同的看法。譬如狄爾泰和一些染有理想色彩的實在論者便不那麼悲觀，他們認爲，如果哲學能和實證科學携手合作並接受實證科學的結論，還是能夠再創生機的。另外有少數死硬派的思想家，則以個別科學爲「小道」不足觀，堅持哲學仍應繼續形上學的輝煌傳統。然則無論如何，鑑於哲學與個別科學的日益決裂，哲學與個別科學之間關係的問題無疑是十九世紀下半葉的主要課題之一。

自然科學的偉大成就乃是促成1950年左右德國思想界走向經驗論與實在論的主要因素。1842 年梅耶（Robert Mayer, 1814–1878）即提出了能量不滅定律的原始構想；此後二十年間，在赫姆霍爾茲（Hermann Ludwig von Helmholtz. 1821–1894）⑳和焦耳（James Joule, 1818–1889）的努力下，已成爲物理學所有研究領域共同接受的一項基本運作假設（working hypotheses）了，後來更擴及了有機化學與無機化學的研究領域。1828年尿素的人工合成的成功，更在有機與無機的領域間搭起了一座橋樑。這項成就鼓舞了人們相信有生命的東西也能用化學的理論去說明。徐萬（Theodore Schwann, 1810–1882）在 1838 年即提出了植物的細胞理論，旋即由徐萊登(Mathias Jakob Schleiden, 1804–1881)推廣到動物的研究上，而形成了組織學（histology）。德國物理學家克希霍福（Gustav Robert Kirchhoff, 1824–1887）的光譜學（spectroscopy）的發明，使科學家的分析有了長足的進步。經過物理學家、化學家與生理學家的不斷努力所獲致的輝煌成果，已

---

⑳ 赫姆霍爾茲是德國著名的生理學家與物理學家，狄爾泰對他贊揚有加，視之爲自然科學精神的化身。他在 1847 年（26 歲）時即發表了著名的論文〈論能量不滅〉(*Uber die Erhaltung der Kraft*)。他一生中共發表了二百多份有關生理學、解剖學、醫學、心理學與物理學之極具份量的論著。他在哲學與數學方面也發表了若干論文，並透過通俗的演講方式，將科學研究的重要成果廣爲宣揚，對當時德國學界造成極大的影響。赫姆霍爾茲一開始就反對形上思辯，認爲謝林、黑格爾等觀念論者及形上學家敗壞了哲學，使哲學走入歧途而未能致力於人類知識的研究。在哲學上他較傾向康德的哲學，並認爲第一批判提出了許多正確的問題且作了部份的解答。此外他認爲結合科學與數學的經驗主義亦將對許多哲學基本問題作出可靠的解答。

使人們相信生命也只不過是一種較複雜的自然界產物，自然可以用物理與化學的方式去研究，甚至所謂的「心靈」或「精神」亦可以完全用經驗科學的方式加以處理。

可以說，在十九世紀前半葉的德國思想範圍裏，普遍出現了三個相關的重大決裂現象：科學與宗教的決裂；理性與感性的決裂；知識與價值的決裂。洛采（Rudolf Hermann Lotze, 1817–1881）相信，這些決裂現象必須以某種合理的方式加以調和。爲了調和這些決裂，洛采構想了一種新的形上學概念。他一方面認爲，知識必須以透過觀察與實驗而獲得的事實知識爲依據，形上學所能做的，只是將精確經驗科學所獲致的概念與理論加以分析、釐清與安排，以構成一較完整的系統；但同時也承認，形上學應爲「最高善的經驗」服務，也就是須探討價值問題。他所構想的形上學乃是一個開放的、機械論的系統：一方面哲學不可能有最終的系統，知識與實在並非同一，因此哲學的要務與其說是解決問題，毋寧說是提出問題刺激科學家們去研究；另一方面則哲學須運用機械論作爲一種研究手段，使各種形式的存在都能加以解釋，從而建設一種類似萊布尼玆單子論（monadism）的思想間架，使萬物皆能有所定位。須注意的是，洛采只是將機械論（mechanism）當作是研究的方法，並認爲機械論並不含蘊唯物論。嚴格說起來，洛采的形上學乃是一種特殊形態的觀念論。

洛采的思想在 1841 和 1843 所發表的二本小書《形上學》(*Metaphysik*)與《邏輯》(*Logik*)中已具雛形，而系統化的表現於1856–1864年間出版的三册《小宇宙》(*Mikrokosmus*)中。亞歷山大・馮・洪堡德（Friedrich Heinrich Alexander von Humboldt, 1769–1859）的《宇宙》（*Kosmos, 1854*）則是一本較通俗的書，

依據嚴格的科學前提，試圖說明整個宇宙。這本書在當時極爲流行，在德國被閱讀的情形僅次於聖經，對於促成嚴格的科學的世界觀造成了極大的影響。

十九世紀前半葉的許多活躍的科學家或哲學家，皆認爲他們的思想並非唯物論，但各種機械唯物論的哲學思想，在 1960 年代仍甚爲流行。當時許多宣揚唯物論思想的小册子紛紛出籠，主要作者包括摩勒休特（Jacob Moleschott, 1822–1893）、布希納（Ludwig Büchner, 1824–1899）與左伯（Heinrich Czolbe, 1819–1873）。摩勒休特是一位生理學家及哲學家，1852 年發表了重要的著作《生命的循環》（*Kreislauf des Lebens*），這部著作對於促成十九世紀的科學唯物論有重大的影響。他在這部書中指出，宇宙間的萬物，包括生物與社會，都不過是物質與能量（或運動）之恒常變化循環的過程。人類的行爲也完全可以用物理與化學的概念和方法加以說明。他要求要用科學的解答去回答科學的問題。他的一句名言是:「沒有磷就沒有思想」(按: 磷爲大腦的主要物質基礎）。布希納也是一位試圖以唯物論的方式解釋宇宙萬物變化的物理學家及哲學家，反對上帝、創造、宗教與意志自由等概念，認爲精神與意識只是腦的物理狀態，是由物質的運動所引起的。布希納的《力與物質》（*Kraft und Stoff*）發表於《生命的循環》一書出版後的第三年（1955 年），也是一本讀者甚多的暢銷書，素有「德國唯物論的聖經」之稱。書中所表現的科學唯物論思想極爲明顯，他甚至將這種決定論思想運用於社會與政治問題，將犯罪的原因歸於物質運動的結果。至此，一切都是物質，除了物質，還是物質，於是科學唯物論乃正式在德國成形。

（一）達爾文的進化論與黑克爾

此間另一個極爲重要的思潮，是達爾文（Charles Robert Darwin, 1809-1882）的進化論（evolutionism）思想。關於物種演化的原因的探討在達爾文之前已有之，但達爾文却能花二十多年的工夫到處蒐集整理事實、從事實驗去驗證他的假設。法國的生物學家拉馬克(Jean-Baptiste de Lamarck, 1744-1829) 曾由適應環境的觀點，對演化事實提出了第一套合邏輯的理論；但他的演化理論因受自然神論思想的影響，而預設了自然中有一種趨向完美的存在形式發展的力量。但達爾文的演化理論則完全來自自己的觀察與反省。達爾文在 1844 年時已堅信物種並非不斷的，且認爲演化的原因在於自然的選擇（物競天擇、適者生存)。爲了愼重起見，直到 1859 年 11 月 24 日，他才正式發表其震鑠古今的《物種原始》(*Origin of Species*) 一書。達爾文的進化論思想，透過赫胥黎（Thomas Henry Huxley, 1825-1895）生花妙筆的介紹而廣爲流行，甚至激起了宗教界人士的激烈反對。

達爾文本身是一個嚴謹忠實的科學家，不對研究成果作擴張的解釋；但受其影響的許多思想家却引申其思想，因而逐漸形成一種包羅萬象的「達爾文主義」(Darwinism)。德國的思想家尤其有「解釋一切」的習慣。黑克爾（Ernst Heinrich Haeckel, 1834-1919)就是一位獲得達爾文信任、熱心宣揚進化論思想，並進一步將達爾文的進化理論擴充成一種「演化式一元論」(evolutionary monism) 的德國生物學家。他在 1860 和 70 年代，出版了幾本極爲風行的著作，如 1866 年的二册《有機體的一般形態學》(*Generelle Morphologie der Organismen*)、1868 年的《自然的創造史》(*Natürliche Schöpfungsgeschichte*)、1874年的《人類進化論》(*Anthropogenie*)等。正如費希特認爲他只是發揮康德哲學本有的義蘊，黑克爾也認爲他只不過是將達爾文的理論推展到最終的、適當的結論。但達爾文顯然對他這種大膽的作法感到疑懼，他曾在致黑克爾的一封信上說：「你的大膽有時讓我擔心」。

黑克爾宣稱，達爾文已完成了一場科學的「哥白尼革命」，完全清除了神人同形論的殘跡，打開一條通往眞正具有普遍性的世界觀——科學——的大門：十九世紀乃是自然科學的世紀。他認爲，世界就像斯賓諾莎所說的，乃是一個統一的實體之永恒的演化，人則是此一演化過程的一部份。實體的法則即是機械式的因果法則，能量不滅定律和物質不滅定律只是此實體的法則的一部份。宇宙是依永恒不變的鐵律進行演化的，並無任何目的或超自然的主宰。他組織了一個「一元論者聯盟」(Monistenbund)，廣爲宣傳其「一元論宗教」(monistic religion)。在他看來，所有的人格神論思想都應該改造成泛神論，因爲「實體即是上帝」乃是科學家探究自然的必然結論，唯有透過對自然的研究，才能給眞、善、美奠定合理的基礎。

値得一提的是，黑克爾雖極力區分他的演化式的一元論與唯物論的一元論及黑格爾的觀念論一元論的不同，主張原子並不是死的東西，物質與以太都具有最低程度的知覺與意志，但他基本上仍是一位唯物論者。從他所堅持的嚴格決定論思想：堅持意識、思想與思辯都只是大腦皮質層神經細胞的活動結果；堅決反對有超自然的存在；以及對科學的狂熱態度等方面看來，他仍應歸入當時的科學唯物論思潮中。

1950年以後的二十年間，機械論、自然主義、進化論的思潮逐漸滙集起來，廣泛的影響了當時的各學科，其來勢之強，有甚於1920與30年代的黑格爾哲學。心理學、人類學、經濟學、地理學、語言學、倫理學、甚至知識論都深印着達爾文主義的烙痕。達爾文主義的直接理論效果是，人類只不過是物種進化中的一個環節，再不是高高在上的萬物之靈了。人類的心靈和動物的腦的活動基本上都可以用自然主義的方式加以解釋：心靈只是自然的一種伴隨現象，人類的歷史只是自然之大歷史的一小部份。

（二）孔德（August Comte, 1798-1857）與穆勒

十九世紀的實證主義是一股極爲複雜的哲學思潮。實證主義產生的思想衝動，乃是想以自然科學的模式去改造一切知識，使一切現象都能獲致像物理學所達到的那種嚴格的科學的說明。實證主義(Positivsm)所要求的是確實的、積極的(positive)知識；這個要求的反面就是要剷除虛構的、消極的(negative)哲學思辯與概念。

孔德是十九世紀實證主義的首要人物，他在1830-42年間卽已陸續出版六册的劃時代鉅著《實證哲學講義》(*Cours de philosophie positive*)，但他的實證主義的廣泛影響力，却在1850年代左右才進入德國。孔德實證主義思想大體上有三個要點，一是歷史發展的三階段說，一是關於科學的層級體系與結構的思想，一是他的社會學思想。

孔德相信，他已發現了人類心靈與科學之進化的基本法則，這個法則就是：不論就邏輯的（理論上的）順序或歷史發展的順序來說，人類理性與知識都是依神學、形上學、實證知識三個階

段逐步進化的。在神學階段裏，人類的心靈籠罩於超自然存在的魔力下，試圖用擬人的神祇與神秘力量解釋世界上萬事萬物的生成變化；在形上學階段裏，抽象的形上學概念取代了擬人的超自然存在的地位，試圖對世界作合理的說明，但這些抽象概念畢竟是人類虛構的東西，因此這種哲學思辯只有消極的意義；到了實證知識的階段，人類明白了形上學知識是不可能的，只有從自然現象中透過觀察、實驗、比較等科學方法獲得的關於自然的必然法則的知識，才是唯一的眞理。有了確實的科學知識便可作預測，進而可以進行控制。

與三階段說息息相關的，是孔德的科學的層級系統與結構論。孔德認爲，所有的科學形成一類似金字塔形的層級系統結構，其頂點則爲一種新的科學，他名之爲「社會學」，以取代以往認爲是最高科學的形上學。他並且認爲，在這科學的層級系統中，愈屬高級的學科（如政治學、經濟學、社會學），應以其下的學科（如物理學、化學等）爲基礎。在他看來，社會學乃是一門探究社會現象之法則的科學，是一種「社會物理學」(physique sociale)。他更仿照物理學的方式，將社會學分成「社會靜力學」與「社會動力學」：社會靜力學是就歷史發展的某一方面，研究其社會政治體系的；而社會動力學則是研究社會現象的發展演變的——三階段說即是孔德的社會動力學的研究成果。

在孔德的思想中，社會學不僅是一門最高的科學，更具有重大的社會實踐、甚至宗教的意義。他認爲，在實證知識的時代裏，人類應依照最高的實證科學（即社會學）的知識的指導，建立完美的科學的社會，甚至成立一種實證的「人道宗教」。

值得注意的是，在孔德的科學分類中，「心理學」是沒有地位的，因爲傳統心理學所研究的主題——個體——不是歸於生理學就是歸於社會學——社會學是以人類行爲的法則爲基礎的——並無單獨成立的必要。孔德認爲，內省、自我直觀乃是假象，唯有透過物理科學的研究方法（觀察、實驗、比較），才能發現個體的行爲的實證法則，至於個體的內心狀態如何是不關重要的。孔德雖堅持用物理學的方法來研究人類的行爲，尊敬事實並反對哲學的概念建構，但基本上他的思想也具有濃厚的概念建構色彩，重視法則甚於事實。因此狄爾泰在《導論》中卽指出，孔德的「社會學」的眞正基礎，乃是一種粗俗的自然主義形上學 (GS I, 107)。

狄爾泰曾因授課須要，精讀了孔德的《實證哲學講義》。我們從《導論》第一册中可以很明顯的看出，狄爾泰批判地接受了孔德的三階段說，但對於孔德的大多數論點他是持反對態度的。《導論》第一册中所反對的歷史哲學，基本上是孔德的歷史哲學；狄爾泰所反對的「社會學」概念是孔德的社會學概念；狄爾泰批評孔德忽視了心理學的重要性，試圖建立一種「描述與分析的心理學」作爲人文社會科學的「基礎科學」；除了受赫爾巴特(Johann Friedrich Herbart, 1776-1841)與穆勒(John Stuart Mill, 1806-1873)的啓發外，孔德的心理學概念也是一個重要的刺激。

大約在 1864-66 年間，狄爾泰同時精讀了孔德的《實證哲學講義》和穆勒的《邏輯系統》(*A System of Logic*, 1843)。狄爾泰讀的《邏輯系統》是 J. Schiel 的德文譯本第二版（1862/63 出版）。穆勒的這部鉅著對當時德國思想界的刺激是頗大的。一般說來，德國人好深思，總想構作博大精深的思想體系去解釋一切；而英國人則較務實，較重視有用的事實眞理。穆勒讀黑格爾感到噁心，懷海德（Alfred North Whitehead, 1861-1947）是當代最偉大的形上學家，但對黑格爾亦感厭煩，此二民族共命慧上的差異於此可見一斑。

穆勒想從觀察和歸納導出所有邏輯與科學的命題，他相信，只有經驗才能確證所有判斷的確定性。因此穆勒主張，歸納推理乃是實質的經驗知識的唯一來源。這主張的背後是一種深信「自然界的變化是有規律的」的信念。根據此一信念，科學家只須透過觀察與規納，便可發現現象之共存與連續的法則。但穆勒也強調，科學不能全依賴經驗和實驗，唯有當我們能由基本的自然法則導出經驗法則時，我們才算獲致眞正的科學知識。因此科學的目標乃是：發現自然法則與經驗法則，並在一演繹系統中將二者連結起來。

穆勒在《邏輯系統》一書第六卷中辯稱，個體與社會也都服從因果法則，因此亦可透過自然科學的方法去找出人類行爲的自然法則。他並且認爲，一切現象不論如何複雜，其共存與連續的法則總不外是由一些個別元素的法則導出的。社會者人之積也，因此關於社會現象的一切規律與法則，都應由基本的（個體）心理學法則導出。但由於社會現象太過複雜，想由基本的心理法則直接導出社會現象的規律，勢必有所不能，因此他便構想出一種「性格學」(ethology)，作爲由基本的心理法則過渡到社會學法則的中間階段。

穆勒和黑格爾及孔德極重要的一項分歧是，穆勒堅持邏輯是以心理學爲基礎的：所謂的邏輯原理卽是感官與科學之心理學的聯想法則的概念表式。在他看來，世上的現象不論多麼複雜，歸根究底其共存與連續的法則，都是由其元素間的簡單關係產生的。

感官經驗包含了一切可能的關係的法則。因此在《邏輯系統》一書中，穆勒主張一種經驗的聯想心理學作爲一切知識的基礎，並將歸納法應用於精神科學（moral sciences）的研究上。穆勒的這種心理學概念對狄爾泰發生了鉅大的影響。不過必須注意的是，狄爾泰雖亦試圖以心理學爲精神科學的基礎，但却堅決反對聯想心理學，並對個體心理學作了強烈的批判，對穆勒將自然科學方法運用於精神科學上的作法也不以爲然。基本上，狄爾泰的「精神科學」（Geisteswissenschaften）概念雖借自穆勒《邏輯系統》一書第六卷 moral sciences 的譯名，但二者在概念涵蓋範圍上仍有很大的差異的。穆勒雖批評孔德忽視了經驗心理學的重要性，但由他大力讚揚孔德的三階段說，提出類似的知識層級系統觀念，並主張將自然科學方法運用於人文社會科學等方面看來，他和孔德在思想上仍具有相當大的類同性，無怪乎狄爾泰批評他說，他拋棄了孔德最粗鄙的錯誤，而保留了較精緻的錯誤（GS I, 105）。

從 1860 年代初期開始，在德國學界中實證主義、自然主義與經驗主義卽漸趨混合，成爲大多數科學研究者所接受的典範，而黑格爾的哲學早在自然科學的偉大成就下煙消霧散了。到了 1880 年代，也就是約莫在狄爾泰出版其《導論》第一册的時候，實證主義的心態更是發展到了頂點。這個思想背景對於了解《導論》的歷史意義與思想價值是非常重要的。當時德國學界的實證主義心態之強，可由以下幾個思想家身上見出一斑。

實證主義的新康德主義者李布曼（Otto Liebmann, 1840–1912）雖曾在《康德及其模仿者》（*Kant und die Epigonen*, 1865）中倡議回歸康德，並認爲所有的經驗與科學都必須接受某些非經驗的前提才有可能，但他却認爲，所有的規範與根據，都可以分解成一些嚴格的原因，理性科學容不下自由的問題。古典語言學與藝術學大家布爾謝 (Wilhelm Bölsche, 1861–1939) 和歷史學家泰納 (Hippolyte Taine, 1828–1893)，亦紛紛從實證科學的角度研究美學、倫理學與歷史。布爾謝試圖奠定詩的自然科學基礎，而泰納甚至希望在科學的基礎上建立起一新的宗教，且認爲小說應是「許多實驗的總合」。在他們的藝術與倫理學理論裏，我們看不到「美」、「善」、「對錯」的字眼。正如黑克爾將達爾文的進化理論擴充成一種哲學的進化論，杜林(Eugen Karl Dühring, 1820–1895) 亦將實證主義擴充成一種「哲學的實證主義」。在他看來，自然法則和人類的思想與行動的法則是完全相同的，哲學應以符合自然科學的觀點把握整個實在，運用合理的想像力建構實證的世界觀。就這樣，杜林的思想退回了 1850 年代的唯物論，而爲恩格斯 (Friedrich Engels, 1820–1895) 批評爲「庸俗的唯物論者」。

實證主義與唯物論、自然主義和經驗主義的結合，使宇宙間的萬事萬物都納入了一種決定論的系統，在這種系統中，價值與規範性判斷便成了沒有必要、甚至有害的東西，必須排除於科學探討之外。然而就在 1860 與 70 年代實證主義極盛的時代，新康德主義逐漸嶄露頭角，成爲十九世紀後半葉的一個重要思潮。

四、新康德主義

十九世紀後半葉的新康德主義雖都以康德爲宗，但新康德主義運動事實上並非一統一的思想潮流，而包含了許多不同的分歧流派，各自宣揚或詮釋康德思想的某些側面。一般說來，新康德主義大致上可分出七個學派，且每個學派間的差異往往非常大。但大體上我們仍可以依時間順序，分別就 1860 年代和始於 1870 年代的新康德主義加以論述。早期的新康德主義運動的主要目標，是要將物理學、生理學、生物學、心理學等科學的最新研究成果吸收進來，消化而爲一種新的知識論；而 1870 年代以後的新康德主義者則放棄了前者知識論中所隱含的自然主義，而強調心靈的先驗向度。前者較傾向實證主義陣營，而後者則爲自覺的新觀念論者，可視爲實證主義反動思潮的一部份。

康德批判哲學的復興不是片面的思想努力，而是多方面大約在同一時期共同造成的。自由主義的文學史家海姆 (Rudolf Haym, 1821–1901) 在 1857 年出版其著名的《黑格爾及其時代》(*Hegel und seine Zeit*)，就黑格爾哲學及其中所蘊含的保守反動想思——這主要是對法哲學中「凡合理的都是實在的，凡實在的都是合理的」這句話的詮釋問題——提出了強烈的抨擊，他的結論是呼籲德國哲學家重回康德的批判途徑。德國著名的物理學家兼生理學家赫姆霍爾茲，在 1855 年的論文〈論人的看〉(*Über das Sehen des Menschen*)中，即曾運用康德的直觀形式理論去處理視覺問題。著名的哲學史家費雪(Kuno Fischer, 1824–1907)在 1852–1877 年間陸續出版了六册(後來擴充爲十册)風評甚佳的哲學史鉅著《近代哲學史》(*Geschichte der neueren Philosophie*)，其中 1860–61 出版的二册即以康德爲主題。狄爾泰和溫德爾斑 (Wilhelm Windelband, 1848–1915) 都被費雪教過，對他甚爲敬重。溫德爾斑在 1907 年費雪逝世哀悼會上所發表的演說，曾明白指出，費雪的康德研究自出版以來，已造成無與倫比的廣泛影響，使他在康德復興運動中佔有重要的地位㉑。蔡勒（Eduard Zeller, 1814–1908）是德國著名的希臘哲學史家，和黑格爾左派過從甚密（他是鮑爾（F. C. Baur）的學生），却對黑格爾哲學的某些預設感到不安，而回到康德的知識論上。蔡勒在 1862 年 10 月 22 日在海德堡大學發表的就職演說〈論知識論的意義與課題〉（*Über die Bedeutung und Aufgabe der Erkenntnistheorie*），這篇演說使人們再度關心知識論問題，對康德復興運動有很大的貢獻。到了 1865 年李布曼發表其《康德及其模仿者》時，早期的新康德主義可說已達到高峯了。李布曼在這部著作中批判了觀念論者的錯誤，並一再呼籲要「回歸康德」——他在書中的每章結尾都說：因此必須回到康德！（Also muss auf Kant zurückg–egangen werden!）

（一）第一波新康德主義運動與德國心理學的發展

大體上說來，新康德主義運動的早期思想家大多傾向於從心理學，甚至生理學的角度去詮釋哲康德的思想，極力避免走向觀念論的思辯途徑。當然，他們對稍早的經驗主義與實證論也有所不滿，透過他們的批判，我們可以看到後來新實證主義產生的理論脈絡。這種用心理學或生理學角度詮釋康德的方式，我們在「半康德主義者」佛利斯（J. F. Fries, 1773–1843）和本尼克（F. E. Beneke, 1798–1854）的身上已可見到理論的線索（參見註⑫和⑬）。在這種詮釋下，康德的「物自身」（Ding-an-Sich）概念終因與科學理性不相容，而被視爲康德思想中無法說明的多餘之物而予以拋棄。這樣一來，早期的新康德主義者便站在現象主義的

㉑ Thomas E. Willey, loc. cit; pp. 63–64.

立場， 嘗試以心理學的方式處理康德思想的先驗、 準形上學側面。

早期新康德主義者這種心理學的詮釋取向，和當時德國經驗心理學的蓬勃發展有着密切的關聯。經過赫爾巴特、佛利斯和本尼克等人的努力， 德國心理學在 1850 年代後已經是一門羽毛豐富的實驗科學了， 擺脫了哲學、 神學或倫理學而成爲一門獨立的學科。然而德國的心理學可以說是挾物理科學的威勢而發展出來的， 因此早期的心理學研究處處受制於生理學的研究。當時德國心理學界最有影響力的人物，當推費希納 (Gustav Theodor Fechner, 1801–1887)、赫姆霍爾玆(Hermann Ludwig von Helmholtz, 1821–1894) 與馮德 (Wilhelm Max Wundt, 1832–1920)。這幾個人的心理學思想和狄爾泰思想的發展息息相關；狄爾泰曾寫過許多有關他們著作的書評，在發展自己的思想時也一再提到這些人的思想。這些人基本上都受自然科學成就的鼓舞，希望將經驗的精確性引進心理活動的研究中。

費希納是德國哲學家，心理物理學的建立者，同時也是實驗心理學的先驅。我們在他的著作中， 可同時看到新物理學與舊日自然哲學的一種奇異混合。他所面對的問題是舊日自然哲學中的心物關係問題，而對這問題他採取了物理學的方式嘗試加以解決。他在 1860 年發表的《心理物理學大綱》(*Elemente der Psychophysik*) 中，斷言心理與生理現象只是一體的二面，並試圖建立一研究心物關係的精確科學。他將這門新的科學——心理物理學——分爲內在與外在二大部門：內在心理物理學研究感覺與神經刺激的關係； 而外在心理物理學則研究感覺與物理刺激的關係。他致力於研究外在心理物理學，並力求以數學的形式表達研究結果。他的研究成果即是著名的「韋伯——費希納法則」(Weber-Fechner Law)㉒。這一法則是用數學公式表達出心物關係的第一個例證，在實驗心理學的發展上有重大的意義。值得注意的是，費希納雖強調心靈現象的研究須具有經驗的精確性，却絕非一唯物論者。他主張一種「泛精神主義」(Panpsychism)，認為整個宇宙的特性基本上是精神的實在，物理的現象界只是這精神實在的外在顯現。

赫姆霍爾玆和費希納一樣是學物理學出身的，但他對生理學也有重大的貢獻。他認為，哲學的中心課題乃是：我們的觀念是如何和外在實在相對應的？感官知覺與思想的眞象究竟如何？在回答這二個問題時，赫姆霍爾玆是以生理學的研究為基礎的。他是第一個精確測定神經的傳導速度的生理學家，對視覺與聽覺也作過重要的量化研究，對非歐幾何的發展也有重大的貢獻，因此他的思想基本上雖採取了康德的立場，但在許多重要的關鍵上和康德有很大的不同。

實驗心理學的眞正創立者是馮德。他在 1879 年在萊比錫建立了世界上第一所心理學實驗室，對後世發生了極為深遠而廣泛的影響。在狄爾泰眼中，馮德乃是德國經驗主義的主要建立者及管理人。馮德和當時的其他經驗心理學家一樣，要求心理學的分析須具有高度的精確性；他的最大特色在於將心理學研究的範

㉒ 費希納以量化的方式研究物理刺激與感覺的關係，並用等式表達出來，此一等式他稱之為「強度法則」(Law of Intensity)，即感覺增加量的強度＝刺激的對數。由於他發現這條公式與韋伯 (E. H. Weber, 1795-1878) 的發現相符，因此他稱之為「韋伯法則」(Weber's Law)，後來的學者多將二人並稱為「韋伯——費希納法則」。

圍，擴大到感覺及其他基本的知覺功能之外，而研究了更高級的心靈現象。這在他晚年尤其明顯。我們從他的著作大致可看出他的研究領域有二：一是以1874年的《生理心理學原理》(*Grundzüge der physiologischen Psychologie*)爲代表的生理心理學研究；一是以1904年的二册（後來擴充爲十册）的《民族心理學》(*Völkerpsychologie*)爲代表的，以語言、宗教（神話）、法律（社會風俗）爲研究範圍的社會及文化的心理學研究。

馮德心理學思想的另一特色是強調人類心靈之創造與整合的功能。馮德認爲，心靈的基本活動乃是一種整合複雜的心靈內容的「創造性綜合」的過程，這種過程他稱之爲「統覺」(Apperzeption)。就這樣，馮德重新賦予了康德的「統覺」概念的心理學意義，並在心理學中引進了長久以來一直受到冷落的「自我」概念。

馮德的民族心理學研究對狄爾泰的影響是非常大的。孔德的「民族心理學」志在取代施坦塔爾 (Hermann Steinthal, 1823–1899) 和拉扎勒斯 (Moritz Lazarus, 1824–1903)循赫爾巴特的心理學思想所發展出來的「民族心理學」(此二人曾在1859年創辦《民族心理學與語言學雜誌》(*Zeitschrift für Völkerpsychologie und Sprachwissenschaft*))。他認爲，各種文化產物、符號象徵、平常所看到的行爲以及個人內心的表白，都是心理學應該探討的合法的經驗題材。由於對「集體心智的客觀產物」作心理學的研究，使馮德的心理學和「精神科學」發生了密切的關係。馮德反對「心理主義」(Psychologismus)，亦即反對將文化建制與規範性評價化約爲心理的運作，並強調認知主體的創造與整合功能，使心理學擺脫了嚴格的實證主義前提，而具有濃厚的「觀念實在論」(Idealrealismus) 色彩，因此狄爾泰對馮德晚年的思想頗多稱頌，受其影響頗大。

狄爾泰所繼承的，基本上是史萊瑪赫與全德倫堡的傳統，既不完全往觀念論一邊靠，也不向實證論或實在論一面倒。在他看來，眞正的實在論是不等於機械論的。因此他和海姆一樣反對沒有理想的實在論，並在肯定追隨康德的批判途徑，主張摒除一切思辯而贊成對精神作經驗研究的同時，對康德以後的觀念論哲學也頗注意。因此當他察覺到當時德國因實證科學氣勢太盛，造成一種文化的自我疏離現象時，便警告德國人：沒有一個民族能逃避自己，進步的最壞方式就是和豐碩的過去之結果決裂 (GS XI, 69)。

（二）朗格

就在唯物論盛極一時的時候，朗格 (Friedrich Albert Lange, 1828–1875) 推出了他的二册鉅著《唯物論史》(*Geschichte des Materialismus und Kritik seiner gegenwärtigen Bedeutung*)，從希臘哲學開始探討唯物論的發展，並對唯物論的時代意義提出了基於康德哲學的批判。在朗格看來，唯物論和觀念論一樣，都超出了人類知識應有的界限，妄圖建立範圍一切的形上學知識。在他的解釋下，唯物論一方面是一種要以機械論的方式說明自然現象的理智要求，一方面則是一種天眞的實在論與獨斷的形上學。他雖堅決反對後者，但却認可前者，認爲機械論乃是科學方法之有用的、不可或缺的預設。就反對一切形上學的可能性及贊成以機械論方式解釋自然現象（包括人類的行爲與思想）而言，朗格對康德的詮釋實含有濃厚的實證主義色彩。

朗格曾受業於赫姆霍爾玆，受當時生理學與心理學的研究影響甚大，因此也和赫姆霍爾玆一樣，試圖由生理學與心理學的角度詮釋康德的範疇（主要爲時間、空間、因果）思想。他甚至稱當時新興的生理學爲「進步的或改正過了的康德主義」。可以說，朗格所反對的唯物論乃是作爲一種形上學的唯物論，而他反對的依據則在於根據生理學詮釋下的康德哲學，對唯物論的知識論基礎加以批判。早期的新康德主義者都具有強烈的經驗科學心態，他們反對的乃是科學主義而非科學本身。

我們從朗格的身上，可以看到當時德國思想界在受到實證科學的劇烈衝擊下所呈現的一項普遍特徵。朗格訴諸康德，認爲一切形上學知識都是不可能的，任何想掌握世界整體的思想努力都註定是要失敗的。但他却未因此就完全否定了形上學的價值。在他看來，形上學的理論是屬於藝術和宗教的領域的，表達了人類追求理想的根本傾向。但詩心、玄思與宗教情操却不能產生科學知識，因此我們必須在確定的科學知識領域與個人生命理想的領域之間，劃清界限，不可相混。簡言之，就是說「科學」（Wissenschaft）與「世界觀」（Weltanschauung）乃是涇渭分明，永遠對立的二個領域。

從朗格的《唯物論史》中所表現出來的這種科學與世界觀的對立，狄爾泰發現了那個時代精神生活所隱藏的深刻危機。狄爾泰也拳拳服膺康德的教訓：嚴格知識的對象乃是合法則的現象界，只有科學才具有無條件的確定性；但他同時也認爲，世界觀雖無無條件的確定性，却也不是全屬個人的東西。早在他 27 歲時（1860 年），狄爾泰便曾說：

> 我的使命是，在歷史中把握住宗教生活的最深處，並在我們這個完全為為政治與科學所動搖的時代裏，將此宗教生命的核心生動地展現出來。我敢於談論那似乎已被埋在我們的神學與哲學瓦礫下的宗教-哲學世界觀的形成與積極作用。(GS V, xxxiii) (JD, 140-41)

可以說，如何調和科學與世界觀之間的截然分裂，乃是狄爾泰終生致力的一個重要課題。

朗格的《唯物論史》一書在哲學史上的意義，除了對唯物論批判，與刺激人們重新產生對康德哲學的興趣，直接引導出第二波新康德主義運動之外，還代表了十九世紀後半葉哲學發展的一個轉捩點。自此而後，唯物論與實證主義稱霸一時之勢迅速消失，思想家們紛紛從以往的哲學中尋找新出路，或另闢蹊徑。一時間新康德主義、新觀念論、新神秘主義、新浪漫主義、非理性主義與／或生命哲學紛紛興起，蔚爲壯觀。可以說，1880 年以後的反動思潮，除了反唯物論、機械論（科學唯物論或物理學主義）之外，也反朗格所主張的現象主義的實證論——馬堡學派的大將之一的柯亨 (Hermann Cohen, 1842-1918) 是朗格的學生，但對朗格的康德詮釋亦加以猛烈抨擊。

這種百花齊放、百家爭鳴的狀態，就反面來看，實代表了思想重心的喪失。用狄爾泰的話說，這乃是一個各種世界觀紛然雜陳，人心呈現「無政府狀態」的時期。然而在這個時期裏，科學仍在繼續發展着，並獲致空前的成就；因此對許多人而言，「科學」乃是唯一可能的世界觀。但在 1880 年以後，許多領域的知識份子開始懷疑了科學概念的絕對有效性與根據，以及其對人類行爲的影響。這種趨勢發展到最後的形式，卽是尼采（Friedrich Nietzsche, 1844-1900）所說的：科學只是一種「有用的謊言」。

狄爾泰思想的發展，與他所處的時代思潮有極爲密切的關係。由於對待「系統」的特殊態度，使狄爾泰能在時代思潮的更迭中，透過「內在批判」的方式，使自己的思想日臻成熟。這種治學態度使狄爾泰能隨時保持中庸之道，不趨極端、不隨流行。狄爾泰思想中的許多重要組成部份，都和這一時期的思潮有着密切的關聯，而大體上說來，他的思想也可算是此一時期波瀾壯濶的反實證論與自然主義潮流中的一部份。以下我們僅就 1875-1910 年間與狄爾泰思想發展密切相關的幾個思潮加以論述，其他則略而不表。

（三）第二波新康德主義運動：馬堡學派與巴登學派

對實證主義與自然主義之最有系統的反動，乃來自第二波的新康德主義運動，主要爲馬堡學派與巴登學派。這二個學派的新康德主義哲學家之間，在思想上固然有極大的不同，但都反對早期新康德主義者如李布曼、赫姆霍爾茲與朗格等人對康德所作的「心理學的自然主義」或「心理主義」的詮釋，認爲康德的先驗哲學是和心理主義或自然主義格格不入的。在他們看來，替知識奠基的努力不能求之於生理學或心理學，而應求之於先驗邏輯。

馬堡學派的開山大師柯亨和狄爾泰一樣是全德倫堡的學生，他原先是熱衷於施坦塔爾和拉扎勒斯的比較語言學的，後來因參與費雪與全德倫堡間關於康德先驗感性論的論戰[23]，遂將心力轉向研究康德哲學。他的第一本哲學著作《康德的經驗理論》(*Kants Theorie der Erfahrung,* 1871) 受到朗格的激賞，甚至在出版《唯物論史》第三版時，對自己的康德詮釋作了修正。柯亨成了朗格指定的繼承人。

柯亨在發展出自己的哲學體系之前，對康德的三大批判作了深入的研究，分別在1877年和1889年出版《康德的倫理學奠基》(*Kants Begründung der Ethik*)與《康德的美學奠基》(*Kants Begründung der Aesthetik*)。最後，在他於1912年退休前十年間，他陸續出版了代表自己思想的三部主要著作：1902年的《純粹知識的邏輯》(*Logik der reinen Erkenntnis*)；1907年的《純粹意志的倫理學》(*Ethik des reinen Willens*)；和1912年的《純粹情感的美學》(*Aesthetik des reinen Gefühls*)。柯亨的哲學體系奠定了馬堡學派的基本思想取向。柯亨極爲強調思想的能動性。他認爲，思想不僅決定了感官經驗的形式，也產生了自己的實在。存有(Sein)並不是獨立的，必須呈現於思想中，只有思想能產生存有。

按照柯亨的說法，「眞」就是要理性相一致，而理性則是獨

---

[23] 全德倫堡與費雪的爭論起因於全德倫堡對康德先驗感性論的批評。全德倫堡同意康德，以時間和空間爲先天形式，但認爲時間和空間不應排除物自身。費雪爲康德辯護，否認康德在感性的直觀形式與物自身之間留有一道鴻溝，並堅持時間與空間只能賦予感性。柯亨認爲，他們二人的詮釋都錯了。在他看來，先驗感性論是必須以先驗邏輯學加以補充的，也就是說，時間與空間這二個先天直觀形式，乃是所有可能經驗的先天條件，可能的經驗才是先天知識的唯一對象。

立於經驗的。因此，「存有」的本體論問題轉變成了思想之有效性的問題，形上學爲邏輯學所取代，而存有的領域則爲價值的領域所取代。在此柯亨打破了康德的「物自身」概念，形成了一種「心外無物」的觀念論體系。邏輯成了衆學之后，人類文化的三大領域——科學、道德與藝術——都必須接受邏輯爲先決條件。拿脫普 (Paul Natorp, 1854-1924) 是馬堡學派的另一代表人物，他從 1881 年就開始在馬堡大學任教，並於 1885-1912 年間和柯亨合開哲學講座，兩人間形成深厚的友誼。他開始時主要的興趣在於探討科學概念的純粹系統，並在數學的邏輯中尋求知識的基本形式；但後來漸漸由純粹科學轉向生命、由理性主義轉向精神，由康德漸漸轉向黑格爾。1914 年以後，他的思想已很難說成是一位「新康德主義者」了。

一般說來，巴登學派（卽西南學派）和馬堡學派有二點共同點，一是都致力於知識本身的基礎之批判與考察；一是都採取實踐理性優位的立場。馬堡學派的新康德主義者首先都是邏輯學家，後來才轉向康德的倫理學與斷言令式的社會含義；而巴登學派的主要代表溫德爾班 (Wilhelm Windelband, 1848-1915) 和李恪特 (Heinrich Rickert, 1863-1936) 雖也對邏輯有興趣，但他們所關心的主要是人文科學，特別是歷史學的邏輯。因此，巴登學派與馬堡學派的不同，並非全如一般所認爲的，是前者重視康德的道德哲學或價值哲學，而後者則重視認識論與邏輯學，而是巴登學派對於康德的價值哲學之用於了解歷史有較大的興趣，而馬堡學派則對於自然科學的邏輯結構較有興趣。

溫德爾班是洛采和費雪的學生，與李布曼亦私交甚篤。他繼承了費雪的志業，寫了許多著名的哲學史著作，並以康德哲學爲基礎，發展了洛采的價值哲學，奠定了巴登學派的基本取向。溫德爾班一再強調：了解康德就是要超越康德（Kant verstehen heisst über ihn hinausgehen）。而他在「超越康德」方面的努力成果，最重要的即是他的「客觀規範」理論。他認爲，哲學必須預設有一種「規範意識」（Normalbewusstsein），作爲人類的科學、道德與美感經驗的最終根據，使一事件與客觀價值的關係得以確立。規範意識的概念內容乃是理性，也就是在我們每一經驗中都伴隨着的一種要求我們根據普遍的規範或價值下判斷的命令。我們可以在溫德爾班於 1894 年，也就是狄爾泰發表〈觀念〉一文的那年在斯特拉斯堡大學所發表的演講〈歷史與自然科學〉（*Geschichte und Naturwissenschaft*）中，很明顯的看到溫德爾班的價值哲學，以及溫德爾班和狄爾泰思想的差異。

事實上狄爾泰與巴登學派的思想激盪早在 1883 年，也就是狄爾泰出版《導論》第一册的那年就已開始了。溫德爾班 1883 年的一篇題名爲〈發生的或批判的方法〉（*Genetische oder Kritische Methode*）的文章，即明白是針對狄爾泰而作的。他在這篇文章中承認「歷史理性批判」確是一個值得嘗試的課題，但反對「歷史理性」這個概念，及與之相關的狄爾泰所採取的「發生學的、經驗的方法」。他認爲，經驗或發生學的方法，絕無法獲致判斷的最終標準，一切判斷都必須基於先驗的、客觀的規範，因此必須從事一種眞正批判性、規範性的或先驗的方法，才能達到理性的殿堂。

此外，溫德爾班也反對狄爾泰的「精神科學」（Geisteswissenschaften）概念，而代之以「文化科學」（Kulturwissenschaften）概念。因爲在當時的學術思想範圍下，「精神」這個字眼很容易讓人聯想到經驗性的「靈魂」(Seele) 或像朗格等生理學的新康德主義者所說的「大腦功能」(Gehirnfunktionen) 等概念，要不然就聯想到德國「精神哲學」(Geistesphilosophie) 傳統，尤其是黑格爾式的思辯哲學的「精神」概念。在他看來，「文化科學」是以人類的所有文化內容爲對象的，因此應以「文化科學」或「歷史科學」稱之爲佳。溫德爾班並且認爲，文化科學的基礎必須求之於一種絕對的價值哲學，或先驗的「規範科學」(Normwissenschaft)，而不能求之於心理學、人類學或任何「事實科學」(Tatsachenwissenschaft)。在他看來，心理學（狄爾泰曾嘗試以一種「描述與分析的心理學」爲精神科學的「基礎科學」）乃是屬於自然科學的。這一方面固然是由於當時的心理學研究皆以物理科學的方法爲典範，試圖使心理學成爲一門精確的經驗科學，但也和溫德爾班關於文化科學與自然科學區分的思想息息相關。在此必須一提的是，狄爾泰心目中作爲精神科學基礎的心理學，和溫德爾班所認識到的當時的心理學概念是極爲不同的。

溫德爾班從康德第三批判中關於人類判斷力的二種運作方式——普遍化與特殊化——的區分，發展出他關於區分自然科學與文化科學的思想。他認爲，這二類科學的區分不在於對象或內容的不同，而在於方法的殊異。自然科學的特徵在於運用普遍化的方法求取普遍法則，因此他稱自然科學爲「尋求法則的科學」(nomothetische Wissenschaften)；反之，歷史與其他文化科學的目標則在於詳細描述事物的獨特性、個體性，因此他稱之爲「描寫特性的科學」(idiographische Wissenschaften)。如以廣島原子彈爆炸一事爲例，自然科學和歷史學的研究即有明顯的不同。

李恪特是溫德爾班的學生，也是他的思想繼承人。他嚴格區分了知識的形式和內容，並建構了比溫德爾斑更有系統的思想體系。李恪特的思想主要表現在1892年出版的小書《知識的對象》(*Gegenstand der Erkenntnis*)，1899 年出版的《文化科學與自然科學》(*Kulturwissenschaft und Naturwissenschaft*) 和 1902 年出版的大部頭鉅著《自然科學的概念形成之界限：歷史科學之邏輯學的導論》(*Die Grenzen der naturwissenschaftlichen Begriffsbildung: Eine logische Einleitung in die historischen Wissenschaften*)。

在《自然科學的概念形成之界限》(以下簡稱《界限》) 的第一章中，李恪特分析了概念性思想的貧乏。他指出，在自然科學裏，概念被用來組織我們對物理世界的了解，但科學概念却非經驗之完整表達，相反的，在透過抽象的方式形成概念的過程中，事實之獨特性與豐富性被犧牲了。李恪特說：「科學概念的眞正性質，乃是物理世界的簡化」，實在界的二大特徵——延續性與異質性——是科學概念所無法表達的。相反的，歷史則是實在之眞正的科學，因爲歷史學並不追求普遍法則 (對李恪特來說，「歷史法則」一詞乃是自相矛盾的概念)，而是以個別事物爲對象的，能夠照顧到事物之差異與多樣性。

李恪特也和溫德爾斑一樣，相信只有獨特的、不可能重現的個體性才具有本身固有的價值。因此，自然科學與文化科學的不同，除了概念形成的方式不同外——即普遍化與個別化——在概念內容上也有很大的不同，即自然科學是不談價值的，而每一文化現象却都具有價值意義，因此文化科學是非談價值不可的。就這樣，李恪特以「評價的思想模式」和「非評價的思想模式」作爲區分文化科學與自然科學的另一個重要的判準。

爲了不使文化科學陷於相對主義的困境，李恪特堅持文化科學須以一種絕對的、普遍的價值哲學爲基礎，並認爲此一永恒價值的系統須是絕對有效的，像數學的定理一樣，其有效性是和歷史及任何經驗無關的。基於此一認識，李恪特對狄爾泰的生命哲學展開了猛烈的攻擊。他嚴格區分開經驗與知識（這一點對韋伯(Max Weber, 1864–1920) 影響很大），認爲直接的具體經驗是完全非理性的，並不能告訴我們任何東西，更不能作爲科學知識的有效基礎。「眞」並不是對象與概念相符合，而是對象與「眞」的先驗規範相一致。如以看到一棵綠樹爲例，「這棵樹是綠色的」這個判斷之爲眞，並不是因爲在我們的心靈中出現了樹和綠的表象，而是我們的眞理意志要求我們肯定這樹和綠的連結。

五、新浪漫主義與非理性主義

新康德主義的發展，漸漸趨於極端，爲了使哲學思想更純粹、更完美，具體的經驗內容、生命的活力、與神秘的體驗被犧牲掉了。1890–1910 年間，新浪漫主義運動 (Neuromantik) 乃應時而興，年輕的一代開始渴望一種新的世界觀，注意到人的非理性的一面。一時間，人們對波美（Jakob Boehme, 1575–1624）、普羅丁（Plotinus, 205–270）、諾瓦里斯 (Novalis, 1772–1801) 與賀德齡（J. C. F. Hölderlin, 1770–1843）等人的神秘主義與浪漫主義思想着迷，通神論（theosophy）與佛教思想也廣爲流行。尼采（Friedrich Nietzsche, 1844–1900）的信徒、柏格森 (Henri Bergson, 1859–1941)、克拉格斯 (Ludwig Klages, 1872–1956) 與葛歐格(Stefan George, 1868–1933) 等人皆聲稱，理性思考與科學是和生命及眞正的文化相對立的。以克拉格斯爲例。克拉格斯是德國 1895–1915 年間生命主義運動心理學的主要代表人物，除了受歌德和葛歐格影響外，也受心理學家利普斯 (Theodor Lipps, 1851–1914) 影響，受尼采的影響尤大。在他看來，人與動物的不同在於人有「精神」(Geist)，但精神却正是人與世界疏離及造成精神病的根源，使人成爲不自然的存在物。因此他宣揚回歸本能、拋棄理性，回歸生命、拋棄文明，使生命擺脫文明的束縛，獲得徹底的解放。

科學不能安頓生命。但科學的發展與其背後隱藏的哲學思想，却摧毀了以往深植於宗教與形上學中的信念。科學破除了世界的魔咒，却不能滿足人心對一新世界觀的渴望，於是激起了生命哲學與非理性主義哲學的反動。尼采和柏格森便是此一反動的主要代表人物。

在狄爾泰眼中，尼采乃是一個西方文化的病理學家，其成就破壞多於建設。尼采相信，天底下沒有一定的眞理，沒有「眞理本身」這樣的東西，知識只是以深層的權力意志爲基礎的一種解釋形式。人基本上是意志的動物而非理性的動物，人是一種尚未定型的存在，人的最高使命在於克服自己的弱點，而成爲「上人」或「超人」(Übermensch)。

尼采的思想對十九世紀最後十年間的歐洲思想界，恰如晴天霹靂，有震聾發聵的力量。但基本上狄爾泰是將尼采的思想看成是當時思想界虛無主義病的一項病癥的。柏格森在法國亦有絕對的影響力，且其思想與狄爾泰的生命哲學亦有若干相似之處，但我們却很難從狄爾泰的著作中，找到他受柏格森影響的痕跡。

我們從狄爾泰晚年的著作中可以看出，他對浪漫主義的非理性主義的批判是不遺餘力的。他痛斥非理性主義的流弊，使人誤信客觀的知識是不可能的，造成虛無主義、相對主義與懷疑主義的惡果。狄爾泰是一個立場中庸的思想家，寧可犧牲系統的一致性也不走極端。世紀末的非理性思潮可以說是對狄爾泰思想之中庸性格的最佳考驗與證明。狄爾泰一生始終秉持着承襲自啓蒙運動的信念，如他在晚年寫道：

> 一切哲學之最高與最重要的課題，在於確保普遍有效的知識。因為人類在近代的進步，乃是科學知識的引導之功；我們必須對抗闇昧的感受、主觀的任意與伴隨此二者的懷疑精神，以確保科學知識的確定性。(GS IV, 200)

六、現 象 學

和狄爾泰晚年的思想發展密切相關的另一個思潮，是現象學。許多狄爾泰學者都認爲，狄爾泰晚年之所以再回頭致力於精神科學奠基的工作，乃是受了胡賽爾於 1900-1901 年出版的二冊《邏輯探究》(*Logische Untersuchungen*) 的鼓舞。這一點從狄爾泰的著作中可以得到印證。但筆者認爲，早在 1900 以前，狄爾泰的思想中即有走向現象學分析的傾向，而這種傾向主要是受布倫他諾 (Franz Brentano, 1838-1917) 的影響。

布倫他諾是胡賽爾的老師。胡賽爾本來是學數學的，後來因在 1884-1886 年間聽了許多布倫他諾的課程而決定改攻哲學。我們從胡賽爾在 1891 年出版的《算數的哲學》(*Philosophie der Arithmetik*) 第一册中，即可明顯的看出他受布倫他諾影響的痕跡。胡賽爾在這本書中，試圖對一些基本的邏輯與數學概念作心理學的分析。這本書出版後受到佛烈格 (Gottlob Frege, 1848-1925)的批判。佛烈格認為邏輯與數學的概念是不同於心理活動，不可將心理學與邏輯學相混淆。佛烈格的批判迫使胡賽爾預計要寫的第二册停擺，經過長期的思考後，胡賽爾對自己的「心理主義」(psychologism) 提出了嚴厲的批判，嚴格劃分經驗的心理學與先天的邏輯與數學，《邏輯探究》即是此一長期思考的成果。

狄爾泰和布倫他諾的關係常為狄爾泰學者所忽視。事實上，早在《1875 年論文》中，狄爾泰就曾提及布倫他諾甫於 1874 年出版的重要著作《經驗觀點的心理學》(*Psychologie vom empirischen Standpunkt*) (GS V, 55)。布倫他諾的一個學生施頓布福 (Karl Stumpf, 1848-1936) 1884-1889年間任教於哈勒大學(胡賽爾是他的得意門生之一)，而於 1894 年由慕尼黑轉往柏林，成了狄爾泰的同事。然而狄爾泰在 1894 年已發表其〈觀念〉一文，甚至在大約於 1880 年左右寫成的〈布累斯勞手稿〉(GS XIX, 58-227)中，即已大量提及布倫他諾，且以其《經驗觀點的心理學》為自己的「描述與分析的心理學」的模範，此外，布倫他諾在 1858-59 年間也在柏林大學就讀於全德倫堡門下，和狄爾泰算是同門師兄弟，我們從狄爾泰的通信 (BDY, 2, 35-37) 中也可看出他們二人私交甚篤。凡此都可以證明施皰戈博 (Herbart Spiegelberg) 所謂狄爾泰直到1890年代透過施頓布福才認識到布倫他諾的思想的說法是錯誤的[24]。狄爾泰不但很早就注意到布倫他諾的心理學思

[24] 施皰戈博在1860年出版的《現象學運動》(The Phenomenological Movement) 中犯了此一錯誤。但此一錯誤在該書增訂第三版中已予糾正。請參閱 Herbert Spiegelberg *The Phenomenological*

想，且其心理學思想還受到布倫他諾鉅大的影響。倒是狄爾泰確是透過施頓布福的介紹，才於 1894 年以後注意到胡賽爾的。我們可以說，現象學由布倫他諾過渡到胡賽爾的發展，同時也影響了狄爾泰由 1894 年以前的心理學階段過渡到晚年解釋學階段的發展。

胡賽爾的現象學對狄爾泰思想的影響是絕對不可忽視的，詳細的情形我們將在第四章加以論述。

透過本章關於十九世紀德國思想背景的論述，讀者應可對狄爾泰一生思想發展的大環境有個初步的了解。這種了解對於掌握狄爾泰思想的歷史意義、思想動機與特殊性格，是非常必要的。有了這種了解，我們便可由狄爾泰的學習與思索的過程，進一步探討狄爾泰思想的發展與此一大環境的關係，這是下一章的主要課題。

(續)*Movement: A Historical Introduction*, Third revised and enlarged edition, The Hague, Boston, London: Martinus Nijhoff, 1982, p. 110 & p. 158 n. 80.

第三章　學思生涯

一、家　　庭

狄爾泰（Wilhelm Dilthey, 1833-1911）1833年11月19日生於德國萊茵河畔的小鎭 Biebrich；父親麥克西米連（Maximilian, 1804-1867），母親勞拉（Laura, 1810-1907），他是長子，有二個妹妹和一個弟弟。弟弟卡爾（Karl, 1839-1907）後來成爲一位考古學兼古典語言學教授，么妹莉莉（Lilli, 1846-1920）後來也嫁給了狄爾泰的一位好友——古典語言學家鄔瑟那（Hermann Usener, 1834-1905）。

狄爾泰的父親這一系，好幾代都爲拿騷（Nassau）公爵服務，任宮廷牧師與顧問之職。狄爾泰的父親就是 Mosbach-Biebrich 地區的敎長兼敎會法院服務人員，祖父撒慕爾（Samuel, 1770-1852）亦爲一牧師。狄爾泰曾算過，他的祖先中有十二位牧師、七位律師、八位服務於拿騷宮廷的官員，只有三位商人。（JD, 296-97）新敎牧師的家庭傳統，使狄爾泰的父親也希望他的大兒子將來作個牧師。

狄爾泰的外祖父霍希克爾（John Peter Heuschkel, 1773-1853）是一位獻身音樂的樂隊指揮，和狄爾泰關係極佳。由於外祖父和母親的薰陶，狄爾泰對音樂產生了長遠而深刻的興趣：生命是上帝譜下的一首偉大交響曲，而詩人則唱和其間。樂教得自外祖父和母親的陶冶，而詩心則蘊發於萊茵河畔秀麗和諧的風光。少年時代的狄爾泰，對音樂和詩發生了強烈的興趣。萊茵河畔的村落和農場，顯示了人與自然的和諧，似乎上帝就在自然裏；而廢墟和古堡，則連結了過去和現在，使歷史成了活在現在的一部份。

父親麥克西米連是一個脾氣很好，很好相處的人，曾在哈勒(Halle) 和馬堡 (Marburg) 攻讀神學，二十歲那年即任拿騷公爵的家庭牧師兼教育其子女，1837 年任教會法院的牧師。此後直至 1867 年逝世的四十年間，他一直在 Biebrich 地區扮演着教師和牧師的角色。麥克西米連不是一個頑固的教條主義者，他的上帝觀念甚至含有當時教會視爲異端的泛神論色彩。在他看來，上帝乃是遍在宇宙之中，並賦予世界以生命的力量；而了解上帝的途徑，即是要透過自然，尤其是萬物之靈的人去了解。自然和人文環境的啓示、父親的啓發，和後來所受斯賓諾莎 (Benedict Spinoza, 1632–1677) 的影響，使狄爾泰的思想多少帶有泛神論的色彩。

狄爾泰的母親是一位虔誠的新教虔敬派 (Pietism) 教徒，她所信奉的虔敬派信條，對狄爾泰的思想發生了深遠的影響。虔敬派自十七世紀以來，就是德國新教運動中重要的一派，創始人是斯賓納 (Philipp Jakob Spener, 1635–1705)，強調眞正的基督教信仰重在內心的體驗與感受，反對知解信仰及教會權威，在許多方面和美以美會 (Methodism) 有共通之處。這種基本上反對知解的教派，其精神與教訓却對德國哲學家發生了深遠的影響。這種影響的例子在十八世紀有康德（Immanuel Kant, 1724–1804）的道德哲學，在十九世紀有狄爾泰稱之爲「神學中的康德」的史萊瑪赫（Friedrich Daniel Ernst Schleiermacher, 1768–1834），而在興起於十九世紀末葉的「生命哲學」(Lebensphilosophie) 中，這種影響更是明顯〔如倭鏗（Rudolf Christoph Eucken, 1864–1926）的著作所表現者〕。狄爾泰本身就是一位生命哲學家，他的論文指導教授全德倫堡（F. A. Trendelenburg, 1802–1872）就是史萊瑪赫的學生，而史萊瑪赫更是狄爾泰終生鑽研不輟的思想家。可以說，狄爾泰思想中的基本概念「內在經驗」(innere Erfahrung) 或「體驗」(Erlebnis)，乃是受母親的虔敬派信仰和史萊瑪赫的「感受」(Gefühl) 概念影響的結果。

二、中學時代

狄爾泰在家鄉讀國民學校 (Volksschule，小學，四年制)，又在一所私立學校 (Privatschule) 讀了三年。1847～1852年間，狄爾泰就讀於離家鄉不很遠的威斯巴登 (Wiesbaden) 文科中學(Gymnasium，九年制)，並以第一名的優越成績畢業。在 1852 年 4 月 1 日的畢業典禮上，狄爾泰曾代表畢業生，以〈古希臘對青年人的影響〉(*Über den Einfluβ des griechischen Altertums auf die Jugend*) 爲題發表離校致辭。

就讀於威斯巴登文科中學的這幾年，是狄爾泰思想的發軔期。狄爾泰在 1911 年夏天回顧自己一生思想的發展時曾說：

在我成長的時期，黑格爾 (Georg Wilhelm Friedrich He–

> gel, 1770-1831)的客觀一元論的唯心論，已因其神學與政治上的後果，而遭致極大的懷疑……在這種情況下，在我的哲學思想裏，便產生了一股具有支配性的衝動：基於偉大的啓蒙精神，以可以經驗到的實在界，作為吾人知識所及的唯一一個世界。而就像我很久以前（當時我還是個文科中學的中年級學生）就已經把握到的對精神世界的研究一樣，我在這裏找到了進入這個實在界的入口。(GS V, 417-18)

可見在這段期間，狄爾泰已開始了他一生的思想探索工作。然而由於文獻不足，我們對狄爾泰這一時期的思想動向，不易有明確的把握。我們所知道的，是狄爾泰在這個時期除了對音樂與詩有強烈的興趣外，也展現了極佳的哲學天賦、旺盛的知識野心與追根究底的求知精神。確定的一點是，狄爾泰在 1852 年中學畢業前，已對康德哲學非常熟悉。他一生所秉持的啓蒙、批判精神，看待形上學的態度，以及將知識限定在廣義的「經驗」(Empirie)〔不同於經驗主義 (Empirismus) 所主張的經驗概念〕範圍內的立場，都可以在康德的哲學中找到直接或間接的思想源頭。而正如他在 1855 年 7 月的一封信上所說的：「生命與意義不斷在擴充着，而人總希望一個小時能當十小時用，以抓住一切。」(JD, 25) 他喜歡在一天裏只作一件事，並在一生中保持每天工作十四小時的習慣。這種旺盛的求知慾和長時間的工作習慣，固然奠定了狄爾泰深厚的學養與廣博的知識，却也讓他付出了而立之年眼睛情況即惡化，和晚年多病的代價。

三、海德堡時期（1852～1853）

威斯巴登中學畢業後，狄爾泰本想到海德堡大學讀法學，但爲迎合家人意願而讀了神學。狄爾泰在海德堡大學讀了三個學期，1853/54 年的冬天轉往柏林大學。就讀於海德堡大學這段期間，影響狄爾泰最大的是當時的一位年輕講師費雪（Kuno Fischer, 1824–1907）。費雪曾在萊比錫（Leipzig）大學讀語言學及在哈勒大學讀神學及哲學，1848 年獲博士學位，1850 年 9 月開始在海德堡大學任教。他授課採取一種「自由講演」（freier Vortrag）的方式，活潑生動，甚爲吸引學生，但也因此招致許多同事的忌妒。後來因得罪了一位叫仙克爾（Daniel Schenkel）的海德堡神學院神學教授，被告到位於卡爾斯魯（Karlsruhe）的高等宗教法庭，說費雪對斯賓諾莎的詮釋有宣揚泛神論之嫌，對學生發生了有害的影響，致使費雪在 1853 年 6 月被解除教職。（JD, 305）

費雪是狄爾泰心目中的好老師，敢於向官方認可的黑格爾思想和基督教正統的綜合，提出無情的評擊，且講課生動、條理分明，給狄爾泰留下極深刻的印象，可以說是狄爾泰治哲學的啓蒙老師❶，尤其在哲學史的研究方面❷，更對狄爾泰有深遠的影

---

❶ 狄爾泰在 1864 年的博士論文中，將費雪和他的論文指導教授全德倫堡並列爲他的哲學老師。費雪死後，狄爾泰曾致書他的兒子（1907 年 7 月 7 日），表達他對費雪的由衷敬意，並感謝費雪，說他之所以致力於哲學，要歸功於費雪之「決定性的影響」（entscheidende Einwirkung）。（JD, 305）

❷ 費雪的主要著作是《近代哲學史》（*Geschichte der neueren Philosophie, 1852–1877*）。這部鉅作流行甚廣，原先分六卷（分別討論

響。費雪和狄爾泰都傾向於泛神論，且就某種意義而言，費雪所提出的研究哲學史的方法——再體驗（nacherleben）——也預取了狄爾泰的「了解」（Verstehen）理論❸；然而基本上費雪還是屬於黑格爾左派，也就是所謂的「青年黑格爾派」的一員，主要還是根據黑格爾的「精神的辯證發展」觀點探討哲學史的發展。總之，狄爾泰和費雪在基本立場上雖有所不同，但他對費雪確頗爲欣賞、尊敬。狄爾泰之所以會在1853年秋天離開海德堡轉往柏林大學就讀，費雪被無理解聘一事實爲主因。(JD, 8)

四、柏林時期（1853～1866）

對一個出身鄉下的青年來說，柏林這人文薈萃的地方無疑是

(續)笛卡兒、斯賓諾莎、萊布尼茲、康德、費希特與謝林）出版，後來擴充爲十卷（多了一卷康德、一卷叔本華、一卷黑格爾、和早年討論培根及其學派的一卷)。費雪很能同情的了解過去的哲學家，又擅長於以生動、淸楚的方式解說大哲學體系，且將這些體系置於其更大的文化與歷史脈絡中加以了解，以展現黑格爾所謂的「精神的辯證發展」。此外，費雪在1860-61年出版的那兩卷《康德的一生及其學說的基礎》(*Kants Leben und die Grundlagen seiner Lehre*)，即《近代哲學史》中討論康德的那兩卷專著，乃是第一部大部頭討論康德的專著，對日後新康德主義運動的興起，有重大的作用。

❸ 參閱 Willey, Thomas E., *Back to Kant: The Revival of Kantianism in German Social and Historical Thought, 1860-1904*. Detroit: Wayne State University Press, 1978. pp. 61-62。但Willey將狄爾泰的「了解」概念說成是一種「運用心理上的移情作用以把握過去事件的意義」的心理運作，顯然是對狄爾泰的一種誤解。這是一種常見的誤解，亦即將狄爾泰的「了解」概念理解成一個「心理主義」(Psychologismus) 的概念。這是本書所要澄淸的誤解之一，茲不贅述。因此，此處所謂的「預取」，是有其特定意義的。

個機會之都。1853 年 9 月，狄爾泰在柏林大學神學院註册入學，開始了另一個新的人生階段。此後至 1864 年獲得博士學位爲止，狄爾泰一直住在柏林。狄爾泰在柏林大學讀了三個學期之後，因受全德倫堡、拉扎勒斯（Moritz Lazarus, 1824–1903）和蘭克（Leopold von Ranke, 1795–1886）等人的影響，和參與編纂史萊瑪赫遺稿、進而研究其思想所受到的衝擊，使狄爾泰的興趣逐漸由神學轉向了歷史與哲學。他曾一度想放棄家人期望他走的牧師這條路，而決定在大學神學院當教授。但最後他還是採取了一種妥協的方式：參加考試，一方面順從了父親的希望，一方面也可以在中學教書。因此，1856年夏天，狄爾泰在家鄉通過了神學考試，並曾在家鄉 Mosbach（屬於 Biebrich 的北區）的一間古老教堂中佈道過❹。1856 年 11 月初，狄爾泰在柏林通過國家教育局考試(Staatliche Schulamtsprüfung)，取得在中學任教的資格，旋即於 11 月中在柏林的皇家法文中學（Königlich Französische Gymnasium）任助教(Hilfslehrer)。但在1857年復活節（4 月19、20日左右)，狄爾泰便離開皇家法文中學，而到同樣位於柏林的另一家文科中學任正式的教師及助理(Adjunkt)❺。狄爾泰在此結交了不少好友；他們都和狄爾泰一樣，教書的目的都是爲了餬口，以及賺些錢好讀完博士、獲得在大學的教書資格。然而在 1857 年的米迦勒節(Michaeli, 9月 29 日)，狄爾泰再度放棄了教書的

---

❹ 這次的神學考試狄爾泰考了第一名，使他父親很有面子。他的佈道也非常成功，受到極佳的評價。(JD, 303)

❺ 這間中學是約欽斯塔文科中學(Joachimsthalsche Gymnasium)。該校設備完善，狄爾泰就住在學校的免費宿舍裏。狄爾泰認爲，除了瑙珥堡(Naumburg)的皇家學校 Schulpforta 之外（尼采和費希特皆出身此校)，約欽斯塔中學乃是當時普魯士最好的一所中學。

工作。這一方面是因爲學校課太多忙不過來❻，一方面也是因爲得了一場長病，需休息一段時間。1859年約拿斯(Ludwig Jonas, 1797–1859)死後，狄爾泰接下了編輯史萊瑪赫書信集的工作❼；並積極致力於一篇有關史萊瑪赫的解釋學（Hermeneutik），和哲學與神學中的解釋的歷史的關係之論文❽。這篇論文後來（1860年）獲得了史萊瑪赫學會頒發雙倍的獎金。就靠這筆獎金、編輯史萊瑪赫書信集的工作、和寫些文章過日子，而得以專心研讀歷史和哲學，並準備博士論文。1864年1月16日，狄爾泰通過了論文考試獲得了博士學位，並於同年6月17日，以一篇篇幅不很長的「任教資格論文」（Habilitationsschrift）獲得在大學裏任教的資格❾。

---

❻ 狄爾泰除了任一年級的級任老師教拉丁文外，尙在中年級教宗教學、德文、歷史與希伯萊文等課。

❼ 約拿斯是史萊瑪赫的女婿及柏林尼古拉大教堂（Nicolaikirche）的執事（Diakon）。史萊瑪赫臨死前，將整理遺稿之事託付給他，《史萊瑪赫書信集》(*Aus Schleiermachers Leben in Briefen*) 的前二册就是在他手上完成的。約拿斯死後，狄爾泰接手完成三、四兩册，分別於1861及1863年出版。

❽ 這篇論文的全名是〈史萊瑪赫的解釋學之特殊貢獻，可經由與以往——尤其是 Ernsti 和 Keil——在這門科學上的努力之比較，而顯示出來〉(*Das eigentümliche Verdienst der Schleiermacherschen Hermeneutik ist durch Vergleichung mit älteren Bearbeitungen dieser Wissenschaft, namentlich von Ernsti und Keil, ins Licht zu setzen*)。

❾ 狄爾泰的博士論文題目是《史萊瑪赫的倫理學原理》(*De principiis ethices Schleiermacheri*)；任教資格論文的題目則是「分析道德意識之嘗試」(*Versuch einer Analyse des moralischen Bewuβtseins*)。這兩篇論文都是在全德倫堡的指導下寫出來的，代表着狄爾泰早年所關心的二大主題：史萊瑪赫與倫理學問題。這二大主題貫穿於狄爾泰一生的思想發展過程中，是了解狄爾泰的二條重要線索。

爲了彌補正式神學教育的不足，狄爾泰在進入柏林大學神學院的第一個學期，就參加了由一羣熱衷史萊瑪赫者所組成的圈子，從此和這位偉大的神學家結了不解之緣。

史萊瑪赫於 1768 年，也就是康德的第一批判出版的前十三年，出生在布累斯勞 (Breslau，二次大戰後劃歸波蘭，改名爲 Wroclaw)，父親是一位新教軍牧。他是近代基督新教神學的奠立者，也是十九世紀最有影響力的神學家，狄爾泰稱之爲「神學中的康德」。他是一個極富哲學心靈的神學家，受康德（尤其在知識論方面）和德國浪漫主義運動的影響頗大。

史萊瑪赫早年除了研究康德哲學和「萊布尼玆—吳爾夫」學派之外，主要興趣集中在希臘哲學（尤其是柏拉圖和亞里士多德）和倫理學。他從翻譯柏拉圖的過程中，反省解釋學的問題，並以反省所得的新的研究方法評註新約，在解釋學的發展史上作了重大的貢獻。

1806 年冬，拿破崙發動對普之戰，耶拿一役大敗普軍，致史萊瑪赫當時任教的哈勒 (Halle) 地方大亂，備受法軍蹂躪，史萊瑪赫被迫離開哈勒。戰事激發了史萊瑪赫的愛國心，使他多方奔走，鼓吹抗法及恢復德國的自由。1808 年，史萊瑪赫任柏林新教「三一教會」(Dreifaltigkeitskirche) 的牧師，每週週日上講壇佈道，發揮其在教會和政治方面的影響力。在他和費希特 (Johann Gottlieb Fichte, 1762–1814) ❿ 及洪堡德 (Wilhelm von Hum-

❿ 費希特是德國先驗觀念論的第一個主要代表，其思想受到康德強烈的影響，再加上他本人在道德上持嚴肅主義，故其觀念論又有「倫理的觀念論」(ethical idealism) 之稱。費希特在一七九九到一八〇六年間，除了一八〇五年夏天之外，一直都住在柏林，並和德

boldt, 1767–1835) ⓫ 的策動籌劃下，終於在 1809 年成立了眞正代表德國精神的柏林大學。

1808 到 1810 年間，史萊瑪赫熱衷於政治事務，透過敎會講壇和筆，鼓吹德國人的民族情操，強調國家的利益優於少數個人的利益。他所致力的工作大致上有四項：(1) 結合德國境內各新敎敎派，尤其是路德派和喀爾文派；(2) 爭取敎會自由，使之擺脫國家權威對敎會本身事務的干涉；(3) 分散敎會權威，使個別敎會組織有更多的自由；(4) 使神學課程成爲大學裏具有絕對的

(續)國浪漫主義運動的領導者薛列格 (Friedrich von Schlegel, 1772–1829) 及史萊瑪赫都是好朋友。一八〇六年耶拿一役法軍戰勝普軍，費希特離開柏林赴康德的故鄉哥尼斯堡，後轉赴哥本哈根，而於一八〇七年回到柏林。費希特認爲當時德國積弱的徵結在敎育，尤其是高等敎育。因此他在一八〇七年就起草一計劃，建議成立眞正屬於德國的新的柏林大學，並於一八〇七至〇八年間，演講著名的《告德意志同胞書》(*Reden an die deutsche Nation*)，鼓吹德國復興之道。一八一〇年，費希特就任新成立的柏林大學的「哲學院」(相當於文學院) 的院長。

⓫ 洪堡德是一位敎育家、政治家、政治理論家，同時也是一位偉大的語言學家。一八〇二至〇八年間任普魯士駐羅馬的公使，一八〇九至一〇年間任敎育部長。他的敎育思想受瑞士的敎育學大師佩斯塔羅齊 (Johann Heinrich Pestalozzi, 1746–1827) 的影響甚大。他送許多敎師到瑞士學習佩斯塔羅齊的敎育方法。一八〇九年他和費希特、史萊瑪赫、尼布爾、沙威尼等人籌劃成立的柏林大學，即實行了佩斯塔羅齊的方法。這所新成立的大學，標榜學術的絕對獨立，不容宗敎與政治干預，在十九世紀德國思想發展上，扮演了重要的角色。幾乎十九世紀大多數的德國思想家，都不是在這讀過書，就是在這敎過書。不過須注意的是，這所大學目前位於東柏林、西柏林的「自由大學」(Freie Universität) 是二次大戰後才於 1948 年建立的。

思想與教學自由的一個部門。

1810年，史萊瑪赫任新成立的柏林大學神學院教授。此後的二十四年間，史萊瑪赫都在柏林渡過；他的生活呈現許多面相：在柏林大學講授哲學與神學；在三一教會佈道演說；同時他也是柏林科學院的院士兼常設秘書；並對宗教、教育、政治與社會文化事務投入相當大的心力，直到1834年2月12日因肺炎病逝。據云他逝世時，整個柏林的人民都爲之動容；而據史家蘭克估計，當時送葬行列，約在二萬至三萬人之譜，可見其影響力之一斑。

以上只是略述史萊瑪赫生平之梗概。事實上，史萊瑪赫對狄爾泰以及後世的深遠影響，主要還是建立在其哲學與神學的成就上的。只是必須強調的一點是，要了解史萊瑪赫的思想，則其生平所佔的份量遠比康德的生平之於其思想所佔的份量爲重。

史萊瑪赫在柏林大學二十四年的教學生涯中，主要的講授課程有教理神學、新約神學、解釋學、實踐神學、哲學史、倫理學和辯證法等。這些課程頗能反映出他思想的主要範疇。由於狄爾泰對史萊瑪赫的鑽研是其一生的主要工作之一，因此他所受到的影響如何，很難作個論斷。很顯然的，狄爾泰早年之特別關心倫理、價值的問題，就是受史萊瑪赫影響的結果，這由其博士論文和任教資格論文可見一斑。當狄爾泰在1867至70年間陸續發表其《史萊瑪赫傳》(*Leben Schleiermachers*) 時，就已經反省到了精神科學 (Geisteswissenschaften) 的若干理論問題，而在往後漫長的探索求解的過程中，仍不時回到史萊瑪赫的思想中尋求靈感。甚至到了生命的盡頭，狄爾泰還是念念不忘要完成其《史萊瑪赫傳》。狄爾泰晚年之走向解釋學，固然是受了史萊瑪赫影響的結果；他之所以要完成《史萊瑪赫傳》，却也是欲藉這部著作展現他自己的解釋學思想。

正如嘉達瑪 (Hans-Georg Gadamer, 1900-) 所說的，狄爾泰乃是「史萊瑪赫之謹慎的後繼者」⓬。這句話不僅可用於說明狄爾泰對待哲學史的態度，更可在狄爾泰思想的許多側面中得到印證。在這裏，「謹慎的」這個形容詞是頗堪玩味的。稍後我們將可以看到，史萊瑪赫的學生全德倫堡，也就是狄爾泰的論文指導教授，對於決定狄爾泰思想的基本間架，發生了深遠的影響。

關於狄爾泰 1853-1864 這長達十一年的柏林大學求學時期的學思生涯，我們可以在他的女兒葛拉拉 (Clara，卽狄爾泰的得意學生米許 (Georg Misch) 的太太) 所編的狄爾泰 1852-1870 年間書信與日記集《青年狄爾泰》(*Der junge Dilthey: Eine Lebensbild in Briefen und Tagebüchern 1852-1870*) 中，獲得豐富的資料。狄爾泰學專家 William Kluback 曾根據這些資料，對狄爾泰此一時期的學思生涯作了詳細的介紹⓭。以下筆者主要根據 Kluback 的著作，對狄爾泰此一時期的學思生涯作一說明。由於此一時期乃狄爾泰一生思想之重要的形成期，因此有必要作稍爲詳細的論述。

狄爾泰在柏林求學時，並沒有中斷對音樂的熱愛。他參加了 Karl Liebig 所領導的交響樂團，並研究德國古典音樂家巴哈、海頓、莫扎特、貝多芬等人的音樂理念及性格。我們從狄爾泰論

⓬ Hans-Georg Gadamer "Heidegger und die Geschichte der Philosophie", in *Monist*, 64 (1981), p. 423.

⓭ William Kluback *Wilhelm Dilthey's Philosophy of History* New York: Columbia University Press, 1956 , pp. 3-51.

德國音樂的著作，如《論德國的詩歌與音樂》(*Von deutscher Dichtung und Musik: Aus den Studien zur Geschichte des deutschen Geistes*)，可以看出，狄爾泰認爲音樂與詩歌最能表現民族精神與時代精神，並着重研究音樂背後所隱藏的宗教精神。早在 1860 年以前，狄爾泰就曾說：「音樂乃是『內心的藝術』(die Kunst der Innerlichkeit)，表達了心靈中的內在洞察」(GS XVIII, 205)。

狄爾泰在柏林求學的第一年，即參加了全德倫堡與拉扎勒斯 (Moritz Lazarus, 1824–1903) 家中的聚會，沉浸於學術氣氛中，探討哲學與科學問題。他雖在神學院註册，但第一年就撈過界參加了全德倫堡在哲學院所開的哲學史課程。全德倫堡是一位學識淵博的學者，是研究亞里士多德的專家，極具批判性，是狄爾泰心目中的學者典型。狄爾泰到他家向他問學，獲益匪淺，狄爾泰後來之轉讀哲學院並以全德倫堡爲指導教授，實起因於長期的私下問學經驗。

此外，狄爾泰也是拉扎勒斯家週日下午的常客。他跟拉扎勒斯研究希柏萊文舊約，並由他那兒獲得了對斯賓諾莎哲學的初步認識。斯賓諾莎的泛神論思想很對狄爾泰的胃口，他少年時代所浸染的泛神論傾向，於此獲得了更深刻的思想反省的機會。在這期間，狄爾泰還跟一些哲學院的學生一起研究希臘哲學。對哲學興趣的日增，相對的削弱了他當牧師的願望——這是他父親對他最大的期望。

三個學期下來，狄爾泰開始覺得自己不想當牧師，而決定將來在大學神學院當教授 (JD, 22)。但爲了不違拗父親，狄爾泰最後採取的折衷方案是旣參加國家神學考試 (通過後可當牧師)，也參加高中任教資格考試。1856–58 年間，狄爾泰在二所文科中學任教，藉以餬口並存錢準備讀完大學。這段期間除了教書之外，狄爾泰仍努力不輟的研究中世紀哲學與神學，尤其對新柏拉圖主義與早期教父哲學作了深入的研究。因此在1857和58年間，他便在赫左 (Johann Jakob Herzog, 1805–1882) 的《新教神學與教會之實在百科》(*Realencyclopädie für protestantische Theologie und Kirche*) 中，寫了相關的許多款目，其中 *Marcion, Gnostiker und Seine Schule* 一條卽有十五頁之多。

1858 年夏，由於工作過度與長期生病，狄爾泰不得已辭去了教書工作。從這時候到他在 1861 年 2 月決定離開神學院轉讀哲學院這三年間，標誌著狄爾泰思想的第一次重要的轉變。由於自己的研究和與當時思潮的接觸，狄爾泰前此的宗教觀逐漸世俗化而為一種「生命哲學」(Lebensphilosophie)，泛神論的上帝逐漸轉化成一種普遍內在的理念。

狄爾泰在 1853 年剛進柏林大學的第一個學期，就參加了語言學家波克 (August Böckh, 1785–1867) 的希臘文課程；1855 年又參加了德國歷史學派大師蘭克的中世紀史及近代史討論課程。由於費雪、全德倫堡與蘭克的影響，狄爾泰對哲學與歷史發生了日漸濃厚的興趣。這股興趣最初是和他的神學興趣緊密結合着的，具體的表現就是狄爾泰當時提出的研究中世紀基督教思想史的計劃。

狄爾泰在 1859 年 4 月，提出了「中世紀世界觀史」的研究計劃 (JD, 84)，試圖研究 Logos 觀念在中世紀的發展，和「流出說」體系在希臘哲學、菲羅 (Philo of Alexanderia, 30 B. C.–50 A. D) 與新柏拉圖主義的演變。但這個研究計劃狄爾泰並未馬上實現。因爲當時史萊瑪赫學會舉辦了一項有獎徵文，獎額頗爲可觀，且主題「就史萊瑪赫的解釋學與先前的努力的關係論其意義」又很合狄爾泰的興趣，因此他從 1859 年 5 月開始一直到年底，一直在搞這篇論文，終於在 1860 年 2 月獲得了雙倍的獎金。

1859 年以前對中世紀思想史的研究，使狄爾泰漸漸對十八世紀後半葉之啓蒙運動的宗教與歷史的反動的世界觀——如赫德 (Johann Gottfried Herder, 1744-1803)、歌德 (J. W. von Goethe, 1749-1832) 和哈曼 (Johann Georg Hamann, 1730-1788) ——發生了興趣。爲了要了解此一時期的宗教生活的本質，狄爾泰對哈曼和史萊瑪赫作了深入的研究，並於 1859 和 1860 分別發表研究成果。素有「北方賢人」之稱的哈曼是虔敬派的信徒，反對啓蒙運動所標擧的理性主義。他認爲，宗教乃是事實，不需要抽象思想。在他看來，自然卽是上帝的語言，事物只是隱藏着的理念（上帝的語言）的反映。因此他說：「自然使我了解聖經；聖經使我了解自然」。

在研究史萊瑪赫時，狄爾泰發現他和哈曼都對世界採取一種浪漫主義的、歷史與精神取向的解釋。此外，他還由史萊瑪赫的思想中，發現他運用了分析柏拉圖（史萊瑪赫是研究柏拉圖的大師，也是德國最重要的柏拉圖對話錄翻譯者）的批判方法去考察基督教的理念，這點在史萊瑪赫對新約保羅書信的詮釋上尤其明顯。這是狄爾泰首次注意到了史萊瑪赫的解釋學思想。〈得獎論文〉實爲此一研究的延續。

由於對史萊瑪赫的興趣，狄爾泰幫約拿斯編史萊瑪赫書信集。1859 年秋約拿斯死後，狄爾泰便接手編輯工作，並於 1860 年完成《史萊瑪赫書信集》第三册。從這些書信中，狄爾泰接觸了大量史萊瑪赫時代的材料，詳細檢閱書信中所提及的觀念的出處，更使狄爾泰進一步研究了史萊瑪赫的其他著作和他的好友費希特、薛列格 (Friedrich von Schlegel, 1772-1829) 等人的思想，及史萊瑪赫思想與薛列格兄弟、諾瓦里斯和替克 (Johann Ludwig Tieck, 1773-1853) 等人的密切關聯。

從 1857 年到 1860 年間，我們可以看到狄爾泰思想有一很明顯的「世俗化」轉變。1858 年計劃寫作的《歐洲基督教世界觀史》(*Geschichte der christlichen Weltanschauung des Abendlandes*)，是想接續鮑爾 (F. Ch. Baur, 1792-1860) 和他的學生史特勞斯 (David Friedrich Strauss, 1804-1874) 及許威格勒 (Albert Schwegler, 1819-1857) 等人有關耶穌傳與福音時代基督教史的研究。1859 年後此一研究漸漸由早期教父時代轉向士林哲學，尤其對泛神論的士林哲學家埃利根 (Erigena, ca. 810-?) 感到興趣。長期的中世紀思想史研究，對狄爾泰的思想發展至少有三個意義：一是在研究過程中，狄爾泰發展了更純熟的文獻分析之語言學技巧。但須注意的是，狄爾泰絕不滿足於對文獻的詮釋，而想透過文學、藝術與宗教把握中世紀的世界觀。如 1860 年秋，他曾漫步於科隆城中，試圖由城中的中世紀建築 (教堂) 與雕刻，體會中世紀人的思想與感受。其次，由於中世紀思想的研究，使狄爾泰產生了一種在當時唯物論與實證主義稱霸的世界裏，恢復精神價值的使命感。因此他在 1860 年的日記中才會說他一生的使命是在「歷史中把握住宗教生活的最深處」，並致力於探討「那似乎已被埋在我們的神學與哲學瓦礫下的宗教-哲學世界觀的形成與積極作用」(JD. 140-41)。

但是，就在狄爾泰致力於中世紀研究的時候 (1859-60)，他發覺自己常有一種「可望不可及」之苦（Tantalusqualen）⑭，因爲他盡了一切努力，仍無法把握那些材料的「內在生命」（inneres Leben）。在這裏，我們發現狄爾泰思想有一種強烈的「此岸性」（Diesseitigkeit）。在他看來，虛一而靜之「大清明」的人性，乃是天地間最令人贊歎之事，但基督敎對這種人性却不信任，而基督敎之追求彼岸世界與超感官知識，也是狄爾泰所討厭的。因此他坦承自己完全不能了解基督敎的宗敎生命（GS V, xxiv）。此外，他對士林哲學那種煩瑣的敎理研究與門戶之爭，也感到深惡痛絕。凡此再加上與全德倫堡、蘭克與拉扎勒斯的長期問學薰陶，終於促使狄爾泰決定由神學院轉往哲學院。

狄爾泰雖轉讀哲學院，但透過持續一生之久的史萊瑪赫研究，狄爾泰並未放棄神學研究。此外，狄爾泰早年的基督敎思想史研究，對他往後思想的發展，也有着深遠的影響。如他從詩與藝術中探討基督敎信仰的「基本形式」（Grundformen），晚年的「世界觀哲學」（Weltanschauungsphilosophie）中的「詩的類型」概念即明顯的植根於此。他對 Logos 與流出說的發展的研究，也是狄爾泰後來的許多思想史研究的張本。狄爾泰還發現，基督敎的精神不僅見諸宗敎與神學，更表現於整個西方文化中，形成了西方文化的基調。

在狄爾泰決定離開神學院轉讀哲學院時，曾有一段很長的時間猶豫於讀歷史還是讀哲學好。最後他雖覺得自己的天賦適合讀

---

⑭ Tantalus是希臘神話中天王宙斯之子，因洩露天機而被罰站立於齊顎之水中，渴時欲飲而水下退，饑時欲摘頭上之果實而樹枝上升。狄爾泰借此種神話表 達他研究中 世紀世界觀那 種可望而 不可及之苦。

哲學，但對歷史仍是眷戀不捨。他對歷史的喜愛，表現於他日後思想上的二大側面，一是對思想史的研究，及常由思想史的研究入手探討自己所關心的哲學問題；一是對歷史知識的哲學奠基成了他哲學思想的主要關心所在，他一生所致力的「歷史理性批判」(Kritik der historischen Vernunft)事業，實種因於此。

五、德國歷史學派與實證主義

當狄爾泰來到柏林時，老一代的歷史學派學者多已老成凋謝。洪堡德 (Wilhelm von Humboldt, 1767-1835)、吳爾夫 (Friedrich August Wolf, 1759-1824)、尼布爾 (Barthold Georg Niebuhr, 1776-1831) 和史萊瑪赫 (F. E. D. Schleiermacher, 1768-1834) 均已先後過世，沙威尼(Friedrich Karl von Savigny, 1779-1861) 也已不在大學任教。當時較重要的歷史學派代表人物爲地理學家利特爾 (Karl Ritter, 1779-1859)、歷史學家蘭克 (Leopold von Ranke, 1795-1886) 和語言學家波克 (August Böckh, 1785-1867)。狄爾泰曾跟波克和格林(Jakob Grimm, 1785-1863) 研究語言學與考證訓詁之學，並在利特爾、默森(Theodor Mommsen, 1817-1903, Max Weber 的論文口試老師之一)，和蘭克的教導下，吸收了德國歷史學派的方法。狄爾泰雖對於迂濶呆板的「語言學精神」感到不滿，但語言學與訓詁考證的訓練無疑對他日後的思想史研究俾益甚大；對蘭克，狄爾泰更是推崇備至。他認爲蘭克是當時最重要的歷史家，甚至說他是「歷史感的化身」(die Erscheinung des historischen Vermögens selber)。歷史學派使歷史學的研究擺脫了神學與道德哲學的束縛，並不再

淪爲一些純文學 (belles-lettres) 的形式。在狄爾泰的眼中，德國歷史學派不僅打開了人們認識歷史的豐富內容的大門，更確立了人類看待世界的一種嶄新的態度。如果說十九世紀是個歷史發現的時代，歷史學派所宣揚的歷史意識無疑在這歷史發現運動中，扮演着決定性的角色。

歷史學派的基本出發點是要確定事實眞象。歷史不能因爲民族精神教育或道德的目的，或任何形上學與宗教的理由而遭到扭曲。唯有對歷史事實之精確研究，才能作爲進一步了解歷史的基礎。歷史事實或個體是獨特的、個別的、活生生的東西，不能用自然科學的方式置於一普遍的範疇或法則下去了解，而必須由事件的發生過程或個體間的互動關係去了解。有了精確研究作基礎，便可透過文件分析，結合特定的歷史情境，去把握歷史個體的心理動機、人格等而重建歷史個體。最後才能透過藝術作品、歷史個體、一個民族或一個時代的重要表現，去掌握主導此一時代的理念。民族精神 (Volksgeist) 的研究，即在於探討一民族發展的歷史過程中所隱含的理念及其有機的成長過程。蘭克認爲，一個民族的民族精神，決定了該民族的制度、法律與理想的發展。每個民族都應該發展其獨特的民族精神，民族精神是不可能向其他民族模仿來的。

狄爾泰雖和蘭克及波克學了歷史學派的方法，但對於歷史學的角色的觀點，却較接近海德堡與普魯士學派歷史家，亦即認爲歷史乃是民族精神的教育者。他在 1859 年就開始研究後二個學派的歷史家了。他本來想寫一系列討論當時歷史學家的文章，後來因忙於研究與整理史萊瑪赫，一拖就是二年，終於在好友海姆的催促下，寫了一篇討論許洛瑟 (Friedrich Christoph Schlosser,

1776-1861）的文章，發表於海姆的《普魯士年鑒》（*Preuβische Jahrbücher*）上。此外，狄爾泰在1865-66年間，還以筆名發表了幾篇討論普魯士學派史家的文章（這些文章後來都收入《全集》第十一册中）。從這些文章中，我們可以看到，狄爾泰治學有一股極爲強烈的實踐動機，決不是純爲學問而治學。

在狄爾泰致力於研究歷史學派期間，他對於洪堡德（Wilhelm von Humboldt）感到興趣。洪堡德的歷史思想和他的比較人類學思想——他在1795年即發表其〈比較人類學大綱〉（*Plan einer vergleichenden Anthropologie*）一文——息息相關。他的比較人類學的旨趣，在於研究不同類型的人的道德特性。他認爲，我們可以從一大堆的材料中建立一理想的規範，而一理想的規範不是任何特定的個體所能完全表現出來的。要從各種不同類型的人中掌握全體的規範，便需要一種直觀的洞察，而這種洞察力即是史家研究歷史的基本方法。這種洞察力是一種創造的想像力，使零散萬端的歷史事實獲得了眞正的統一。洪堡德特別重視觀念在歷史中所扮演的角色，因爲觀念保存了人類的經驗。唯有了解了歷史的偉大理念是以怎樣的方式透過人類的活動展現出來的，我們才能獲得眞正的歷史知識，也才能在歷史中實現人類的潛能。歷史家的任務即在於展現觀念在歷史中實現的過程。但要了解歷史，研究歷史者須有類似的經驗，因此他有句名言說：「要了解就必須先有所了解」。這也是狄爾泰歷史解釋學的基本思想之一。

1850年代末與1860年代間，德國歷史學派的理想遭受了實證主義哲學的重大挑戰。

費爾巴哈（Ludwig Andreas Feuerbach, 1804-1872）在1841年所發表的《基督教的本質》（*Das Wesen des Christentums*），

可以說爲實證主義之進入德國作好了舖路工作。穆勒的哲學在1840年代由化學家利比希（Justus von Liebig, 1803-1873）引進了德國，1849年穆勒的《邏輯系統》一書也由 Johann Schiel 譯成了德文。孔德的實證論與穆勒的經驗論對德國學術界的影響，在第二章中已有論及，茲不贅述。孔德與穆勒的思想對歷史學派的影響還算是間接的，但英國史學大師巴寇（Henry Thomas Buckle, 1821-1862）對歷史學派的衝擊却是直接而強烈的。

巴寇和達爾文及穆勒都是好友，對穆勒尤其推崇備至。他本打算寫一部大部頭的著作，1857-61 年間出版的二册《英國文明史》（*The History of Civilization in England*）事實上只是此一構想的導論而已。但我們由這二册《英國文明史》已可看出其基本思想。他和孔德一樣，將歷史的行程看成是一種進步與改良的基本型式的體現。他在書中開頭卽提出一個問題：「人類的活動，乃至社會的活動，是由固定的法則宰制呢？還是偶然因素或超自然力量干預的結果？」他辯稱，任何以偶然因素或超自然力量解釋人類的活動與社會變遷的學說都是站不住的。他認爲，人類的活動是服從於嚴格且可以數學的方式精確加以量化的規律的。因此他大量且巧妙的運用了統計的處理方式，去尋求歷史的規律。

巴寇認爲，造成社會變遷的基本因素一定是「物理的」或「物質的」因素，如氣候、食物、土壤、和大自然的變化；而不是什麼「民族精神」之類的東西。他還相信，一個社會所達到的文明發展程度，是依靠其財富及分配財富的方式的，而財富和分配又繫乎人口的多寡，而人口的多寡則決定於食物的供應。

巴寇挾其白人優越感，認爲只有在歐洲才具備文明發展的條件，歐洲和所有其他人類社會中心都不一樣，因爲只有在歐洲，文明的發展是由人而不是自然或物理因素所決定的。在歐洲，人是自然的主人，因此要了解歐洲文化的發展，便須了解「人類心靈的法則」的作用。穆勒在《邏輯系統》第六卷中，曾主張歷史發展的法則可以由人類之「最終的心理學法則」導出來。但巴寇並沒有這樣作，而僅宣稱：知識，尤其是科學知識的發展與普及，乃是歐洲由野蠻進步到文明的決定性因素。

總之，巴寇試圖運用自然科學的方法（尤其是統計學）研究歷史，建立一種「眞正的歸納的歷史科學」。在他看來，意志自由、民族精神等等都是不存在的，人的一切活動都受固定的法則決定着。他甚至認爲，只要我們能知道一歷史情境的前因，便能精確的預測其結果。因此在他看來，歷史上的偉大人物的心理動機、人格乃至活動，都只是歷史洪流中的微小波動而已，不值得特別重視。

實證主義進入德國後，致力於重建歷史主義以對抗實證主義的最重要人物，乃是柏林大學歷史教授卓義生（Johann Gustav Droysen, 1808-1884）。卓義生從 1852 年開始即試圖發展一種「歷史科學的方法論與百科」，以資駁斥實證主義的歷史觀。1854 年發表的〈論歐洲危機的特徵〉(*Zur Charakteristik der europäischen Krisis*) 一文中，卓義生進一步對自然科學與歷史科學的主題和方法論作了明確的劃分。1857 年他再度演講「歷史的百科與方法論」課程，並分別在 1858 和 1862 年將講授大綱印出來以利授課。1862 年卓義生針對巴寇剛出版不久的《英國文明史》第一卷，寫了一篇題爲〈提昇歷史爲一門科學〉(*Die Erhebung der Geschichte zum Rang einer Wissenschaft*) 的文章，直接攻擊巴寇的觀點。他在這篇文章中批評巴寇只顧使用自然科學的方法，而完全沒考慮到歷史應有自己的研究方法。

卓義生的思想受蘭克和洪堡德影響頗大，他稱洪堡德爲「歷史學的培根」⑮。他將洪堡德的「歷史想像」概念進一步發揮，而提出「了解」(Venstehen) 與「理解」(Verständnis) 的區分。卓義生在他的《歷史學大綱》(*Grundriss der Historik*) 這份授課綱領中說：「歷史研究的方法，取決於其材料的形態學特性。歷史方法的本質就是要了解。」⑯又說：「根據對象與人類思考的性質（的不同），有三種可能的科學方法：（哲學或神學的）思辯的方法、物理學的方法與歷史學的方法。這三種方法的本質分別是：認識 (erkennen)、說明 (erklären) 與了解 (verstehen)。」⑰狄爾泰在 1862 年所寫的一篇論巴寇《英國文明史》的書評裏，即表示他參加過卓義生早期的歷史學課程，並吸取了他在「了解」與「說明」之間所作的方法論區分 (GS XVI, 105)。

除了方法論上的動機外，卓義生之反對巴寇的論點還有一更重要的理由，即他認爲，實證主義所宣揚的進步主義觀點中，實隱藏着一種思想上的危險。由於將歷史進步的邏輯建立在不可動搖的固定法則上，抹殺了人類的意志自由與道德要求，將使歷史研究喪失了眞正的規範或道德意義，也使溫和的自由主義改革——卓義生和巴寇都是自由主義的改良主義者——喪失了思想依據⑱。在此須一提的是，卓義生雖可說是第一個致力於「歷史解

⑮ Johann Gustav Droysen *Grundriss der Historik* Halle / Saale: Max Niemeyer, 1925. p. 6.

⑯ Ibid., p. 9.

⑰ Ibid., p. 11.

⑱ Michael J. Maclean "Johann Gustav Droysen and the Development of Historical Hermeneutics", *History and Theory: Studies in the Philosophy of History* XXI (1982): 347-365, p. 349.

釋學」的思想家⑲，狄爾泰和他同樣站在反對實證主義歷史觀的立場，且吸收其「了解」與「說明」的區分，但却無跡象顯示卓義生對狄爾泰思想的發展有重大的影響。倒是有二個學術討論圈，對於狄爾泰釐清實證主義對歷史主義的挑戰所提出的問題，頗爲重要。第一個討論圈是狄爾泰在 1857–60 年間幾乎每週日下午都參加的拉扎勒斯家的聚會；第二個討論圈則是狄爾泰在 1864 年獲得博士學位後常參加的「自殺俱樂部」的聚會。

拉扎勒斯 (Moritz Lazarus, 1824–1903)⑳當時和語言學家及哲學家施坦塔爾 (Hermann Steinthal, 1823–1899)㉑住在一起。他們想結合社會心理學和比較語言學的研究，發行一份叫作《民族心理學與語言學雜誌》(*Zeitschrift für Völkerpsychologie und*

---

⑲ Ibid., p. 437.

⑳ 拉扎勒斯是猶太裔的哲學家及心理學家，是十九世紀後半葉反對反猶太主義的重要領導人之一，也是比較心理學的建立者。大學時代在柏林研究希伯萊文學、史學、法律與哲學。1860–66 年間赴瑞士柏恩大學任教，1873 年再度回到柏林大學。他的哲學的基本原則是：眞理不應求之於形上的、先天的抽象概念，而應求之於心理學研究。但他認爲，心理學的研究不應侷限於個體的意識，而應拓展到對社會整體的研究，以歷史或比較的觀點，分析社會的基本構成元素，如風俗、習慣、法律、語言等。他的主要哲學著作爲 1855–57 年出版的二册《靈魂的生活》(*Das Leben der Seele*)。

㉑ 施坦塔爾是洪堡德 (Wilhelm von Humboldt) 的語言學著作的編輯者。由於赫爾巴特的激勵，率先以語言爲心理學研究的對象。其比較語言學的要旨，在於排除邏輯在語言學中的霸權地位，而將此霸權轉移到心理學上。主要著作有 1848 年的《洪堡德語言學與黑格爾的哲學》(*Die Sprachwissenschaft Wilhelm von Humboldt und die Hegelsche Philosophie*) 及 1851 年的《語言的起源》(*Der Ursprung der Sprache*)。

Sprachwissenschaft）的刊物（此一刊物創於1859年）。狄爾泰常和他們討論問題，包括研究人類社會的基礎科學、社會心理學運動的貢獻等。

社會心理學運動是洪堡德和赫爾巴特思想的延續，亦即相信觀念是透過人類經驗在社會中逐漸形成的，且形成後會表現出來，進一步影響人類經驗。觀念是歷史的本質，歷史的過程即是觀念的實現過程。透過社會中個體間的互動，會產生一種集體的精神，此一精神之客觀化即為語言、器物、象徵、制度、觀念、價值等等，合稱之為「客觀精神」。但洪堡德認為，觀念不能獨立於個體而存在，觀念之所以重要，乃因其為個體所把握並付諸行動。

狄爾泰為了與拉扎勒斯和施坦塔爾討論精神科學與歷史實在的特質，精研了洪堡德與赫爾巴特的著作。他們之間長期的討論，無疑對狄爾泰思想有重大的影響。因此當1860年狄爾泰聞悉拉扎勒斯要離開柏林到柏恩（Bern）去時，在致雙親的信上便說：「我很感謝拉扎勒斯啓發了我觀念的發展」（JD, 128）這種影響很明顯的表現於狄爾泰認為，歷史學派的錯誤在於反對精神科學應有心理學基礎。狄爾泰後來之致力於研究心理學，實肇因於此一時期的論學。筆者認為，甚至狄爾泰晚年的「客觀精神」概念，也可在此一時期找到初步的胎動。然而狄爾泰認為，人類的社會行為的法則並非自然法則，心理學若要作為精神科學的基礎，也不能是一種實證主義的心理學（JD, 49）。因此他反對拉扎勒斯的「民族心理學」之基本的實證主義預設與方法論。——在拉扎勒斯和施坦塔爾看來，心理學乃是歷史與自然科學之間的橋樑，其目的在於尋求精神與歷史活動之自然法則。

在「自殺俱樂部」的聚會中，狄爾泰也面臨了歷史主義與實證主義的尖銳對立：一邊是威廉·格林（Wilhelm Grimm, 1786-1859）的兒子、雅可布·格林（Jakob Grimm, 1785-1863）的姪子赫曼·格林（Hermann Grimm, 1828-1901）㉒，另一邊則是深受實證主義和巴寇著作影響的德國文學史專家謝勒（Wilhelm Scherer, 1841-1886）。

赫曼·格林堅決主張偉大人物在歷史中的重要性，因此特別重視對歷史人物的人格的研究。因此他在研究歌德時，不太重視歌德和當時的政治社會背景、科學與哲學的關係，而着重從歌德的詩中了解歌德自己的生活體驗。狄爾泰較喜歡這種觀點，他的《史萊瑪赫傳》即反映了這種取向。

相反的，謝勒以穆勒和巴寇爲師法對象，試圖說明語言和文學不過是無限的因果鎖鏈中的一部份。他在 1883 年的重要著作《德國文學史》(*Geschichte der deutschen Literatur*)，即是以此一觀點寫成的。他的目的是要使精神科學的研究也有自然科學的那種確定性，因此他在文學中尋求自然與歷史發生的法則，並依此原則建構文學史。狄爾泰雖不同意他的實證主義或自然主義的文學史觀點，但二人却是終生之交。

除了歷史主義之外， 1860 年代影響狄爾泰思想發展的第二個思潮，乃是經過費雪著作刺激後逐漸復興起來的德國觀念論思潮。

㉒ 格林兄弟(Jakob Grimm和Wilhelm Grimm)是著名的語言學家，並以收集古代民謠及民間故事聞名於當時。雅可布·格林並在歷史語言學和德語語言學上有重要的貢獻。著名的「格林法則」(Grimm's Law）即是他在 1882 年出版的《德語文法學》(Dentsche Grammatik）中提出的，指出了條頓語系和印歐語系的語音關係。

六、德國觀念論

狄爾泰在研究中世紀思想史時，便曾對黑格爾作過深入的研究。1860 年 4-5 月之間，並曾嘗試以黑格爾的方法論爲基礎，去研究觀念史。同時，對史萊瑪赫的研究也使狄爾泰不得不對德國觀念論作徹底的研究，以便更明確的掌握住史萊瑪赫的觀點。後來在寫《史萊瑪赫傳》第一册（分二部分，分別於 1867 和 1870 年發表）時，觀念論更成了不可缺少的材料。

狄爾泰對康德的興趣，早在讀文科中學時即已開始。他在 1859 年的日記中所說的要從事一種「新的理性批判」(neue Kritik der Vernunft)，事實上即是要以薛列格的浪漫主義方式，繼續康德的批判事業。因此米許 (Georg Misch) 在《全集》第五册的〈編者弁言〉中，卽指出：在狄爾泰的心目中，哲學的整體具有二極性，同時是一種科學又是一種世界觀，且此種兩極性應透過創造的生命使之成爲一統一的整體。「哲學的科學性 (Wissenschaftlichkeit) 是狄爾泰最迫切想追求的願望，他的康德-啓蒙的精神，即是『近代科學意識』(Das moderne wissenschaftliche Bewußtsein)。」(GS V, xiii) 這種科學意識固然與當時自然科學的偉大成就息息相關，但在精神上則是直接承襲自康德哲學與啓蒙運動。這種精神使狄爾泰和康德一樣，認爲知識應以現象界爲範圍，任何想把握自然或歷史整體的形上學企圖都是不可能的。基於此一觀點，狄爾泰在從事哲學反省時，對建構體系總是抱着懷疑保留的態度，而重視針對個別特定主題的「精確研究」(exakte Untersuchung)。

狄爾泰也和康德一樣，雖認爲形上學體系的建立是不具認知意義的，但並不因此卽沒有意義。人是形上學的動物，生來卽具一種根深蒂固的形上學傾向，希望能對存在的全體作思想上的把握。因此在晚年建構「世界觀哲學」時，狄爾泰便對形上學的哲學意義，作深入的分析與反省。

我們從狄爾泰 1867 年所發表的巴塞爾大學就職演說〈1770-1800 年間德國的詩與哲學運動〉（*Die dichterische und philosophische Bewegung in Deutschland 1770-1800*）中，卽可明顯的看出狄爾泰與康德的密切關聯。他在這篇演講中，坦承接受康德的結論，亦卽認爲唯有在經驗所提供的資料中，才可能有嚴格的知識，嚴格知識的對象應以一切現象之合法則的系統爲範圍。超感官的世界不是科學研究所能及的，而是基於人類的感受的。在狄爾泰心目中，康德與萊布尼茲乃是二個偉大的哲學心靈，他們的課題在於連結個別的實證研究而建立一種「科學的科學」（Wissenschaft der Wissenschaften），亦卽一種「科學之學」（Wissenschaftslehre）（GS V, 12）。

然而卽使在這個時候，狄爾泰已對康德哲學提出了批判。他認爲，康德雖使哲學進入了經驗科學的範圍，但却未能見及另一個極爲重要的課題：建立一精神現象的經驗科學（eine Erfahrungswissenschaft der geistigen Erscheinungen zu begründen）。狄爾泰認爲，此一課題乃是他那一代人所應從事的課題，並且「哲學應越過黑格爾、謝林與費希特而回到康德」（GS V, 13）。可以說，就「批判精神」的承襲而言，狄爾泰乃是當時的「康德運動」（Kantbewegung），卽「回歸康德」（Zurück zu Kant）此一思潮中的一員，對康德哲學作了批判的繼承。

根據 Rudolf A. Makkreel 的研究，直到 1922 年才正式出版的康德第三批判的「第一導論」，狄爾泰似乎早在 1889 年即已知道其存在，並受其影響。康德在這篇導論中指出，先驗反省的原則雖與說明式心理學（explanative psychology）的理想不相容，却與一「描述式心理學」（descriptive psychology）的成果相容㉓。我們從 Dietrich Bischoff 所整理的一份始於 1898 年的講課稿〈狄爾泰晚年論哲學體系課程中的康德講解〉（*Diltheys Kant-Darstellung in seiner letzten Vorlesung Über das System der Philosophie*）㉔中，亦可明顯的看到，狄爾泰所致力的「描述心理學」（beschreibende Psychologie），實得自康德的啓發㉕。狄爾泰雖繼承了康德批判哲學的精神，但却揚棄了康德哲學的許多重要觀念。在他看來，康德和經驗主義者所構想出來的認知主體，都太過偏重理智的一面，而忽略了人性的整體性：人性乃一不可分割的知、情、意的整體，具有幽闇不可窮究的意識深層，並帶有歷史性與社會性。

黑格爾是德國觀念論哲學家中，另一位對狄爾泰思想發生長遠影響的思想家。然而在狄爾泰早期的思想中，對黑格爾是批判重於繼承的。狄爾泰雖從黑格爾的思想中，承襲了一種強烈的「歷史意識」（das historische Bewuβtsein），認爲每一哲學體系

㉓ Rudolf A. Makkreel *Dilthey: Philosopher of the Human Studies* Princeton: Princeton University Press, 1975, pp. 224–225.

㉔ 此文作爲附錄，收入 Bischoff 的《狄爾泰的歷史的生命哲學》（*Wilhelm Diltheys Geschichtliche Lebensphilosophie*）一書 pp. 46–63.

㉕ Dietrich Bischoff *Wilhelm Diltheys geschichtliche Lebensphilosophie* Leipzig & Berlin: B. G. Teubner, 1935. p. 57.

在哲學的整個發展中，都具有「侷限性」(Gliedhaftigkeit)。但在1859年時，狄爾泰卽曾反對黑格爾的「實在的合理性」之說（卽「凡實在的都是合理的，凡合理的都是實在的」），他認爲這種說法不論在自然或在歷史，都是一種「幻想」(Illusion)(GS V, xvii)。此外，狄爾泰對於黑格爾思想的強烈抽象、系統的性格，也感到嫌惡。

然而卽使在早期的思想中，狄爾泰確有若干與黑格爾若合符節處。這種若合符節的情形表現於狄爾泰的泛神論傾向、對生命經驗的重視、及視歷史的內在目的爲人類潛能的完全實現等觀點。不過狄爾泰早年的這種思想傾向，與其說是來自黑格爾，毋寧說是來自賀德齡、歌德等詩人。但我們從〈1875年論文〉中，已可明顯的看到狄爾泰受黑格爾影響的痕跡了。如他說：「道德、法律、經濟與國家構成了一個整體，卽社會之實踐生活」(GS V, 58) 並視社會整體爲一「系統」(System)，有其普遍的概念與法則可尋；這些想法很可能就是來自古典經濟學及黑格爾的法哲學的㉖。尤其到了1895-1905年間，由於對黑格爾早年的神學著作作了深入的研究，使狄爾泰更能同情的了解黑格爾思想。他晚年大量使用的「精神」、「客觀精神」概念，雖與黑格爾的用法有很大的不同，但二者之間的理論上的內在關聯確是不可忽視的。

康德與黑格爾對柏林大學求學時期的狄爾泰的影響畢竟是間接的；但史萊瑪赫與指導他寫史萊瑪赫論文的全德倫堡對他的影

㉖ 關於狄爾泰與黑格爾的關係，Johach 有專節討論，可參看 Helmut Johach *Handelnder Mensch und objektiver Geist. Zur Theorie der Geistes- und Sozialwissenschaften bei Wilhelm Dilthey* Meisenheim am Glan: Anton Hain, 1974. pp. 35-40.

響，則是直接而深刻的。

史萊瑪赫是深具康德批判精神的哲學家，狄爾泰認爲他是康德的後繼者中，最擅於運用康德的分析方法的思想家，在他的身上結合了實在論的前提與先驗的方法。關於史萊瑪赫與狄爾泰的關係，我們在第二章已有論述，茲不贅述。以下僅對全德倫堡的思想略作補充。

全德倫堡（Friedrich Adolf Trendelenburg, 1802–1872）從1833年起卽在柏林大學任教，是當時反對黑格爾哲學最重要的思想家。他認爲，哲學乃是一種「有機的世界觀」，並以運動和目的爲思想與存在的基本概念。他的主要著作有1836年的《亞里士多德邏輯學大綱》(*Elementa Logices Aristotelicae*)、1843年的《黑格爾哲學體系中的邏輯問題》(*Die Logische Frage in Hegels System*)、1846–47年的三册《範疇論史》(*Geschichte der Kategorienlehre*)、1855年的《希臘哲學中的必然與自由》(*Notwendigkeit und Freiheit in der griechen Philosophie*) 等等。他在1865年開始和費雪就康德的空間學說展開爭論。全德倫堡有強烈的現世精神，關心現實世界的問題，認爲倫理學應放在政治和歷史的脈絡中加以研究。他的思想環繞於法律、國家、人類潛能如何實現等課題。

在知識論上，全德倫堡接受亞里士多德的說法，以知識的形式（邏輯）爲思想與存在的共同形式。因此在1870年出版的二册《邏輯探究》(*Logische Untersuchungen*) 中，全德倫堡宣稱，邏輯的法則同時基於主觀的思想與客觀的實在。他從主觀思想方面下手探討邏輯法則的發生過程（此種「心理主義」的認識論研究，乃是當時極爲普遍的研究途徑），而使邏輯成了心理學與認識論的一部份。在他看來，純粹思想是不存在的，思想必肇端於經驗，個體的思想即是他對自己的經驗之反省的累積與綜合。眞理必來自個體的心靈，一個民族的思想，即是此一民族的成員的思想的總合，而哲學史卽是人類反省其經驗的歷史。爲了解決觀念論與實在論的對立，全德倫堡認爲，在認識過程中，認識與思想是不斷互相作用的，不僅事物會決定思想，思想在一定程度上也決定着事物。因此在任何科學理論裏，都一定同時有思想的因素與存在的因素。全德倫堡就是以這種認識論的途徑，試圖調和觀念論與實在論的；狄爾泰基本上承襲了這種認識論的途徑——相對起來，史萊瑪赫則本體論的傾向較強。

全德倫堡對狄爾泰的影響是長久而深遠的。如果說全德倫堡是歷史學派的邏輯學家，則狄爾泰無疑是歷史學派的哲學家。狄爾泰對倫理學、自然法與史萊瑪赫的探討，固然都受了全德倫堡一定程度的影響； 就是狄爾泰後來所致力的心理學-知識論取向的精神科學奠基工作，也可在全德倫堡身上找到線索。狄爾泰晚年的世界觀類型學，更是和全德倫堡的類型學思想有極爲密切的關聯㉗。例如早在 1859 年， 狄爾泰卽曾探討類型學問題， 試圖決定古代思想的「基本形式」(Grundformen)， 並使基督教成爲一新的「基本形式」。

然而狄爾泰在探討思想的基本類型時，却採取了當時盛行的生理學與心理學的途徑。因此他在獲得任教資格後，便開始研究赫姆霍爾玆的光學理論和費希納 (Fechner) 的心理物理學。1864

㉗ 關於全德倫堡的類型學對狄爾泰的影響，可參考 Joachim Wach的《全德倫堡的類型學及其對狄爾泰的影響》*Die Typenlehre Trendelenburgs und Ihr Einfluss auf Dilthey*, Tübingen, 1929)。

年獲得任教資格後，狄爾泰留在柏林任私講師（Privatdozent，未經國家聘請，不拿薪金的大學講師），此後到 1866 年應巴塞爾大學（Basel）之聘前往任教期間，狄爾泰最可注意的作品，乃是收入《體驗與詩》(*Das Erlebnis und die Dichtung*) 一書中的〈諾瓦里斯〉(*Novalis*) 一文（此文發表於 1865 年)。

諾瓦里斯是哈登堡（Friedrich Leopold Freiherr von Hardenburg, 1772–1801）的筆名，是一位詩人，早期德國浪漫主義運動的領導人，受歌德、席勒與費希特影響頗大。他和薛列格兄弟、替克、謝林及物理學家兼化學家利特 (Johann Wilhelm Ritter, 1776–1810) 等人都是朋友。他將人視爲一個整體，並由經驗心理學的角度探討人性，發現人性的根柢乃是意志。他稱這種研究爲「人學」（Anthropologie）或「實在的心理學」（reale Psychologie)，並認爲這是一切人文科學（如歷史、道德、美學、宗教哲學等）的基礎。所謂的「實在心理學」是相對於休謨 (David Hume, 1711–1776) 的聯想心理學而言的。諾瓦里斯基於詩人的體驗，注重一個人的返心內照之自誠與自知，而反對像休謨那樣拿物理學的方法運用於心理學上，試圖找出一些「形式的、空洞的」聯想法則。

事實上我們在狄爾泰 1864 年 6 月所寫的那篇任教資格論文〈分析道德意識之嘗試〉(*Versuch einer Analyse des moralischen Bewußtseins*) 中，已可很清楚的看到了諾瓦里斯對狄爾泰的影響了。狄爾泰在這篇文章中，幾乎全盤仿照諾瓦里斯的觀點，甚至採取他所使用的字眼，去責難心理學之自限於對心理歷程作純形式的研究。例如他在文中說:

> 心理學的法則都是一些純粹的形式法則；這些法則不涉及人類精神的內容 (Inhalt)，而只涉及其形式上的行為與態度。若將人的心靈比作一首詩，則這些法則便是語言、語法與聲韻。……人性本身除了有這些程序的法則，亦即心靈之形式的行為法則之外，還包括有其內容的基本元素。(GS VI, 43-44)

除了上述的影響之外，穆勒和孔德的思想也在此一時期對狄爾泰提出了思想上的挑戰。這項挑戰幾乎一直延續到狄爾泰晚年。

早在1860年4月1日的日記上，狄爾泰就曾表示要從事「一種基於吾人歷史-哲學的世界觀的新的純粹理性批判」(JD. 120)。這個構想起初尚雜有浪漫主義的色彩，但後來却逐漸轉變爲一種精神科學方法論的課題。促成此一轉變的關鍵，很可能就是來自穆勒《邏輯系統》一書的影響。狄爾泰在1862年年尾致其弟弟的一封信上，首次提到要草擬「一種科學理論的研究計劃」(Entwurf einer Art Wissenschaftslehre) (JD, 178)。據《全集》第十八册的編者 Rodi 和 Johach 的推測，此一研究計劃的提出，很可能是因讀了《邏輯系統》一書引發的 (GS XVIII, xvi)。二年後在致父親的一封信上，狄爾泰再次提到他打算在任教資格論文之後，起草一本「關於人的社會與道德本性之詳細深入的小書」。編入《全集》第十八册的那篇寫於1866-67年間的草綱〈論人與歷史的研究〉(*Über das Studium des Menschen und der Geschichte*) 和〈關於人、社會與歷史的科學研究導論〉(*Einleitung in das Wissenschaftliche Studium des Menschen, der Gesellschaft und Geschichte*）即是此一想法的成果。這是他爲精神科學尋求哲學奠基的長期思索努力的開端，1883 年的《導論》第一册則是此一思想努力的早期最重要成果。

穆勒的《邏輯系統》在 1843 年已譯成德文，狄爾泰所用的是第二版（1862/63年出版），因此可以推知，狄爾泰眞正下工夫研究此書，應在 1862 年以後。除了《邏輯系統》之外，狄爾泰在 1864年初開始精讀孔德的《實證哲學講義》（*Cours de philosophie positive*）（JD，185）。此外，巴寇的《英國文明史》也在 1860/61 年譯成了德文，狄爾泰在 1862 年寫了一篇書評。這些準備工作，使狄爾泰獲得大學任教資格後，便開始講授「邏輯：特別針對個別科學的歷史與方法」（*Logik, mit besonderer Berücksichtigung der Geschichte und Methode der einzelnen Wissenschaften*）課程。他在 1864/65 冬季班和 1865/66 冬季班講授此課程，後來到巴塞爾和基爾（Kiel）任敎時，亦常講授此課程。關於此一課程，我們在狄爾泰的遺稿中找到了 1865 年在柏林寫成的授課大綱《哲學科學的邏輯與系統綱要》（*Grundriss der Logik und des Systems der philosophischen Wissenschaften*）和 1867/68 年在巴塞爾寫成的邏輯講稿（Baseler Logik Vorlesung），惜此二遺稿尚未編入《全集》中，未能窺其內容。但可以肯定的是，狄爾泰後來之傾力於探討精神科學方法論問題，和此一研究方向是有密切關係的。

最後必須一提的是，從狄爾泰早年的著作與書信、日記中，我們可以看到他有一種很強烈的實踐動機。在早年的日記裏，狄爾泰就表現出對政治史的高度興趣。1860 年代初期，他曾熱烈參與議會政治，並和進步黨（Fortschrittspartei）及國家自由黨（Nationalliberalen）的政治家和報人（如偉大的社會學家 Max Weber 的父親——也叫 Max Weber）進行熱烙的思想交流。這可由他熱烈參與編輯海姆的《普魯士年鑑》（*Preußischen Jahrbüchern*）並在許多自由黨報紙上發表文章，看出他當時對政治的高度興趣。然而當時由於俾斯麥當政，勵行「鐵血政策」，使自由理念難以實現，因此自 1860 年代中期開始，許多人紛紛放棄議會政治的奮鬥，而將注意力集中在科學與思想的研究上。狄爾泰正是在這種情形下，將心力轉移到思想研究上的學者之一。因此我們在研究狄爾泰思想時，不可忘掉在他的思想探索背後，實有着一股強烈的實踐動機。據筆者的揣測，狄爾泰是想透過思想上的努力，救治當時在政治、社會與文化各方面所呈現的危機。

狄爾泰始終相信：人的目的是行動（der Zweck des Menschen ist Handeln）。這種「實踐的知識興趣」（praktisches Erkenntnisinteresse）在 1867 年巴塞爾就職演說中表露無遺。他在這篇演講的結語中說：

> 哲學與諸科學、藝術及社會有一種有法則可尋的關聯。由這種關聯產生了哲學的課題。我們所面對的課題非常明確，那就是要追隨康德的批判途徑，和其他領域的研究者合作，一起奠立一種探討人類精神的經驗科學（eine Erfahrungswissenschaft des menschlichen Geistes），以認識支配社會、思想與道德現象的法則。這種法則的知識乃是人類一切力量的泉源，甚至可處理精神現象。如果人的目的是行動：則唯有當哲學揭露了人的內在（das Innere des Menschen），也就是唯有當哲學教訓了我們，不應再莽撞

> 的冒然插手干涉人的內在發展——此發展應使我們日趨神聖——而應致力於探討道德世界，求取有關道德世界之偉大的法則性關聯的清楚知識，哲學才能為行動生命（das handelnde Leben）的許多大方向，在社會裏，在道德的交互影響與教育、法律各領域裏，創造真正豐碩的先決條件。(GS V, 27)

這段話對於掌握狄爾泰往後思想發展的取向至爲重要。首先，它表明了狄爾泰受 1860 年代第一波新康德主義運動影響，試圖追隨康德的批判途徑，去建立一種「人類精神的經驗科學」。其次，這段話也表明了狄爾泰關心的問題，乃是社會-歷史世界的認識問題，並且其目的在於透過這種知識，去指導人的行動生命的諸領域。

七、巴塞爾、基爾與布累斯勞時期（1866～1882）

由於受到拉扎勒斯、施坦塔爾、諾瓦里斯和穆勒等人的影響，以及當時新興的心理學、生理學與人類學研究成果的鼓舞，狄爾泰在巴塞爾任教期間，曾與同僚希斯〔Wilhelm His, 1831-1904，是德國生理學家 Johannes Peter Müller,（1801-58）的學生〕致力於心理學與生理學的研究（JD, 256、261）。在 1870 年致好友謝勒（W. Scherer）的一封信上，即曾提及他自己所發明的二個心理學理論（JD. 285）。

由於受諾瓦里斯的影響，狄爾泰始終不滿穆勒的聯想心理學與當時的實驗心理學，而亟思提出一種嶄新的心理學，作爲精神科學的基礎。但從狄爾泰 1866–70 年間的論著看來，他在這方面似乎沒有太大的進展。

狄爾泰於 1866–68 年間任教於巴塞爾，1868–71 年間轉赴基爾，1881年末再轉往布累斯勞任教，直到 1882 年因洛采過世（洛采死於 1882 年 7 月 1 日），才得以再回到柏林接洛采所遺留下來的黑格爾講座。柏林、巴塞爾、基爾、布累斯勞這幾個地方相距甚遙，狄爾泰東奔西走其間，可見生活不安定之一斑。

從狄爾泰在巴塞爾時期 (1866–68) 和基爾時期 (1868–71) 的著作看來，除了在 1867 和 1870 年分別出版的《史萊瑪赫傳》第一册的第一、二分册之外，狄爾泰似乎將大部份心力放在研究德國詩人上。後來收入《體驗與詩》(*Das Erlebnis und die Dichtung*) 中的〈賀德齡〉(Hölderlin) 與〈列辛〉(*Lessing*) 二文便是發表於 1867 年的。他在 1867 年還以筆名發表了一篇小說〈生命的鬥爭與和平〉(*Lebenskämpfe und Lebensfriede*)。這種情形似乎印證了某些狄爾泰學者的觀點，即：美學是狄爾泰思想的溫床；每當狄爾泰反省哲學問題遇到滯碍時，便以美學（或即詩學）作爲反省的典範，並從中尋獲靈感。但筆者認爲，《史萊瑪赫傳》第一册的寫作，才是狄爾泰這幾年的主要工作目標，並且在寫作的過程中，狄爾泰無疑碰到了許多哲學上的難題。這些難題之遲遲無法獲得解決，使狄爾泰第二册的寫作一直不能完成。

我們在 1873 年初狄爾泰致海姆的一封信上，即可看到當時狄爾泰對《史萊瑪赫傳》續篇的準備工作已作得差不多了。但一直到 1879 年 7 月 17 日在一封致《史萊瑪赫傳》發行人 Georg Reimer 的信上，狄爾泰還是說：最晚在明年的復活節即可開始寫第二册了。1879年11月 3 日致妹婿鄔瑟那 (Hermann Usener)

的信上，狄爾泰也說，他希望在 1880 年夏讓第二册付梓。總之，自 1770 年出版《史萊瑪赫傳》第一册到 1883 年出版《導論》第一册這長達十一年的歲月裏，狄爾泰對於完成《史萊瑪赫傳》的寫作一直耿耿於懷。我們從目前所及的通信資料中，發現狄爾泰在 1882 年前，從未談及要寫《導論》這部著作。因此我們可以設想，《導論》這部書實是狄爾泰在寫作《史萊瑪赫傳》的過程中，對於所碰到的一些理論問題所作的反省的一個結果，是《史萊瑪赫傳》的副產品。

此一論斷的根據是狄爾泰在 1882 年 3 月 13 日致 Georg Reimer 的信上說：爲了不使《史萊瑪赫傳》第二册，因爲系統性辯析的部份，而使篇幅膨脹得太過份，他想先出版一本論精神科學之知識論奠基的書（GS XIX, x）。這當然可能是因爲對 Reimer 感到不好意思而作的藉口，但若仔細考察，便可知道這實在是有理論上的理由的。不先解決寫作《史萊瑪赫傳》所碰到的難題，是不可能完成該書的。狄爾泰終其一生，始終念念不忘要寫完這部著作，並以這部著作作爲他的精神科學理論的具體展現。狄爾泰知識論中的基本概念「自省」(Selbstbesinnung) 就是從寫作《史萊瑪赫傳》中發展出來的。

任教於布累斯勞的十一年間 (1871-1882)，狄爾泰的生活才算安定下來，可以專心從事研究計劃。這個時期是狄爾泰的思想創造力達到高峯的一個時期。在這個時期裏，狄爾泰寫下了大量的作品，其中不乏系統性的論述。就系統性思考努力而言，最具有代表性的作品是〈1875 年論文〉(即〈論關於人、社會與國家的科學之歷史的研究〉)、1877 年的〈論詩人的想像力〉(*Über die Einbildungskraft der Dichter*) 與 1883 年出版的《導論》第一冊。但這些生前發表的作品，只是狄爾泰當時寫成的系統性論著的一部份，有許多遺稿至今尙未出版。

狄爾泰在 1860 年代中期卽開始的精神科學奠基計劃，到了布累斯勞時期便積極展開了。我們從《全集》第十八及十九冊，可以很明顯的看出狄爾泰在這十年間思想發展的軌跡。他從 1871 年開始，卽致力於奠定一研究「人與歷史的一般科學」(generelle Wissenschaft des Menschen und der Geschichte)，亦卽一種「行動人的科學」(Wissenschaft vom handelnden Menschen)。〈1875 年論文〉是此一研究計劃首次發表的成果。1876 年左右，狄爾泰爲了完成〈1875 年論文〉，寫了二份手稿作爲續篇。在第一份手稿裏，狄爾泰已提出了「描述心理學」(beschreibende Paycho-logie) 的概念。此一概念的提出，很可能是受狄爾泰在 1874 年左右研讀的布倫他諾《經驗觀點的心理學》(*Psychologie vom empirischen Standpunkt*) 一書影響的結果。在第二份手稿中，我們則看到狄爾泰已開始注意到解釋學對精神科學奠基的作用。布倫他諾的影響到了 1880 年左右寫成的〈描述心理學草稿〉(*Aus-arbeitung der deskriptiven Psychologie*)，更是明顯。1894年發表的〈關於描述與分析的心理學的一些觀念〉（簡稱〈觀念〉）一文中的若干想法，在 1880 年的這份草稿中已具雛形。——以上諸手稿皆已收入《全集》第十九冊。

狄爾泰在 1867 年之後，對當時新興的「生命哲學」(如叔本華的哲學）特別注意。他深深覺得，生命哲學正在爲系統哲學的新發展作準備。在他看來，哲學與精神科學的關聯，並非建立於一種知識論基礎上，而在於一種新的哲學思維方式。透過《史萊瑪赫傳》、〈列辛〉、〈諾瓦里斯〉、〈歌德〉等文的寫作，狄爾泰逐漸產生一種信念，即深信「以哲學爲着眼點的歷史研究」(historische Forschungen in philosophischer Absicht) 的整個工作，提供了人類對世界與生命作理論性了解的鑰匙。爲了連結哲學與精神科學，狄爾泰一方面反對哲學至上的虛榮心態，也反對科學至上的觀點。他認爲，形上學與經驗主義的「個體心理學」(Individualpsychologie) 都不足以滿足精神科學奠基的要求，因此須尋求另一種新的觀點。〈1875 年論文〉是狄爾泰爲精神科學奠基的初步嘗試，較乏系統性，但其中仍包含了許多極爲重要的論點。

1876 年的續篇及 1880 年的〈描述心理學草稿〉也具有類似的性質。我們可以將這些遺稿看成是狄爾泰在進行精神科學奠基的龐大計劃的準備工作。大約在 1880 年左右，狄爾泰開始傾全力寫《史萊瑪赫傳》第二册，並同時着手寫《精神科學導論：爲社會與歷史的研究奠基之嘗試》(*Einleitung in die Geisteswissen-schaften: Versuch einer Grundlegung für das Studium der Gesellschaft und der Geschichte*)（簡稱《導論》）。

《導論》是一部規模龐大的著作。狄爾泰在 1883 年出版的第一册的〈前言〉中表示，這部著作將包括歷史論述與系統論述二大部份。第一册分二卷，第一卷是要綜觀諸精神科學之間的關聯，並從中顯示爲精神科學奠基之必要；第二卷則探討哲學史上由形上學途徑試圖爲精神科學奠基的歷史。計劃中的第二册原擬分三卷（即第三、四、五卷）：第四卷要追溯思想史上個別科學與知識論的研究，論述並評斷到當時爲止的知識論努力；第四、五卷則提出狄爾泰自已的精神科學之知識論奠基的嘗試（GS I, xix）。但第三卷狄爾泰並未寫出來（1893 年左右寫成的〈柏林草稿〉，才恢復了《導論》的原訂計劃)，倒是在 1880–1890 年間，狄爾泰計劃分別就知識論（心理學）、邏輯學與方法論三個部份，作爲《導論》第二册的第四、五、六卷。然而這三卷中，除了1880年左右寫成的第四卷〈知識的奠基〉(*Grundlegund der Erkenntnis*)較詳細外，其他二卷都只具雛形。由於第四卷是在布累斯勞寫成的且具有特殊的重要性，因此一般稱之爲〈布累斯勞手稿〉(*Breslauer Ausarbeitung*)。

狄爾泰在布累斯勞任教期間，有二件事特別值得一提。一是他在1875年和一位柏林律師的女兒 Katharina Püttman 結婚，婚後生活相當美滿，共有三個子女。一個四十來歲的中年人有了兒女的那份喜悅，是可以想見的；同時，在家庭生活的經驗中，也促使狄爾泰產生了對兒童心理學與教育學的興趣。狄爾泰在 1868 年即曾在巴塞爾講授過教育學。1874–1879 年間，他在布累斯勞也開過幾次教育學課程，對心理學在教育學上的應用和教育思想史作了深入的研究。狄爾泰對教育學的興趣一直持續到 1894 年。1884–1894 年間，他在柏林大學每年的夏季班開三小時（後改爲二小時）的「教育學的歷史與體系」(*Geschichte und System der Pädagogik*) 課程，冬季班則開一小時的心理學應用於教育學的課程。

另一件值得注意的事則是認識了約克伯爵 (Graf Paul Yorck von Wartenburg, 1835–97)。他們二人從 1877 年即開始通信，彼此在思想上互有影響。狄爾泰的《導論》第一册就是獻給約克伯爵的，他並在卷首語中說，《導論》的寫作計劃，也是來自與約克伯爵晤談的結果。在他們長達二十年的通信與思想交流中，狄爾泰逐漸形成了晚年思想中的「生命性」(Lebendigkeit) 與「歷史性」(Geschichtlichkeit) 概念。㉘

八、柏林時期

狄爾泰於 1882 年離開布累斯勞，赴柏林接洛采留下的講座，自此一直在柏林大學任教到 1907 年退休。退休後狄爾泰仍住在柏林，直至 1911 年去逝。在這長達二十九年的時期裏，狄爾泰的思想發展出現了許多轉折，須特別注意。關於此一時期狄爾泰思想發展的轉折，我們將放在下一章作較詳細的探討。此處主要是要交待這近三十年間，狄爾泰學思過程的大略。

1883 年《導論》第一册出版後，狄爾泰暫時擱下了寫完《史萊瑪赫傳》的計劃，而將大部份心力投入《導論》第二册的思想探索。如果依「歷史理性批判」爲主導線索，則我們大約可將狄爾泰此一時期的思想發展，分爲三個階段。第一個階段是 1883-1895 年間，主要致力的領域有教育學、美學、以及繼續《導論》第一册未完成的工作——包括歷史論述的部份與系統論述的部份。

狄爾泰在 1884-1894 年間所作的教育學演講，大部份都沒有發表，但 1888 年的〈論一般教育學的可能性〉(*Über die Möglichkeit einer allgemeingültigen pädagogischen Wissenschaft*)，

㉘ Leonhard von Renthe-Fink *Geschichtlichkeit: Ihr terminologischer und begrifflicher Ursprung bei Hegel, Haym, Dilthey und Yorck. 2.* durchgesehene Aufl., Göttingen: Vandenhoeck & Ruprecht, 1968.

却是一篇著名的教育學文獻。除了《全集》第九册中所收的〈教育學史〉(*Geschichte der Pädagogik*) 與〈教育學體系的基線〉(*Grundlinien eines Systems der Pädagogik*) 之外，尙有許多筆記保存了下來，有待整理。

在美學方面，狄爾泰在此一時期也發表了不少論著。如 1886 年的演講〈詩人的想像力與神經錯亂〉(*Dichterische Einbildungskraft und Wahnsinn*)、1887 年的〈詩人的想像力：一詩學的基礎〉(*Die Einbildungskraft des Dichters: Bausteine für eine Poetik*) 和 1892 年的〈近代美學的三個時期及其今日課題〉(*Die drei Epochen der modernen Ästhetik und ihre heutige Aufgabe*)。

除了教育學、美學和倫理學的論述外，這段期間狄爾泰大多數的著作，幾乎都可看成是《導論》第一册的後續研究。在歷史論述方面有 1891–92 的〈15 及 16 世紀對人的把握與分析〉(*Auffassung und Analyse des Menschen im 15. und 16. Jahrhundert*)、1892–93 的〈17 世紀精神科學的自然體系〉(*Das natürliche System der Geisteswissenschaften im 17. Jahrhundert*)、和 1893 年的〈思想的自主性、建構式的理性主義、和十七世紀的泛神論的一元論〉(*Die Autonomie, des Denkens, der konstuktive Rationalismus und der pantheistische Monismus nach Ihrem Zusammenhang in 17. Tahrhundert*)、〈布魯諾〉(*Giordano Bruno*) 及 1904年的〈人類學在16與17世紀的文化中的功能〉(*Die Funktion der Anthropologie in der Kultur des 16. und 17. Jahrhunderts*) 等文。這些文章固然主要是思想史的論述，但對狄爾泰思想的發展，仍有其正面的意義。正如狄爾泰在《導論》第一册的〈前言〉所說的，他認爲歷史的論述不只是在導入正題上有其實際上

的需要，「歷史的自省」(geschichtliche Sehbstbesinnung) 本身卽有不可忽視的價値。

然而更重要的仍是此一時期的系統性論述。

此一時期的系統性論述，除了 1880–90 年間寫成的那份包括〈布累斯勞手稿〉在內的《導論》第二册手稿外，最重要的一份遺稿是 1890–95 年間（主要在 1893 年間）寫成的另一份想完成《導論》第二册的手稿。這份手稿因爲是在柏林寫成的，因此一般稱之爲〈柏林草稿〉(*Berliner Entwurf*)。我們大致上可以這份手稿爲中心，去了解狄爾泰在此一時期爲精神科學奠基所作的努力。

狄爾泰在 1890 年發表了一篇題爲〈試論吾人相信外在世界之實在性的信念之根源問題的解決及此一信念的合理〉(*Beiträge zur Lögung der Frage vom Ursprung unseres Glaubens an die Realität der Außenwelt und seinem Recht*)的文章。這篇知識論文章可視爲〈布累斯勞手稿〉第二部份〈外在世界的知覺〉(*Die Wahrnehmung der Außenwelt*) 的進一步探討。其後在 1892 年狄爾泰還發表了一篇〈經驗與思考：19 世紀知識論邏輯之研究〉(*Erfahrung und Denken. Eine Studie zur erkenntnistheoretischen Logik des 19. Jahrhunderts*)。這篇文章配合《全集》第十九册所收的〈生命與認知：知識論邏輯與範疇學草綱〉(*Leben und Erkennen. Ein Entwurf zur erkenntnistheoretischen Logik und Kategorienlehre*)，正可顯示《導論》第一册〈前言〉中所說的第三卷的大略內容。

〈布累斯勞手稿〉是從第四卷開始的，探討的是知識論奠基問題，而〈柏林草稿〉則是從第三卷開始的，接續了《導論》的原訂計劃。但〈柏林草稿〉的內容却只具粗略的寫作計劃大綱，篇幅甚短：第三卷的標題是〈經驗科學與知識論的狀況：今日精神科學的問題〉(*Das Stadium der Erfahrungswissenschaften und der Erkenntnistheorie. Das heutige Problem der Geisteswissenschaften*)。這一部份的內容大致上可從〈經驗與思考〉及〈生命與認識〉二文窺得梗概。第四卷的標題是〈生命：描述與比較的心理學〉(*Das Leben. Deskriptive und Komparative Psychologie*)。此一部份的內容則可見之於 1894 年發表的〈關於描述與分析的心理學的一些觀念〉(簡稱〈觀念〉)，和 1895 年的〈論比較的心理學〉(*Über vergleichende Psychologie*) 一文窺知——後者本已送去印刷，但狄爾泰因受埃賓豪斯 (Hermann Ebbinghaus, 1850-1909) 對其〈觀念〉一文的批判，臨時決定收回改寫，至 1896 年才以較溫和的題目〈論個體性之研究〉(*Beiträge zum Studium der Individualität*) 付梓。計劃中的第六卷原想探討人類透過知識所產生的力量及其限制，但因狄爾泰的心理學受到埃賓豪斯強烈批判，而使整個研究計劃在 1895/6 冬天停擺。

1895/6-1905 這十年間，狄爾泰的心力主要放在思想史的研究上。他本想寫一部探討萊布尼茲到史萊瑪赫間德國思想史的大部頭著作，而在1900年發表了幾篇相關文章（這些文章都收入了《全集》第三册）。爲了這部著作，狄爾泰在 1900-06 年間，對德國觀念論再度作了深入的研究。在此須先一提的是，狄爾泰在 1887 年開始協助史坦 (Ludwig Stein) 等人編輯《哲學史叢誌》(*Archiv für Geschichte der Philosophie*)，並在同年榮膺爲「普魯士皇家科學院」會員，此後大部份著作皆發表於《哲學史叢誌》與《科學院會議紀要》中。科學院於 1902 年出版的著名的康德《全集》，狄爾泰卽負責校訂與序文工作。

這段期間的德國觀念論研究，除了康德之外，影響狄爾泰思想發展最大的，應是黑格爾與史萊瑪赫。狄爾泰在 1888 年寫了一篇當時出版的黑格爾書信集的書評，他在這篇書評中說：「爭論不休的時代過去了；現在正是從歷史的途徑研究黑格爾的時機；這種歷史的研究應分開黑格爾死的部份與活的部份」㉙。於是狄爾泰運用寫《史萊瑪赫傳》的方式，探討了黑格爾青年時代神學作品與泛神論思想，而於 1905 年在科學院發表〈黑格爾的青年史〉(*Die Jugendgeschichte Hegels*)——1906 年經過改寫後，卽成爲今日收入《全集》第四册的樣子。狄爾泰在這篇研究中，大量運用了當時尙未出版的黑格爾早年著作，並扣緊黑格爾的生命經驗探討黑格爾思想的早期發展史，對後來的黑格爾研究產生了鉅大的影響。而狄爾泰也在研究黑格爾的過程中，深受黑格爾泛神論思想的影響。

狄爾泰重新產生對史萊瑪赫的興趣，強烈的顯示於 1900 年出版的〈解釋學的興起〉(*Die Entstehung der Hermeneutik*) 一文中。狄爾泰雖在 1860 年代初期卽對史萊瑪赫的解釋學思想產生了興趣，但眞正將解釋學結合到精神科學奠基工作中，則始於〈解釋學的興起〉一文。因此，1900 年的這篇論解釋學史的著作，實標誌著狄爾泰思想在晚年所發生的一個轉捩點。

除了研究德國觀念論之外，狄爾泰對當時在邏輯學、知識論、心理學與社會學各方面的新發展，也非常注意。他和溫德爾

㉙ Cited From William Kluback *Wilhelm Dilthey's Philosophy of History* New York: Columbia University Press, 1956, p. 96. note 24.

斑和李恪特的論戰，固然影響了他的思想；他對尼采、柏格森的生命哲學的研究，和對馮德、施頓布福等人的心理學以及對齊美爾(Georg Simmel, 1858–1918)和韋伯(Max Weber, 1864–1920)的社會學理論的研究，也都豐富了他晚年的思想。但對他的精神科學奠基工作影響最大的，則是胡賽爾。

由於受到胡賽爾 1900–01 年出版的二册《邏輯探究》的鼓舞，狄爾泰在世紀之交重新燃起了完成《導論》的計劃的企圖。這種企圖首先表現在始於1905年在科學院宣讀的幾篇〈精神科學奠基之硏究〉(*Studien zur Grundlegung der Geisteswissenschaften*)。因此，1905 年可說是狄爾泰晚年重新着手「歷史理性批判」的一年（前此有一段時期，狄爾泰因病無法教學和研究）。

從 1905–1911 狄爾泰去逝這段期間，狄爾泰寫下了許多重要手稿。一個七十多歲的老思想家，生了一場病後，身體虛弱，使狄爾泰在晚年開始想全力完成早年即已開始的「歷史理性批判」事業。但除了 1907 年的〈哲學的本質〉(*Das Wesen der Philosophie*)、1910 年的〈精神科學中歷史世界的建構〉(*Der Aufban der geschichtlichen Welt in den Geisteswissenschaften*)（簡稱〈建構〉）及 1911 年才出版的〈世界觀的類型及其在形上學體系中的形成〉(*Die Typen der Weltanschauung und ihre Ausbildung in den metaphysischen Systemen*) 和上述三篇精神科學奠基研究之外，幾乎都是難以卒讀的草稿。

狄爾泰 1910 年在科學院宣讀〈建構〉之後，身體已顯得極爲虛弱。他的醫生囑咐他盡可能休養，不可再從事費神的理論建構工作。狄爾泰爲此感到極爲無奈，因此將心力放在完成《史萊瑪赫傳》上，他想以這部著作，具體的展現他心目中的精神科學理論。但我們還是看到了他在〈建構〉之後，寫了一些極爲重要的手稿。這些手稿顯然是〈建構〉續篇的寫作計劃中的一部份。狄爾泰晚年最親密的學生 Bernhard Groethuysen 從遺稿中加以推敲，將這些手稿定名爲〈歷史理性批判草稿〉(*Entwürfe zur Kritik der historischen Vernunft*)。

狄爾泰晚年的思想非常複雜難解，但我們從目前已出版的晚年論著中，已可看出其中實蘊含着一體大思精的哲學思想。遺憾的是，狄爾泰不僅未及完成「歷史理性批判」，甚至《史萊瑪赫傳》也沒有寫完，就與世長辭了。

狄爾泰之未能完成其思想體系，固然是一項無可彌補的損失，但我們由以上的論述已可看到，「歷史理性批判」(亦卽爲精神科學尋求哲學奠基)，乃是狄爾泰一生努力思索的中心課題。在下一章中，我們將由狄爾泰的著作中，循此一線索探討其思想的發展，作爲進一步挖掘其深層結構的準備。

第四章　思想發展

在本章中，筆者將首先論述狄爾泰一生在治學上的「終極關切」(ultimate concern) 所在，而以完成「歷史理性批判」爲狄爾泰所要達到的目標，並對何謂「歷史理性批判」作初步的說明。接着，筆者擬以〈1875 年論文〉、1883 年的《導論》、1894 年的〈觀念〉及 1905 年的〈奠基研究〉作爲標誌狄爾泰思想發展的幾個里程碑，以「歷史理性批判」爲主導線索論述 1905 年以前狄爾泰思想的發展，把握狄爾泰思想的多面性與發展性。在下一章中，筆者將以狄爾泰1905年以後的著作爲代表其思想的「晚年定論」，並結合本章的研究成果，進一步探討其思想的深層結構。

一、「歷史理性批判」

1903 年，狄爾泰 70 歲生日時發表一篇演講，在結論時狄爾泰指出:

> 每一個歷史現象（如一個宗教或一項理想或哲學體系）的有限性 (Endlichkeit)， 乃至人類對事物間關係的各種見

> 解的相對性 (Relativität)，乃是歷史世界觀 (historische Weltanschauung) 的最後結論，一切都在變動不居的歷程中。對此便產生了思想的要求及哲學的努力：追求普遍有效的知識 (allgemeingültige Erkenntnis)。歷史世界觀是使人類精神掙脫最後一道鎖鏈的解救者，自然科學與哲學固然尚未決裂，但信念雜陳的無政府狀態，已造成這種決裂的危險了，我們有那些方法可以克服這種無政府狀態呢？我的一生所要解決的，就是和這個問題相關的一連串問題。(GS V, 9)

從這段話裏，我們可以感受到狄爾泰一生所從事的學術研究背後，實有一股強烈的使命感，而這股使命感，乃是針對當時歐洲（尤其是德國）的學術與文化危機而發的。值得一提的是，引文中所說的「追求普遍有效的知識」，是狄爾泰時常強調的一句話，致使許多解釋者認爲，狄爾泰所追求的就是確定性程度和自然科學知識相同的「普遍有效的知識」。如當代解釋學泰斗 Hans-Georg Gadamer 就認爲，狄爾泰是啓蒙之子，理所當然會接受笛卡兒的「懷疑方法」，從而造成狄爾泰思想中「科學與生命哲學的衝突」(Zweispalt von Wissenschaft und Lebensphilosophie) ❶。

事實上，由於受到自然科學蓬勃發展的影響，狄爾泰也的確認爲歷史的發展已由形上學時期進入了科學時期。同時，由狄爾

---

❶ Hans-Georg Gadamer, *Wahrheit und Methode: Grundzüge einer philosophischen Hermeneutik* 4. Aufl. Tübingen: J. C. B. Mohr, 1975, pp. 224–26.

泰時常強調要建立「人類精神的經驗科學」(Erfahrungswissenschaft des menschlichen Geistes) (GS V, 27)，更令人和一般所謂「經驗科學」的自然科學，產生想當然爾的聯想。此外，狄爾泰在談及「普遍有效性」(Allgemeingültigkeit) 時，亦似乎未清楚的區分開，一個命題的邏輯上的普遍有效性（亦即對該命題所指涉的某一類事實的所有情況皆爲有效），與「相互主觀的有效性」(intersubjektive Gültigkeit)；這二個概念在狄爾泰的著作中，似乎較偏重後一意義。

然而，狄爾泰在 1911 年曾明白指出，支配其哲學思考的主要衝動，是要「由生命本身去了解生命」(das Leben aus ihm selber verstehen zn wollen)。他接着說，他渴望「不斷深入探討歷史世界，恨不得洞悉歷史世界的靈魂；而哲學的特徵正在於發現走入這個實在界的入口，奠定其有效性，及確定關於這個實在界的客觀知識，這種衝動對我而言，只是我『不斷深入歷史世界』之渴望的另一面而已。」(GS V, 5)

由此可見，狄爾泰是想透過對生命的了解，進而深入了解歷史世界或晚年常說的「精神世界」(geistige Welt)，而透過哲學思考，找出克服「各種信念紛然雜陳的無政府狀態」。因此，他雖然自稱其關於人與歷史之研究的文章，「在哲學的努力上和實證主義很接近」，但我們卻不能說他的思想中含藏着實證主義的因子。我們只能說，他從實證主義那裏，加強了他對科學（包括自然科學和精神科學）之「經驗性」的信念。而事實上，他之所以一再強調「思想不能踰越生命之外」，也可視爲受康德影響的結果。

狄爾泰之受到康德影響是極爲明顯的，他不僅說過「哲學應越過 Hegel, Schelling 和 Fichte 而廻溯到康德」(GS V, 13)、「要追隨康德的批判途徑」(GS V, 27)，也曾坦然承認，推動他的衝動是從康德來的(GS V, 5)。甚至他臨死前的未完成之作〈批判〉，也是依康德的《純粹理性批判》(*Kritik der reinen Vernunft*）一書的書名而命名爲「歷史理性批判」(Kritik der historischen Vernunft）的。

根據 Georg Misch 的記載，早在 1860 年狄爾泰 27 歲的時候，他就有在康德的理性批判之外，另立「新的理性批判」(neue Kritik der Venunft）的想法了 (GS V, iii)。在 1883 年《導論》一書的卷頭狄爾泰致約克伯爵 (Graf Paul Yorck von Wartenburg）的一段話中，狄爾泰明白表示，該書是在與約克伯爵初次晤談後引發的計劃，當時想逕稱之爲「歷史理性批判」(GS I, ix)。然而由於狄爾泰謹愼的性格，此一計劃的一部份草稿，竟至 1910 年才動筆，終至未能完成而卒。

然而若就狄爾泰著作的內容看，我們很容易就能看出，至少在 1883 年的《導論》、1894 年的〈觀念〉、1900 年的〈興起〉、1904 至 1910 間陸續寫成的〈奠基研究〉、以及 1910 年的〈建構〉及〈批判〉，這將近三十年間的著作裏，始終環繞着《導論》副標題所顯示的一個課題：「爲社會與歷史之研究奠基的嘗試」(Versuch einer Grundlegung für das Studium der Gesellschaft und der Geschichte)。而在〈批判〉一開始，狄爾泰就指出，「歷史理性批判」的課題是：「……一方面這個精神世界是認知主體所創造的；但在另一方面，精神的運作又要在這個精神世界中獲得客觀的知識。因此，我們面臨了一個問題：主體中的精神世界的建構，如何使關於精神實在 (geistige Wirklichkeit)

的知識成爲可能?」(GS VII, 191) 這個課題用最簡單的話說，就是：精神科學的知識如何可能？也就是狄爾泰長期努力的「爲精神科學尋求哲學基礎」(GS I, xv) 的課題。因此，我們將以「歷史理性批判」一詞，代表狄爾泰一生在學術上的「終極關切」的推動下，所從事的一連串努力。

「歷史理性批判」既是依康德的《純粹理性批判》而命名的，且其中又有「範疇」之說，因此很容易令人聯想到：《純粹理性批判》是爲自然科學（包括純粹數學、物理學）奠基的，而「歷史理性批判」既是爲精神科學奠基的，則兩者之間應是後者「補充」前者了！事實上不然。

正如 Herbert Schnädelbach 所說的：「狄爾泰並非只是作補充，而是對理性批判作全盤的修正 (durchgehende Revision)：現在，康德的『純粹』理性……被理解爲『歷史』理性；因此也改變了自然科學之先驗的奠基問題。」❷ Schnädelbach 是從歷史主義（Historismus）的傳統得到此一結論的；事實上，從狄爾泰本身的思想出發，亦能得到相同的結論。

另外會引發的一種聯想是，狄爾泰既是要爲精神科學尋求哲學基礎，則基本上應是一位「精神科學的哲學家」，而他所做的工作，也應和康德相似：兩人都只是在從事理論奠基的工作，只不過對象和途徑不同而已。然而，新近的解釋者多不同意這種論點。他們強調，在狄爾泰有關精神科學理論的著作中，有一股極強烈的「知識批判的動機」(des erkenntniskritische Motiv)：想

---

❷ Herbert Schnädelbach, *Geschichtsphilosophie nach Hegel: Die Probleme des Historismus*. Freiburg, München: Karl Albert, 1974. p. 118.

連結理論和實踐，以救治當時社會與文化上所發生的各種危機。例如在不惑之年（1873年）寫給他母親的一封信上，狄爾泰寫下這麼一段話：

> 此外特別奇怪的是，我實現偉大事業的雄心壯志，竟完全不見了。科學和我們生活於其中的歐洲文化的鉅大危機，深深佔滿了我的心，以致我專志於此，再無暇逐騖個人的外在功名。(JD, v)

這種「文化危機感」，在狄爾泰各時期的作品裏都可以看得到。

狄爾泰在 1911 年也曾指出，在他踏進哲學之時，黑格爾之「觀念論的一元論」(der idealistische Monismus) 已完全解體，而自然科學則大行其道 (GS V, 3)，但人類對自己的精神及其在宇宙中的意義等問題卻一籌莫展 (GS VIII, 198)，乃至造成各種信念紛然雜陳的「無政府狀態」。

這種時代的大環境，使狄爾泰產生深刻而強烈的危機感，也使他將注意力放在他後來稱爲「精神科學」的「關於行動人與實踐世界的科學」(Wissenschaften vom handelnden Menschen und der praktischen Welt)。他深信，學問的最終目的是要實踐的，亦即要解決政治、社會及道德等各方面的問題。因此，他早年就特別重視意志或實踐的問題。如在 1852 年寫給他父親的一封信上，狄爾泰就曾指出，他深信「意志問題絕對是最困難、最重要的問題」(JD, 6)。總之，我們在了解狄爾泰時，應隨時記住：在他所有關於精神科學的理論背後，都有一股極強烈的實踐動機。

這種實踐動機或「知識批判的動機」，在狄爾泰早期的思想裏表現得非常明顯，反而到了晚期起了淡化的現象；這或許是許多傳統解釋者之所以忽視，而一些重視狄爾泰早期文稿的新近解釋者之所以特別強調此一側面的原因所在。然而，此一側面的了解，對了解狄爾泰整個思想，卻產生了決定性的影響。

二、第一個階段（1857～1876）

〈1875 年論文〉（即〈論關於人、社會與國家的科學之歷史的研究〉），是狄爾泰早期思想發展中，在「歷史理性批判」方面所發表的第一篇重要論著，因此筆者擬以狄爾泰首次在 Hezog 的《新教神學與教會之實在百科》上寫作的 1857 年，到寫作〈1875 年論文〉續篇的 1876 年，這十九年間爲狄爾泰思想發展的第一個階段。以下我們將論述這段期間，狄爾泰思想中的一些重要觀念。

首先我們要探討的是狄爾泰早期的「精神科學」概念。「精神科學」(Geisteswissenschaften) 一詞雖到 1833 年的《導論》一書中才正式採用，並與「自然科學」(Naturwissenschaften) 區分開來，但這種區分兩種科學的想法，卻起源甚早。早在 1861 年的一則日記裏，狄爾泰就曾寫道：

> 唯有承認有不同程度和不同題材的確定性 (Gewiβheit)，哲學才有可能存在。法則系統或科學 (das System der Gesetze order Wissenschaft) 具有無條件的確定性；而有意義、有價值的存在的系統或世界觀 (das System der bedeutsamen und wertvollen Existenz order die Weltan-

> schauung）的確定性，固然不只是個人的，但也不是無條件的；這種確定性乃基於我們對自己與對自然之內在忠實性的信念。(JD, 141–142)

這段話裏對「法則系統」和「存在系統」的區分，正是後來區分「自然科學」與「精神科學」的雛形。

至1865年的〈哲學性科學的邏輯與體系綱要〉一文中，狄爾泰將這種區分稱爲「精神的科學」(Wissenschaften des Geistes) 和「外在世界的科學」(Wissenschaften der Außenwelt) 的不同，前者包括哲學、倫理學、語言學以及歷史、法律、國家、宗教等科學，而後者則包括物理學、化學、地質學、生物學等。同時，在這篇論文裏狄爾泰也已指出，他相信「眞正的精神的科學」將統一於一門「基礎科學」(Grundwissenschaft) 之中，並稱此一基礎科學爲「心理學」或「人類學」。此種思想，顯然是受到 Novalis 的影響而形成的❸。

1865～1875年間，狄爾泰常以「行動人的科學」或「文化的科學」稱上述「精神的科學」；在〈1875年論文〉裏，則改稱之爲「人、社會與國家的科學」(die Wissenschaften vom Menschen,

---

❸ 狄爾泰在 1865 年曾發表一篇「諾瓦里斯」(Novalis, 收於《體驗與詩》pp. 264–348)，而在晚年所作的註裏，狄爾泰明白表示，他之所以會以心理學作爲精神科學的基礎，實得自 Hardenberg「實在心理學」(Realpsychologie) 思想的啓發 (ED, 472)。按：Novalis 乃是 Friedrich L. F. von Hardenbery (1972–1801) 的筆名。關於 Novalis 對狄爾泰的影響，請參閱 Herbert A. Hodges, *The Philosophy of Wilhelm Dilthey*. London: Routledge & Kegan Paul, 1952, p. 8, p. 10 & p. 22.

der Gesellschaft und dem staat)，或簡稱爲「道德政治科學」(moralisch-politische Wissenschaften) (GS V, 31)❹。

以上是關於狄爾泰早年「精神科學」概念的簡略說明。從這些說明裏，我們可以看出兩點：(1) 狄爾泰認爲，在自然科學之外，應有另一種科學，此種科學以「行動人」及其相關現象爲研究對象，其確定性雖非「無條件」的，但卻具有一定程度的確定性；(2) 此種科學的共同輻輳點乃是「人」，因此應建構一種「人類學」或「心理學」作爲共同的基礎，使這種科學能獲得統一。這門「基礎科學」，也就是狄爾泰 1867 年在 Basel 就職演講時所說的「人類精神的經驗科學」(Erfahrungswissenschaft des menschlichen Geistes) (GS V, 27)，亦即後來所提出的「描述與分析的心理學」(beschreibende und zergliedernde Psychologie)。

狄爾泰之重視人類學的研究，可從此一時期所寫的一篇書評中見出。他在這篇書評中說：「哲學最主要的對象是人的精神；哲學之最有生氣、最明白的生動的形式，亦即最接近具體科學的形式，乃是人類學。在人類學裏，所有的自然科學、地理、歷史和所有的哲學科學，都結合了起來。」(GS XVI, 373)

(一) 心理學與歷史

狄爾泰雖試圖建構一「新的理性批判」，並重視心理學與人

---

❹ 值得注意的是，自狄爾泰研讀 J. S. Mill 的《邏輯體系》至 1875 年已十餘年，且在《1875年論文》中，狄爾泰亦曾明白提到該書第六卷的標題 "Logik der Geisteswissenschaften" (GS V, 42)，但卻從未逕將其「道德政治科學」稱爲「精神科學」，可見後來之採用 "Geisteswissenschaften" 一詞，只是一種方便權宜之法，在研究範圍和方法上都不能和穆勒的 "moral sciences" 混爲一談。

類學的研究，但他基本上卻不同意康德的先驗途徑與穆勒的聯想心理學。他在 1859 年 5 月 9 日致友人的一封信上，談到當時正致力於修改〈得獎論文〉，並說他的目標是要「由史萊瑪赫與柏拉圖出發，去說明歷史、哲學的直觀方式的轉變……一切和歷史的直觀有關的方法，對我都有很大的吸引力。」(JD, 70) 他在 1860 年 4 月 1 日的日記中所提出的「一種基於吾人歷史、哲學的世界觀的新的純粹理性批判」計劃，(JD, 120)，可說是此一興趣的延續。即使在這個時期，我們已可看出，他心目中所謂的「新的理性批判」是和康德大不相同的。例如在 1859 年 3 月 26 日的日記裏，狄爾泰便認爲，純粹的、先天的東西，並不是康德所說的那種恒常不變的，現成的「思想形式」(Gedankenformen) 或範疇，而是一種動態的，由「人性最晦闇的本能」之「精神的內在運動」(innere Bewegung des Geistes) 發展出來的東西 (JD, 79)。基於此一觀點，狄爾泰遂認爲，哲學應從「生命」(das Leben) 或「整體的人」(der ganze Mensch) 出發，亦即應從活生生的，具有知、情、意而爲一不可分割的整體的人出發。因此他在 1883 年的《導論》第一册中，便批評康德和經驗論者，太過偏重人性的「知」的側面，而認爲：「在洛克、休謨與康德等人所構想的認知主體的血管中，沒有眞實的血液流動，只有稀薄的理性之計，一種純粹的思考活動。」(GS I, xviii)

狄爾泰不僅反對康德的先天範疇理論和經驗主義者的形式的心理學（此點前一章已提及），還反對穆勒完全以個體爲研究對象的「個體心理學」(Individualpsychologie) 或「個別心理學」(Einzelpsychologie)。穆勒認爲，我們可以由個體心理學的法則導出歷史的法則。但狄爾泰認爲這是不可能的。他在〈1875 年論文〉續篇的第二份手稿的第二卷草稿中，卽明白指出：「歷史的運動力量，決不是在個別心理學中所發現的力量及其法則」。(GS XVIII, iii)。在他看來，意識的內容同時是個體而又超乎個體的，無法完全由個體的生命導出來，而是客觀地先行給予生命的。因此，將個體完全抽離於一切社會與歷史關聯之外，而欲像穆勒那樣，以類似化學的分析蒸餾方式加以考察的心理學，事實上是沒有眞正的知識價值的。

狄爾泰固然常說:「由個體出發」、說「心理生理的個體」是社會、歷史實在的最終成份，而使人誤解他附和「個體主義的思想方式」(individualistische Denkart)——霍克海默 (Max Horkheimer, 1895–1973) 卽持此觀點❺。但此種觀點，事實上是和狄爾泰思想的基本傾向不合的。關於這一點的證據，我們可以引證狄爾泰在 1874 年所寫的一篇米許稱之爲〈1875 年論文計劃〉(*Plan der Abhandlung von, 1875*)——此文後來與其他同一時期文章，收入《全集》第十八册中，題爲〈自然法史探究導論〉(*Einleitung zu Untersuchungen über die Geschichte des Naturrechts*)——的遺稿中找到。狄爾泰在這份遺稿中說:

> 我曾經認為，人們所提出的心理學體系中的任何一個體系，都有理由利用自己所提出的法則作為演繹的基礎。但後來則認為，這種體系基本上只能導出「形式關係」(Formverhältnisse)。因為，卽使是像善意、誠意、合理的

❺ Max Horkheimer "Ein neuer Ideologiebegriff?" (1930) in K. Lenk (ed.) *Ideologie, Ideologiekritik und Wissenssoziologie* 3. Aufl. Neuwied-Berlin, 1967. p. 289.

> 社會傾向這麼單純的「內容關係」(inhaltiches Verhältnis)，也絕不可能透過心理學的方式，而被奠定為一種恒常的重要因素。因為，就這種關係的內容及其强度看來，這種關係與其說是個別精神的產物，勿寧說是人類社會及其發展的產物。此外，此種產物也和形成個體之真正的、實在的生命的那些內容大不相同。這些內容固然進入了個體之中，但也是要在個體的環境和社會的影響下，才得以在個體中發展、改造出來的。
>
> 因此我在另一個機會（卽在1865年寫作〈諾瓦里斯〉一文時）裏曾指出，我們在研究歷史與生活時，所能希望在科學中得到的基礎，只能求之於一種人類學——只有這種人類學才能提供一種遠較我們的心理學還廣的基礎。這種人類學將完全不是在對個別的人作抽象的思考，而是從與外在世界和社會進行互動而生活着的個體出發，以達到那些為人類的認識和倫理探究作準備的關於人類的真理 (GS XVIII, 53–54)。

可以說，狄爾泰心目中所設想的心理學或人類學，其對象從一開始就絕不是一種抽象的、孤立的個體，而是處於不斷和自然環境與社會進行相互作用（Wechselwirkung）的行動人。

因此，就心靈生命的內容來說，諸如認知模式、意義、價值與行為之道德楷模等，都不是由個體的心靈深處產生的，也不具有任何觀念上的獨立有效性。在狄爾泰看來，這些東西勿寧是社會的產物，是固定於社會羣體在歷史演變過程中所發展出來的集體意識中的，其傳續與轉變，亦將在社會的歷史發展中進行。在這裏，我們看到了狄爾泰不僅強調人的歷史性（Geschichtichkeit），亦強調人的社會性（Gesellschaftlichkeit）——社會性一面在晚年的思想中，似乎已成爲一背景，故常使人誤以爲狄爾泰只注重人的歷史性。

(二)「行動人」概念

其次必須一提的是狄爾泰的「行動人」概念。狄爾泰認爲，正如人是一心物的整體（ein psychophysisches Ganzes, 此一語詞常以「生命統一體」（Lebenseinheit）代之），歷史亦是由作爲身體事件的人的行動，和伴同身體事件的精神內容共同造成的（GS XVIII, 80）。基本上，狄爾泰認爲人的行動和精神內容是相互影響的，而「人的行動」（menschliches Handeln）和不屬於人的「自然反應」（nicht-menschliches Verhalten）之間的區別，則在於行動（Handeln）具有一「意義領域」（Bedeutungssphäre）。就〈1875年論文〉而言，狄爾泰的「了解」（Verstehen）主要是指對行動的意義的了解，亦即由分析行動的動機去了解其意義。1864年的〈道德意識〉一文中（GS VI, 51-55），就曾表示此種想法。

因此 Johach 認爲，在此一時期，狄爾泰的解釋學思想可表示如下：了解(a)以外在與內在的實在之間的關係爲對象，而(b)這關係涉及人的行動及其動機，並且(c)預設了了解的主體和客體之間有一種基本的同類性（Gleichartigkeit）❻。

從狄爾泰早期的著作裏，我們可以很清楚的知道，他基本上

---

❻ Helmut Johach *Handelnder Mensch und Objektiver Geist: Zur Theorie der Geistes- und Sozialwissenschaften bei Wilhelm Dilthey* Meisenheim am Glan: Anton Hain, 1974. p. 21.

是採取一種「方法學的個體論」(methodological individualism)，然而他也很明白，「歷史的運動力量（Bewegungskräfte）絕非在個別心理學中所發現的力量及其法則」。換句話說，透過「個體心理學」的研究，是無法認識歷史的。因此狄爾泰以「行動人」概念取代孤立的「個體」概念：行動人是社會與歷史的基本元素，而社會與歷史則是人與人之間，乃至人與外在世界之間互相作用的結果。如在〈1875 年論文〉裏，狄爾泰就說：

> 個體固然是社會相互作用（gesellschaftliche Wechselwirkung）的元素，但將個體從此一相互作用中分離出來，並賦予一些天生的本能，却是錯誤的個體論。任何精確的心理學，都不能運用現有的工具去奠定這麼遙遠的一個假定：離開我們的經驗領域，而去建構一個根本就不存在的孤立個體（isolierter Individunm）的根本結構。而就另一方面言，這種個體或由其組成的特定範圍的團體，乃是活生生呈現於社會的相互作用當中的，因此必定可以作為精確科學之陳述的主詞。」(GS V, 60)

同文稍後狄爾泰又說:「個體既是社會的相互作用中的一個元素，同時也是此種相互作用之各個不同體系的交會點。」(GS V, 63)

從上引的兩段話裏，我們可以肯定的說，狄爾泰所採取的乃是一種「修正的個體論」，此種個體論側重「關係」範疇，認爲唯有透過個體與他人、個體與社會的關係，才能眞正把握住個體的完整生命。狄爾泰所謂的「行動人」，正是此種個體。

從這種「行動人」的概念出發，我們便可了解，狄爾泰所謂的「社會」(Gesellschaft)，實卽以「行動人」為基本元素所形成的「相互作用的系統」(Interaktionszusammenhang, System der Wechselwirkung, Wirkungszusammenhang)。社會既是人創造出來的，同時也影響着生活於其中的人；因此狄爾泰便以此種「相互作用」的意義，了解人的「社會性」。就歷史的發展而言，也可以說歷史是人創造的，而人在某一意義下，乃是歷史的產物；狄爾泰所了解的人的「歷史性」，也是在這種「相互作用」的意義下成立的。

值得注意的是，狄爾泰雖是「從個體出發」(GS V, 60) 並重視「關係」(Beziehung) 範疇，但他卻未停留於個體和關係，而在兩者之外找到「系統」(Systeme) 概念，以系統為社會現象之持續的母體 (Matrix)，具有超乎個體之外的「客觀性」(Objektivität)。狄爾泰認為：「一個這樣的系統，將包含一些普遍概念與法則，使我們得以了解實際社會生活的諸面相。」(GS V, 60) 這種想法頗為接近黑格爾「客觀精神」(objektiver Geist) 概念的基本思想。事實上到了晚年，狄爾泰也採用了「客觀精神」一詞表示人類精神的客觀產物。

然而，即使在這個時期，我們已可看出狄爾泰思想的多面性。一方面，這個時期的支配性思潮是實在論 (Realismus)，狄爾泰受其影響，深信必須在「此岸世界」尋求眞理，深具實證論與經驗論者強調具體經驗的色彩；而另一方面，狄爾泰又認為「個體心理學」無法把握歷史，因而確立「系統」的客觀性，試圖作為把握歷史的鑰匙，有觀念論的色彩。因此，狄爾泰的思想基本上可說是一種「觀念實在論」(Idealrealismus)。

事實上，狄爾泰所說的「行動人」，不同於一般實在論者所謂的「個體」，而「系統」亦不同於黑格爾的「客觀精神」。或許我們可以說，「系統」之客觀性或「社會性-歷史性實在」(gesellschaftlich-geschichtliche Wirklichkeit) 的實在性，乃基於其和行動人有「相互作用」的關係而成立的，基本上「系統」並非任何「形上的實體」，而只是陳述時的「主詞」而已。

這個時期的思想，可說是狄爾泰思想發展中的醞釀期。諸如所謂「基礎科學」如何建立？「新的理性批判」如何建構？「行動」的意義領域如何形成？如何了解？「系統」如何形成？如何把握？等等問題。都只是提出了而未予解答。綜觀狄爾泰此一時期的思想，可得出三點結論：(1) 歷史和社會是經驗性主體，即人的行動所造成的，而人的行動之所以爲人的行動，乃因其背後有吾人可以把握的動機或「意義領域」。(2) 行動具有社會性的一面和歷史性的一面，前者指行動的意義是由社會-歷史的內容 (historisch-sozialer Inhalt) 所決定的，而後者則指在行動的過程中，人創造了歷史，同時也受到許多集體性、歷史性的規範系統（如道德、風俗、法律、經濟、宗教等行爲規範）所支配，而這些系統則是持續的、客觀的。(3)「精神科學」（行動人的科學）需要一門「基礎科學」以獲致其統一性，並需作知識論上的反省，以解答「精神科學如何可能」的問題。

三、第二個階段 (1877～1883)

自〈1875 年論文〉到 1883 年出版《導論》第一册之間，狄爾泰所發表的大多爲文學評論之類的文章。然而我們從《導論》卷首語中可以推知，早在 1877 年狄爾泰已開始構思此書了——

他和約克伯爵的通信始於 1877 年，而狄爾泰在《導論》卷首語中表示，該書的計劃，在第一次與約克伯爵晤談時就產生了。此外我們也可以推測，《史萊瑪赫傳》早在 1870 年已出版第一册，在出版者的催促下，狄爾泰很想早日完成該書，但因在寫作該書的過程中，遇到了許多哲學的基本問題，迫使狄爾泰不得不先對這些問題作徹底的思考。就在這雙重動機下，經過長期的思索，終於完成了《導論》的第一册。這部劃時代的鉅著，實標誌著狄爾泰思想發展的一個重要里程碑。因此，以下筆者擬以《導論》第一册及約在 1880 年寫成的〈布累斯勞手稿〉爲中心，探討此一時期狄爾泰在「歷史理性批判」上的思維成果。

首先我們要提到狄爾泰約在 1880 年寫成的一篇簡短的遺稿。這篇遺稿後來收入《全集》第八册中，題爲〈我的哲學的基本思想〉(*Grundgedanke memer Philosophie*)。狄爾泰在這篇遺稿的一開頭就說:「迄今爲止，尙未有人以整體的、完全的、未經割裂的經驗，作爲哲學思維的基礎，也就是說，從未有人以整體的、完全的實在作爲哲學思維的基礎。」(GS VIII, 175) 稍後狄爾泰還提出了他嘗試給「經驗的哲學」(Philosophie der Erfahrung) 提供「必要的、完整的基礎」的四個命題。第一個命題是:「理智不是在個別的個體中發展出來的東西，也不能由個體去掌握，而是人類發展過程中的一個階段 (Vorgang)，並且人類本身才是主體 (Subjekt)，認知的意志就在存於這主體中。」第二個命題是說:「理智是在人類的生命活動中作爲實在而存在的，生命的活動除了理智之外，還有意志面與情感面，因此，理智唯有在這人性的整體中才能作爲實在而存在。」由此便可得到第三個命題，即「抽象的思考、認知或知識，唯有透過一種抽象作用的歷史階段才可能形成。」但狄爾泰還認爲,「這種完全的、實在的理智,也包含了宗教、形上學或無條件的存在者,作爲其實在性的一面,且若無這一面這理智就決非實在,也發生不了作用。」(GS VIII, 175-176)

從上述四個命題,我們大致上可看出狄爾泰此一時期思想上的大間架。在此一間架下,他不僅反對康德的知識論的主智主義,說康德的「先天」(Apriori)是「僵硬死板的」(Starr und tot)(GS XIX, 51),也反對經驗主義者對心靈生命所作的「原子論式的、理論性的把握」(GS VIII, 175)。在他看來,意識的眞正條件乃是「活生生的、歷史的歷程」,人乃是具有生命力的、活生生的行動人。先驗哲學和經驗主義都不能完成精神科學知識的知識論奠基工作,因爲它們都是「在純粹抽象概念中打轉」。(GS XIX, 43)

爲了貫徹「經驗哲學」的精神,狄爾泰試圖在精神科學本身的領域中,尋求奠基的基礎。《導論》的計劃,是要結合歷史的論述與系統的論述,「儘可能以最大程度的確定性,解決精神科學的哲學基礎問題」(GS I, xv)。然而,何謂「精神科學」呢?

(一)精神科學與意識事實

前面我們曾提及狄爾泰早年的「精神科學」概念,及其區分兩種不同科學的想法。在《導論》一書中,狄爾泰正式採用「精神科學」(Geisteswissenschaften)一詞,與「自然科學」(Naturwissenschaften)相對照,而代表早期所說的「道德政治科學」、「精神的科學」、「人、社會與歷史的科學」、「行動人的科學」等名稱所指的知識體。狄爾泰說:「在這本著作中,我們將以『精神科學』這個名稱,統稱以『歷史性-社會性實在』(geschichtlichgesellschafliche Wirkilichkeit）爲研究對象的科學的整體。」(GS I, 4)

在狄爾泰的心目中，所謂的「科學」(Wissenschaft) 指的乃是「一羣命題的全體，其基本概念（亦即經完整定義的概念）在整個思想脈絡裏是始終不變且普遍有效的，其（概念與概念的）連結是有根據的 (begründet)。並且，其中的每一部份就傳達（思想）的目的而言，都是和一整體相連結的，因爲若不是實在的一個組成部份，透過這種命題的連結被完整地思考到了，就是人類活動的一個部分，透過這種連結而被規則化了。」(GS I, 4)

在此一「科學」定義中，有三點值得我們注意的：(1) 科學是社會中的一個（文化的）系統，是我們在進行溝通前已客觀先行給予的東西，溝通則是在此一客觀存在的文化系統的推動下，以一組命題加以具體化的認知、傳達過程。在這裏，我們看到了狄爾泰晚年「客觀精神」的媒介角色的原始想法。(2) 狄爾泰雖未說明怎樣的連結才是「有根據」的，但從其著作中我們可以設想：像數學、純粹邏輯等形式的演繹的科學，所謂「有根據」的，即是和公理、定理的相一致；而在分析性歸納的實驗科學中，所謂「有根據」的，即是具有高度可信力和與實在相一致。(3) 此一定義的最後一個部份，則指向理論科學（邏輯、數學）與實踐科學（醫學、法學）的基本差異，此一差異較自然科學與精神科學的區分更爲基本。

狄爾泰在論述爲各個精神科學作知識論奠基的必要時，曾明白指出：

對「歷史性-社會性實在」的認識，完成於各個精神科學

> 裏。但這些精神科學却需要有一種意識，意識到它們的真理和實在的關係(它們只是這個實在的一部份內容)，同時也更意識到它們的真理和其他同樣也是從這個實在抽象出來的真理的關係，唯有這樣的一種意識，能够使它們的概念獲得完全的清晰性，使它們的命題獲得完全的明顯性。
>
> 從這些前提，便產生了下面這個課題：發展一套精神科學的知識論奠基，然後運用其中所獲得的輔助工具，去決定各個精神科學的內在系統 (innerer Znsammenhang)、認識的可能界限、以及它們的真理彼此間的關係。對這個課題的解決，即可稱之為「歷史理性批判」，而「歷史理性」指的是人認識自己以及自己所創造的社會和歷史的能力。(GS I, 116)

很顯然的，狄爾泰是將「歷史理性批判」的課題限定在「精神科學」的範圍內 (GS I, 116)，而這個課題用最簡單的話說，也就是「精神科學如何可能」的問題。然而狄爾泰所謂的「知識論奠基」工作的起點是什麼？

在《導論》的序言裏，狄爾泰對廣義的「歷史學派」讚揚有加，認爲該學派帶來了歷史意識與歷史科學的解放。但他認爲歷史學派對歷史現象的研究和評價「未能連結上對『意識事實』(Tatsache des Bewuβtseins) 的分析，因此也就沒有建立在『唯一究竟確定的知識』(das einzige in letzter Instanz sichere Wissen) 上，簡言之，就是缺乏一種哲學的奠基，缺乏和知識論與心理學的一種健康的關係 (gesundes Verhältnis)。」(GS I, xvi) 狄爾泰並認爲，由於哲學基礎的缺乏，使得精神科學不能形成一獨立的系統，不能對實際生活發生指導作用，終至造成他早年所謂的「歐洲文化的鉅大危機」——這種危機感促使他計劃爲精神科學尋求哲學的奠基（GS I, xvi～xvii）。

由前一引文中，我們可以看出，狄爾泰的「知識論奠基」乃是以「意識事實」或「內在經驗」（innere Erfahrung）爲起點的。狄爾泰相信，「所有的科學都是經驗科學（Erfahrungswissenschaft）」（GS I, xvii），而所有的經驗之根本的系統（ursprunglicher Zusammenhang）及由此系統決定的有效性，則必須求之於意識的條件中——因爲經驗是在意識中發生的。狄爾泰並明白指出，所謂「意識的條件」（Bedingungen des Bewuβtseins），實卽「吾人本性的整體」（das Ganze unserer Natur）。因此我們可以說，此一時期狄爾泰仍是以「整體的人」（ganzer Mensch）作爲研究對象的。

就「知識論取向」而言，狄爾泰和洛克、休謨、康德等人是相同的，但他反對他們的知識論。狄爾泰認爲，人是由知、情、意所構成的不可分割的整體，知識論必須由此一生命整體出發。譬如狄爾泰認爲，「外在世界的實在性」信念的起源和正當性，便不能以嚴格的先天範疇去解答，而須求之於人性整體的歷史：對純然的表象能力而言，外在世界永遠只是現象；反之，就活生生具有知、情、意等活動的人性整體而言，外在世界卻是一個獨立的外在實在，是和我們的生命同樣確定的，因爲它是生命的一部份，而不光是表象而已。因此狄爾泰認爲，「因和果這兩個表象，都只是從吾人意志的生命中抽象出來的概念而已。」（GS I, xix）

在此我們可以看出兩點：（1）狄爾泰的「知識論奠基」，乃是以人的整體生命為出發點的，既不同於康德、洛克、休謨等人，亦不同於孔德和穆勒。(2) 狄爾泰所謂的意識事實或「內在經驗」，事實上並非個體心理學所處理的「內在經驗」。因為在此一「內在經驗」中，實包含了外在世界在內。這種論點，可說是「行動人」概念的延伸，亦即人不是孤立的個體，而是隨時與外在世界發生「相互作用」的整體的生命。

（二）精神科學與自然科學的區分

其次我們要探討的是，此一時期狄爾泰對「精神科學」與「自然科學」的區分。

一般說來，要區分精神科學與自然科學，至少有三種方式：(1) 依主題或內容作區分；(2) 依經驗或認識方式作區分；(3) 依認知主體的態度或研究途徑作區分❼。

事實上，狄爾泰對精神科學與自然科學的區分，是隨其思想的發展而迭有轉變的，《導論》一書中所作的區分，只是進一步發展的開端。由以上的論述，我們可以看出，狄爾泰在這個時期似乎側重於依「主題」(subject-matter) 或內容作區分，亦即認為精神科學的研究主題是「精神事實的全體」(der Inbegriff der geistigen Tatsachen) (GS I, 5)，或即「意識事實」、「社會性-歷史性實在」、「文化系統」、「社會組織」等等。然而，正如狄爾泰所說的，「所有的科學都是經驗科學」，則似乎都應以「意識事實」為出發點，如此一來，又如何區分自然科學與精神科學呢？

---

❼ Theodore Plantinga, *Historical Understanding in the Thought of Wilhelm Dilthey*. Toronto, Buffalo & London: University of Toronto Press. 1980, p. 29.

因此，我們必須進一步分析狄爾泰所謂「內在經驗」的意思。「內在經驗」是和「外在經驗」相對而言的；在狄爾泰的觀念裏，「外在經驗」指的是感官知覺所形成的「經驗」(Erfahrung)，而「內在經驗」則相當於後來所用的「體驗」(Erlebnis) 概念❽。然而，何謂「內在經驗」或體驗呢？由於這個概念在狄爾泰的思想中極爲重要，我們將在稍後詳加討論，此處只略述此一時期的「體驗」概念。

狄爾泰認爲，「體驗或卽內在經驗的存在是不可懷疑的。因爲這種直接之知 (unmittelbares Wissen) 卽是經驗的內容，而其分析卽是精神世界的知識及科學。」(GS I, 136) 在這裏，狄爾泰顯然將「體驗」說成是一種「直接之知」，亦卽一種「內覺」(Innewerden, Innesein)。而對體驗或「直接之知」的分析，卽是狄爾泰所說的「自省」(Selbstbesinnung)。狄爾泰在〈布累斯勞手稿〉中說：

> 在意志裏存在著意識元素的系統 (……)，而這系統基本上決定著那些發展出「行動生活的規範」(die Normen des handelnden Lebens) 的科學的性質；此處所謂「發展」，是就「應當變成什麼」(was werden soll) 的藝術形態而言的，而不是就「實際上是什麼」(was wirklich ist) 之純然的描寫而言的……

---

❽ 在狄爾泰晚期的用法裏，「體驗」和「內在經驗」指的是同一個概念，並愈來愈少用「內在經驗」一詞。事實上，在《導論》裏也有這種用法，如狄爾泰說：「體驗或卽內在經驗的存在，是不可懷疑的」(GS I, 136)。

> 這種對意識事實之整個存在與系統的分析，可稱之為「自省」(Selbstbesinnung)，自省將使（精神）科學系統的奠基成為可能；所謂「自省」是和知識論相對立的。因為自省將在意識事實的系統中，發現對行動 (Handeln) 和思想 (Denken) 都同樣好的基礎。自省所尋求的條件，固然包括使關於實際存在事物的陳述具有顯明性的條件，但同時也尋求那些使意志及其準則具有「正確性」(Richtigkeit，此處用作一指點性語詞，以別於「真理」概念）的條件……可以說，在這篇導論裏，自省必須揭露出承擔著整個科學體系的基礎 (GS XIX, 77 & 79)。

從上引這段話裏，我們可以看出幾點：(1) 此一時期狄爾泰仍念念不忘「行動人」概念，因此特別重視意志問題，如他說「意志是法律與政治的根本」(GS XIX, 78)；其「自省」概念，基本上是取自蘇格拉底-柏拉圖的「實踐之知」(Phronēsis) 概念的；甚至可以說，此時狄爾泰心目中的精神科學和自然科學的區分，基本上乃基於「實踐科學」(praktische Wissenschaften) 與「理論科學」(theoretische Wissenschaften) 的區分而來的。而這種想法，也使得他的「體驗」概念無法作進一步的發揮。(2) 狄爾泰在巴塞爾任教時，就已熱衷於心理學的研究，至此時更萌發以心理學作爲一切精神科學的基礎的想法，結合「自省」的觀念，便形成〈觀念〉一文中的「描述心理學」(beschreibende Psychologie) 概念。(3) 整個精神科學體系的基礎，實卽狄爾泰一再強調的精神科學的「材料」或對象-「社會性-歷史性實在」(gesellschaftlich-geschichtliche Wirklichkeit)。以下我們將進一步說明這個語詞的意義。

狄爾泰在《導論》中說:

> 事實上，關於社會的「發展」(Entwicklung) 的知識，是無法和關於社會的「現狀」(gegenwärtiger Status) 知識分開的。這兩類的事實構成了一個系統 (Zusammenhang)。現在的狀態，乃是前一個社會狀態的結果，同時也是下一個狀態的條件。我們在「現在」所獲知的狀態，在下一個時刻已成了歷史。……因此，我可以用「社會」這個概念表示這種「自行發展的整體」(sich entwickelndes Ganze)。(GS I, 35)

從這段話，我們可以肯定的說，狄爾泰心目中所謂的「社會性-歷史性實在」一詞具有二種作用：第一，表示此一實在具有「社會」與「歷史」的兩個側面，因此可用不同的方式加以掌握。第二，表示此一實在是一個統一的整體，就橫截面看是社會，就縱斷面看卽成歷史；因此可以說，歷史基本上乃是社會的歷史，而反之，任何社會也只有在歷史發展中才能形成。

但必須注意的是，「社會」和「歷史」只是二個抽象的「範圍概念」(Rahmenbegriffe)，不能作爲科學和知識的直接對象。眞正具體存在的，乃是個人（行動人）以及由個人所組成的團體和社會；這些人各自在自己的歷史與社會中，依不同的「生活領域」(Lebenskreise, GS I, 39, 378)，如經濟、法律、宗教、藝術、科學等，所遭遇到的問題進行探討，而形成各種不同的「精神科學」；這是狄爾泰之所以採用複數的「精神科學」(Geisteswissenschaften) 的理由❾。

此外，狄爾泰所說的「社會」，除了指由「行動人」組成的具體團體之外，尙有二個意義：(1) 社會是人與一特定文化在歷史上所產生的結合；(2) 社會是人際關係與互動的系統。因此可以說，社會和歷史不僅是精神科學研究的對象，同時也是精神科學的主體和基礎；因爲，社會和歷史都是人自己創造出來的。因此「精神科學」所研究的領域，和自然科學所處理的「外在世界」是不同的。

此種以「研究領域」或對象、主題的二元劃分，作爲區分自然科學與精神科學的基礎的想法，只是狄爾泰想法中的一部份，但這種區分畢竟只是相對的 (GS I, 18)；由前述狄爾泰對「歷史理性」下的定義 (GS I, 116)，我們已可看出另一種以「認識方式」作爲區分基礎的想法，這點下面當再予以論述。此外，在《導論》中狄爾泰還將精神科學的命題分爲三類，而與認識的三個側面相對照：(1) 陳述事實的命題，此種命題包含了認識的歷史側面；(2) 抽象的普遍命題或定理，此種命題構成了認識的理論側面；(3) 價值判斷或準則，此種命題從事精神科學的實踐側面 (GS I, 26)。

狄爾泰在區分了這三類命題之後說：「從意識的最根本處到最高峯，價值判斷與命令的系統都獨立於前二類命題的系統。這三個課題之間在思考的意識中的關係，只能在知識論分析的過程

---

❾ 在此必須注意的是，「歷史性-社會性實在」雖是精神科學的共同對象或主題，但此一實在却非固定不變的，而是隨着歷史的發展不斷演變的。這牽涉到狄爾泰的眞理觀和「體驗」概念的進一步發展，將在下一章中加以討論。

中才能發展出來。」(GS I, 26) 從這段話來看，狄爾泰似乎想徹底分開「實在陳述」(Wirklichkeitsaussagen) 與價值判斷⑩。然而狄爾泰認為，價值判斷在意識中有一「獨立的根本」(unabhängige Wurzel)，且認為精神科學之「最深的課題」，乃是連結理論命題與實踐命題（即事實與價值），而發生「引導社會」的作用 (GS I, 378)，因此狄爾泰乃採取一種「自省」的立場，試圖連結理論與實踐，並稱之為審理知、情、意等所有心理活動的「最高法院」或「意識條件」。

（三）了解（Verstehen）

自然是外在的東西，而不是內在的東西，因此「我們對自然是陌生的」，但是「社會是我們的世界」(GS I, 36)； 我們觀察自然，運用理智找出因果法則，但人的行動是以動機為基礎的，動機不同於「原因」，不可純然用理智去把握，必須作為整個人的了解的對象（Verstehensobjekt）。因此狄爾泰說:

> 我了解 (verstehen) 社會的生命。個體一方面是社會的各種相互作用中的一個元素，是這些相互作用之不同系統的一個「交會點」(Kreuzungspunkt)，以有意識的動機與行動影響著社會，同時也是觀察並探討這一切的有理智的存在。(GS I, 37)

---

⑩ 事實上，狄爾泰之區分①事實命題與理論和②價值判斷與命令乃是受穆勒影響的結果。穆勒在《邏輯系統》一書第六卷第十二章中，曾區分「直陳命題」與「實踐命題」，並將嚴格的科學研究，限定於第一類命題。

> 在精神科學中發生作用的「把握的能力」(das auffassende Vermögen)，乃是整體的人 (der ganze Mensch)；精神科學的偉大成就，並非來自理智之單純的强度，而是來自個人生命的整個强度。(GS I, 38)

社會旣是我們的世界，是「內在的東西」，我們就可以「從內在去了解」(von innen verständlich)，並在內心中達到一定程度的「重現」(nachbilden)，但自然則是沉默的，是我們陌生的東西——因爲自然對我們而言，只是一外在之物，沒有內在的一面。(GS I, 36)。而由前引的話裏，我們也可看出，所謂的「了解」，絕非一種理智能力的「理解」，而是生命整體的一種把握人自己和自己所創造的社會和歷史的能力。因此我們無妨大膽的說，所謂的「歷史理性」即是「了解」。當然，在此一時期，狄爾泰的思想未臻成熟，如此論斷未免言之過早。因此，在此僅視爲一項大膽的假設，以待下一章進一步說明。

在〈1875年論文〉中，狄爾泰的「了解」概念，主要是針對行動而言的，亦即透過對行動動機的分析，去重建或再現行動的歷史過程 (Rekonstruktion von geschichtlichen Handlungsablaufen)（此種觀點深受 Schleiesmacher 的「心理解釋」學說的影響）。狄爾泰認爲，人性具有「同類性」(Gleichartigkeit)，亦即都有相同的情感及意志力量 (die Gemüts- und Willenskraft)，都有追求生命需要、目標與評價的共同傾向，因此可以透過一種類同於詩人的「想像的過程」(Vorgang der Phantasie) 而再現 (nachbilden) 行動的動機。因此狄爾泰說：「由於我們再體驗 (nacherleben)，所以我們了解 (verstehen)」。

在〈布累斯勞手稿〉中，狄爾泰進一步將體驗 (Erleben) 拓深爲精神科學的「確定基點」(fest Punkt)。他一方面批判「個體心理學」將「脫離社會的歷史骨幹的個體」(GS I, 31) 作爲心理學探討的對象，認爲「健康的分析科學的對象，乃是『作爲社會的一個成員的個體』(das Individuum als ein Bestandteil der Gesellschaft)」(GS I, 31)；另一方面則批判主智主意者，認爲相對於「世界」的「自我意識」不能作爲精神科學奠基的基點，眞正的基點應求之於「體驗」：因爲體驗是「生命最原始的核心」，或即「生命本身」，而「社會性-歷史性實在」旣是由生命的整個內在面產生或被體驗到的 (von innen gegeben order erlebtist)，因此自然也就可以「從內在去了解」。

狄爾泰在〈布累斯勞手稿〉中曾專章討論在了解他人的過程中，外在知覺與內在知覺的連結。從這一章的論述中我們可以看出，狄爾泰在此一時期的解釋學理論，完全是由個別認知主體的模式出發的。他認爲，我們之所以能進行了解，乃是透過類比的方式，由自己的內在經驗中已然熟悉的連結(如淚與痛苦)去作轉移 (GS XIX, 225)。因此我如果沒有淚與痛苦的連結的經驗，便不可能了解。狄爾泰並由此種連結，推論了解與說明 (Erklärung) 的不同，「說明」是以假設或普遍的法則導出個別的情況，與了解者的個人經驗不相干。

顯然此一時期狄爾泰是直接連結了解與體驗的，也就是說，狄爾泰試圖站在一種「內省的立場」(Standpunkt der Selbstbesinnung)，直接從生命最原始的核心——體驗——去爲精神科學奠基。此一立場狄爾泰直到晚年都還堅持，但對於了解與體驗的連結，到晚年時則採取迂廻或間接的方式，亦卽透過表現 (Ausdruck) 去連結體驗與了解，而形成狄爾泰的「解釋學公式」。

此外值得一提的是，此一時期狄爾泰認爲，精神科學應以文化系統 (Kultursysteme) 和外在的社會組織 (äuβere Organisation der Gesellschaft) 及兩者間關係爲研究對象⓫。因爲文化系統具有歷史的長久性 (geschichtliche Beständlichkeit)，不像個別的行動人之暫時性 (Vergänglichkeit) 不易把握；而社會組織或制度，亦具有「堅實的客觀性」特性 (Charakter von massiver objektivität)，因此都可以以統計學 (GS I, 25) 作爲個別精神科學的材料之收集與整理的「精確基礎」(exakte Grundlage)⓬。

四、第三個階段 (1884～1896)

從 1883 年出版《導論》第一册到 1895/96 多放棄《導論》的計劃這 13 年間，狄爾泰寫了許多關於精神科學奠基的著作，其中發表的主要有 1890 年的〈論實在性〉，1892 年的〈經驗與思想〉、1894 年的〈觀念〉及 1896 年的〈論個體性〉等文，以

⓫ 狄爾泰所說的「文化系統」包括：宗教、藝術、科學(GS I, 51, 58, 80f)、法律 (GS I, 54–57, 76–80)、經濟 (GS I, 57)、風俗與道德 (GS I, 57)、語言 (GS I, 42, 58, 69) 與教育 (GS I, 63)。而「外在的社會組織」則包括：國家 (GS I, 65, 73, 82)、家庭和行政區等團體 (GS I, 73, 82f)、教會 (GS I, 65, 75)、社會團體和政府機構 (GS I, 65) 等。

⓬ 文化系統固然是人創造出來的，但却具有歷史的長久性，即使個體毀滅或死亡了，文化系統仍將繼續存在而影響着下一代。事實上，任何一個個體，都是各文化系統的一個「交會點」。而社會組織及制度，更是獨立於個別的行動人之外，不但在歷史上具有穩定性，也和外在世界有一定的關係，因此狄爾泰用「堅實」形容之。

下我們將以〈柏林草稿〉爲中心，論述此一時期的若干重要觀念。

（一）生命與思想

首先，我們要探討此一時期狄爾泰思想的一個中心概念——生命（das Leben）。在〈布累斯勞手稿〉和《導論》中，我們已可看到狄爾泰「生命」概念的雛形，與約克伯爵的通信，更使狄爾泰逐漸將「生命」概念作爲其思想的核心。在 1897 年致約克伯爵的一封信上，狄爾泰明白表示：「人們必須由生命出發」，並說「這並不表示人們必須分析這生命，而是說人們必須在生命的各種形式中再體驗（nachleben）它，並從生命的內部引申出存在於生命裏的各種結果。」（DY, 247）這段話明白表示了狄爾泰生命哲學之「自省的立場」：從生命本身去省察生命。因爲狄爾泰深信：「生命永遠是它自己的證明」(GS V, 131)。

狄爾泰的「生命」概念是基於早期的「行動人」概念引申出來的：生命具有整體性與目的性。如狄爾泰在〈觀念〉中說：

> 心靈的生命歷程，從其最基本的形式到最高級的形式，根本上就是一個統一體（eine Einheit）。心靈生命不是由部份組合產生的；不是由一些元素構成的；心靈生命不是一個組合體，不是知覺的原子或情感的原子共同作用產生的東西：根本上它永遠是一個不斷延伸的統一體。各種心靈功能都能從這個統一體中區分出來的。(GS V, 211)

而在《狄——約通信》中則指出：

> 如果人們由「生命系統」(Lebenszusammenhang) 出發，則對基本的、個別的元素所作的一切分析，都只是為了要了解此一系統而已：這個系統頂多表示在基本元素之上還存在著生命之「內在的目的性」(immanente Zweckmäβigkeit)，基本元素唯有透過此一目的性才能被了解為生命系統中的一部份，而不能將基本元素了解為最原始的基礎 (DY, 247)。

綜合這兩段話，我們可以下個初步的結論：生命是不斷延伸之具有目的性的整體或系統⓭。

在此必須注意的是：狄爾泰所謂的「生命」，並不是形上的實體，而是一種動態的、歷史性的實在，是自我與世界的統一體 (Einheit von Selbst und Welt)。因此，絕不能將狄爾泰的「生命」概念理解爲生物學的「生命」概念，亦非主智主義者所謂的「自我意識」或笛卡兒所謂的「思想」(cogitation)。

狄爾泰在〈布累斯勞手稿〉中，已將思想 (Denken) 的條件追溯到「歷史的生命」(Leben der Geschichte) 上，而在《導論》中亦曾以「生命」和「純然的表象能力」(bloβes Vorstellen) 相對立，並以人類學或心理學爲研究「心物統一體」(psycho-physische Lebenseinheit) 的科學，而與「歷史生命的知識」(Ekenntnis des geschichtlichen Lebens) 連結起來。到了〈柏林草稿〉中，更是重視「生命」概念，甚至說他的哲學是「生命的

⓭ 在狄爾泰的思想中，生命是先有整體然後才區分開各部份的，亦卽整體大於各部份的總合，因此此處將 Zusammenhang 譯爲「系統」，卽取整體具有邏輯上的優先性的意義。

哲學」(Philosophie des Lebens), 並等同於「實在的哲學」(Philosophie der Wirklichkeit)。因此, 我們接著要探討的, 是思想與生命的關係。

狄爾泰在 1890 年左右, 就在〈論實在性〉的附錄中提出:「知識的基本預設都在生命中提供給我們了, 且思想不能延伸到這些預設的背後」(GS V, 136)。譬如「外在世界的實在性」就是知識的一個基本預設,「因果」則是另一個基本預設。如前所述, 狄爾泰認爲這兩個基本預設都是直接從生命得到的, 而成爲一切思想運作的基礎。也就是說, 思想過程在個人的心靈生命中有其根源。

然而, 狄爾泰所謂的「思想」究竟是什麼意思呢? 在〈柏林草稿〉中, 狄爾泰將第五卷第一部份的標題訂爲「生命與認識」(Leben und Erkennen), 其中第一章卽是:「思想作爲生命的一項功能」(Das Denken als eine Funktion des Lebens)。他說:

> 凡是出現內在生命 (inneres Leben) 的地方, 其意義都是指意識 (Bewuβtein)、省察 (Besinnuug)、思慮 (Besonnenheit)。而我們可以進一步看到, 一切意識都是透過其器官與功能的分化 (Differenzierung) 而提昇為思想的。意識的這種基本的運作, 包含於所有心靈歷程當中, 不僅貫穿於認識、知覺、判斷與推論的歷程, 也貫穿於情感狀態 (Gemütszustände) 與意志歷程 (Willensvorgänge) 之中。
>
> 到處都可以看到分別 (Unterscheiden)、連結 (Verbinden) 等等 (基本的運作)。因此, 如此了解之下的「思想」, 其基本運作不一定就是對實在的確認: 價值思想活

動（Wertdenkakte）、意志追求的思想活動（Denkakte des Strebens），同樣也是思想歷程。（GS XIX, 318）

由這段話我們很清楚的看到，狄爾泰所說的「思想」，絕不限於「判斷」（如康德）的範圍，而是一切生命歷程之一種高級的形式。在第二章中，狄爾泰說：

邏輯運作不能當作一些孤立的元素來看待，而予以組合；而必須當作是一個整體的一些部份，其形態視此一整體而定，亦卽受整個後天形成的心靈生命系統（ganzer erworbene Zusammenhang des Seelenlebens）所限制。（GS XIX, 321）

由這段話，我們看到，狄爾泰極爲重視「整體」概念，並以之等同於後天形成的個體心靈生命的系統。此一系統具有目的性與整體性，限制（bedingt）了思想的發展與方向。因此，就某種意義而言，思想是受生命所限制的。所以狄爾泰同意史萊瑪赫的看法：哲學或知識並無絕對的起點，甚至可以說，根本就沒有絕對的知識。一切知識都是人的知識，原則上都是有限的、會犯錯的、依賴於某些條件的。

爲了避免主觀的相對主義的危險，狄爾泰從後天形成的個體的心靈結構系統往外推，而以一切知識的主體爲具有歷史發展性的「人類」（Menschheit）。他說：

因為很多人都同時在使用語言，並促使語言和科學思想的

> 合作繼續發展；因此，每一個判斷都是由「人類」的思想系統（Denkzusammenhang der Menschheit）以及包含於其中且受其限制（bedingt）的個別個體的思想系統所決定。………由此便產生了知識的最高法則：知識是在一種發展（Entwicklung）中完成的，其主體（Subjekt）是人類本身（Menschheit selber），知識從人類生命的整體力量（Kräfte）出發，使意識逐漸擺脫生命的偶然情況，而愈來愈接近抽象、必然且普遍的系統，以一種普遍且必然的系統體現實在的系統。(GS XIX, 321)

在此必須注意的是，狄爾泰所說的「普遍且必然」，仍然是有條件的，不能脫離「人類」與「發展」而言「普遍與必然」。此點對於了解狄爾泰的「眞理」（Wahrheit）概念極爲重要，而他之所以會如此主張，主要是基於他認爲實在或卽生命或作爲生命整體之部份的「體驗」，具有一些「內在的二律背反」(immanente Antinomien)。狄爾泰在〈柏林草稿〉中已經指出：

> 這個實在是可以被我們思考的（gedankenmäßig），可以為吾人的思想所瞭解的；就其生命性（Lebendigkeit）而言，這實在是有意義的（bedeutsam），但它同時也是完全無法窮究的（ganz unergründlich）。生命同時是可以思考的又是無法穿透的。我們都想要去表達這生命，每個人有自己的方式，但無限的東西是無法表達的。(GS XIX, 307)

這種「可思考性」(Gedankenmäßigkeit) 與「無法窮究性」(Unergründlichkeit）之間的弔詭關係，在1904年的〈觀念〉中有進一步的發揮，「內在的二律背反」即是此種弔詭關係的代稱。

（二）描述心理學

在論述狄爾泰的「描述心理學」(beschreibende Psychologie)之前，必須先說明的是，〈觀念〉看起來似乎以個體(Individuum)和個體形成過程(Individuation)爲主要論述對象，因而也是一種「個體的心理學」(Psychologie des Individuums)，但卻不能說「描述心理學」就是一種「個體心理學」(Individualpsychologie)。理由是，〈觀念〉中所分析和描述的，乃是「後天已形成的個體心靈生命之結構系統」，而這已預設了心靈生命的社會性和歷史性。如狄爾泰在〈柏林草稿〉中即已指出：

> 現今的哲學的課題，乃是人的自省(Selbstbesinnung des Menschen)，亦即社會對自己本身的省察(Besinnung der Gesellschaft über sich selbst)；透過這種省察，應該發展出積極主動的思想與行動的力量與方向：同時還需要有一種在內心裏產生的滿足感與情感的寧靜：在知識領域裏沉思的寧靜。要解決這些亙古長存的課題，就必須超乎個別知識的個別問題、方法與目標，而為生命採取某種「意識態度」(Bewuβtseinsstellung)。為了要忍受病痛、死亡、放逐等等，生命需要一種「意識態度」。(GS XIX, 304)

這段話不僅指出了人的社會性，同時也表達了狄爾泰的實踐動機，而所謂「意識態度」，幾乎可以說就是荀子所謂「虛一而靜」

的「大清明」心境。狄爾泰雖要求生命實踐 (Lebenspraxis)，但卻要人在自省 (Selbstbesinnung) 時要儘量保持清明的心境，去省察生命。

事實上，在〈柏林草稿〉裏，心理學已占有極重要的地位，第四卷的標題卽是「生命：描述與比較的心理學」(*Das Leben. Deskriptive und komparative Psychologie*)。1894 年的〈觀念〉和 1895/96 年間寫成的〈論個體性〉，可說是《柏林草稿》第四卷的完成。在〈觀念〉中，狄爾泰以「體驗」(Erlebnis) 爲描述心理學的起點；然而，由於狄爾泰強調生命的整體性，個別的「體驗」只有在此整體中才能了解，因此在論述「體驗」概念之前，必須先對狄爾泰的「生命」概念加以說明。

在 1890 年初致約克伯爵的一封信中，狄爾泰說：「人的核心是一束本能 (ein Bündel von Trieden)，這一束本能彼此間的分離是我們加上去的。」(DY, 90) 這就是狄爾泰常說的「生命的中心點」(Mittelpunkt des Lebens)，是知、情、意各種功能的最終根源。前面說過，生命是知識的根源，知識無法逾越生命，而狄爾泰所處理的，乃是「後天已形成的個體心靈生命的系統」，而非孤立的、原始的「生命本身」。狄爾泰認爲，這種心靈生命的系統，可以從「結構」(Struktur) 與「發展」(Entwicklung) 兩個方向去了解。

在〈柏林草稿〉中，狄爾泰有這麼一段話：

> 似乎範圍於一個身體之內的「自我」(Selbst) 和「對象」(Objekten) 之間的相互作用，表現於所有內在生命的「結構」中。我們在自己的內在生命裏經驗到這種結構，也在

其他生物中發現這種結構。這種結構之所以形成，乃是因為當環境對一生物產生刺激時，此一生物就會相應於其本能與感受的系統（Trieb- und Gefühlssystem）作出反應，以求得其需要乃至根深蒂固的要求的滿足……。(GS XIX, 309)

這段話顯然是透過「刺激（Reize）——反應（Reaktion）」與「需要（Bedürfnis）——滿足（Befriedigung）」的模式，將生命的結構界定爲：一內部具有分別的系統在一個複雜環境中之動態的自我保存。這種定義使有些學者認爲狄爾泰是一位「生物學主義」(Biologismus) 者⓮。

事實上狄爾泰絕非生物學主義者，這可從兩方面看：(1) 就內在面看，人的生命不同於一般動物的生命。狄爾泰曾明白的表示，人的生命具有活潑與自由（Lebendigkeit und Freiheit）的特徵（GS V, 192)，可以解免於動物性的本能（Instinkte)，因此可透過教育與陶冶而建立起道德。(2) 就外在面來看，人類所處的「環境」亦不同於其他動物的環境。人類所處的環境，除了自然之外，還包括了社會文化環境，且後者尤其重要。

因此，狄爾泰所謂的「一束本能」絕不能當作動物性本能來了解。正如他反對狹義的經驗主義（Empirismus）而主張廣義的經驗主義（Empirie）一樣，狄爾泰所謂的「本能」也應該作廣義

⓮ 如 F. Kruger 在1926年所寫的一篇文章〈論心靈的整體性〉(*Über psychische Ganzheit*) 中，就曾說狄爾泰所主張的是一種「未經批判而雜湊的生物學主義」。見 *Zur Philosophie in den Jahren 1918–1940*. ed. E. Heuss, Berlin–Göttingen–Heidelberg, 1953, p. 73.（本註取自 H. Johach, loc. cit., p. 101)。

的解釋，才能與「整體的人」(ganzer Mensch) 概念相一致。

從〈觀念〉第七和第八兩章，我們可以歸納出心靈結構的五個主要特徵：① 從根本上看，心靈的各種功能具有整體的統一性與持續性，而這些功能只是在心靈結構的發展過程中分別出來的；②這些功能彼此皆有其特性，不能相互化約；③就發展方面看，一方面這些功能之間彼此會互相適應，並與其「環境」相適應，但另一方面，環境也會因此一功能系統的「需要」而被改造；④心靈結構的整體形態 (Gestaltung)，將隨著心靈生命的發展而逐漸朗現，形成獨特的「個體性」(Individualität)；⑤心靈結構具有內在的目的性。(GS V, 211 ff.)

因此我們可以說，生命的結構和發展實是一體的兩面。也因此狄爾泰認爲，對心靈生命結構的分析和對心靈生命發展的描述，乃是相輔相成的一套方法 (GS V, 175)，而將其心理學命名爲「描述與分析的心理學」。其次，狄爾泰所謂的描述也是和「說明」(erklären) 相對而言的。他反對用自然科學的方法來探討心理現象，而將一切以少數淸楚界定的假設爲起點，試圖建構一套理論去說明心理現象之間的因果關係的心理學，統稱爲「說明心理學」(erklärende Psychodogie)。⓯ 他認爲這種心理學以假設爲

⓯ 狄爾泰所指的「說明心理學」人物有 H. Spencer, H. Taine, Herbart (原子論心理學), Drobisch, Munsterberg, Lotze, Fechner, Hume, Hartley, Bentham, James Mill, J. S. Mill (聯想心理學) 等人，至於 W. Wundt 的實驗心理學、Brentano 的經驗心理學和 Stumpf、Sigwart 等人則褒貶兼而有之，他對 Wundt 之承認「創造性綜合」(schöpferischer Syntheses) 的事實，及 James、Sigwart 和 Wundt 之強調心靈生命中有「自由及創造的因素」(das Freie und Schöpferische) 的論點深表贊同。詳見〈觀念〉第三章。

起點，故紛云無定論，不足以作爲「精神的經驗科學」(Erfahrungswissenschaften des Geistes) 的基礎 (GS V, 146-147)，因此他提出以非假設的起點——體驗——爲基礎的「描述心理學」。

在《觀念》第四章的一開頭，狄爾泰就說：

> 「描述與分析的心理學」這個概念，來自吾人心靈體驗 (seelische Erlebnisse) 的性質，來自一種不帶偏見、不加割裂地把握住心靈生命 (Seelenleben) 的要求，同時也來自精神科學的系統 (Zusammenhang der Geisteswissenschaften) 以及心理學在此系統中所扮演的功能。……現在，這種心理學的課題必須滿足兩項要求：(1) 必須展現並儘可能分析心靈生命的整個實在；(2) 這種描述與分析必須儘可能達到最高程度的確定性。(GS V, 168)

很顯然的，狄爾泰是要以描述心理學爲一切精神科學的基礎，亦即前面所說的「基礎科學」，而將其在精神科學中的地位，比之爲數學在自然科學中的地位。

(三) 內在知覺的特性

「心靈生命」或「心靈體驗」是描述心理學的出發點，但我們如何認識心靈生命或心靈體驗呢？狄爾泰認爲，吾人的知覺或認識方式有兩種，一種是「外在知覺」(äuβere Wahrnehmung)，亦即透過感官而認識外在世界對象的認識方式；另外有一種「內在知覺」(innere Wahrnehmung)，其與料是直接給予的一種體驗 (Erlebten) 或內覺 (Innewerden)，是一種內心的直接感受

(GS V, 170)。狄爾泰認爲，體驗乃是一種「內在經驗」，是自我與世界共同作用而形成的「心靈生命的結構系統」的一部份。

在此我們必須注意三點：(1) 任何一個體驗都是包含內在與外在的一個「系統」(Zusammenhang)，因此所謂「內在經驗」的「內在」，只是就內在知覺與外在知覺的對照而言的；(2) 體驗或「內覺」(Innewerden, Innesein) 不同於「內在知覺」；體驗是最終的單位，本身是無法「知覺」其自己的，唯有呈現於意識或記憶中，才能作爲「內在知覺」把握的對象；(3)「內在知覺」並不是一種神秘的直觀：狄爾泰明白指出，內在知覺具有「理智性」(Intellektualität) (GS V, 172)，內在知覺在處理其與料 (體驗) 時，同樣要用到區分、等同、決定差異程度、連結、分離、抽象……等等邏輯運作 (GS V, 171-172)。狄爾泰稱此種理智性爲把握心靈狀態 (亦卽內在知覺) 的第一個特性。

此外狄爾泰認爲，內在知覺還有二個特性。其一是說，當我們在把握心靈狀態的時候，這種把握就是從體驗產生的，並且和這體驗相連結著，而整個心靈的各種歷程 (Vorgänge des ganzen Gemütes) 都會在這體驗中發生作用。因此，要把握這體驗，就必須先把握住心靈生命的整體。狄爾泰說：

> 在體驗裏，個別的歷程乃是基於心靈生命的整個整體性而進行的，而個別歷程和心靈生命的整體所存在的系統 (Zusammenhang)，則屬於直接經驗。這就決定了我們對自己和對他人的了解 (Verstehen) 的性質。我們用純理智性的歷程去從事說明 (erklären)，但我們在把握心靈狀態時，却得透過所有心靈力量的共同作用 (Zusammenwirken

> aller Gemütskräfte) 去了解。在了解的過程裏，我們是從活生生給予我們的「整體的系統」(Zusammenhang des Ganzen) 開始的，以便使個別的歷程能為我們所把握。正因為我們生活在「整體的系統」的意識裏，我們才可能了解個別的命題、姿勢、或行動。所有的心理學思想都具有下述特性：對整體的把握使對個別歷程的解釋成為可能並得以確定。(GS V, 172)

這種特性，我們可稱之爲「整體先於部分」。也因此狄爾泰說，我們所經驗到的「心靈生命的系統」必須隨時作爲心理學之堅固的、體驗到的、直接確定的基礎 (GS V, 172)。

內在知覺（亦即「心理學探究」）的第三個特性是：心理學的探究是從體驗 (Erleben) 本身中產生出來的，且心理學探究如果要有健康而高度的發展，就必須隨時在體驗中固植其根基。(GS V, 173)

在上述的三種特性中，最值得注意的是第二個特性，因爲這個特性不僅涉及「整體-部份」的關係，更指出了體驗與了解的關係。在〈觀念〉中，體驗與了解的連結還是直接的，只不過較以前的想法精緻些而已；同時，此時期的「體驗」基本上仍是一心理學概念，而不是解釋學概念。這點可以由以下的一段話得到印證。狄爾泰說，對於心靈結構系統的整個研究具有決定性影響的關鍵點是：

> 從一個（心靈）狀態到另一個狀態的轉變 (Übergänge)，使一個狀態轉變到另一個狀態的促因 (Erwirken)，都落

> 在內在經驗的範圍裏。結構系統可被體驗到 (wird erlebt)。由於我們體驗到 (erleben) 這些轉變，這種促因，由於我們「內覺」到 (inne werden) 這種結構系統，而這種結構系統包含了人生所有的激情、痛苦與命運，所以我們才得以了解 (verstehen) 人生、歷史以及人性中深層的奧秘。(GS V, 206)

然而，在〈觀念〉中，我們也看到了狄爾泰首次採取黑格爾的「精神」(Geist) 概念，並有以「精神」取代「生命」概念的傾向，如他說:

> 在語言、神話、宗教儀式、風俗、法律與外在的社會組織中，存在著總體精神的產物 (Erzeugnisse des Gesamtgeistes)，用黑格爾的話來說，在這些產物中，人的意識被客觀化了，因此可以加以分析。(GS V, 180)

在這段話裏，很明顯的可以看出他受黑格爾影響的痕跡，而他晚年所說的「客觀精神」(obiektiver Geist)，正是此種想法的進一步結晶。這是他同情了解黑格爾的開端，1905 年的〈黑格爾的青年史〉則是長期研究黑格爾的結果。

在〈觀念〉中，我們已明顯的看到，狄爾泰愈來愈重視生命的客觀產物和歷史對了解心靈生命的重要性。如他說：「人無法透過無謂的玄想，也無法透過心理學實驗，而只能透過歷史去知道自己是什麼。」(GS V, 180) 對人類精神的產物之分析，固然可以使我們對心靈生命系統 (Zusammenhang) 的形成過程 (Entstehung)、形式 (Formen)、與作用 (Wirken) 有一番洞察，但這種系統是在歷史中產生的，因此還必須「考察並蒐集任何可把捉到的歷史行程 (historische Prozesse) 的片段」，才能對心靈生命有更完全的把握。由此我們便可得出如下的循環：

體驗⇄心靈系統⇄總體精神的產物⇄歷史

一方面，狄爾泰試圖以體驗爲起點，去了解心靈系統的整體，但此種了解必須先對心靈系統有整體的把握；心靈系統雖是總體精神的產物的基礎，但人同時又是各種文化系統的交會點，因此要了解人也就須先了解這些產物；然而總體精神的產物在歷史中是有變遷的 (GS V, 179)，這種變遷固然是歷史的一個主要部份，但歷史的整體還包括了人、自然界等等因素，因此要了解這些產物，又必須先對歷史有所把握。

〈觀念〉主要是側重於體驗與心靈系統之間的關係，而晚期的一些重要著作則對其他兩種關係有深入的探討。之所以在這裏提出此一循環，主要是在說明狄爾泰思想的發展性，並指出此一發展內在的邏輯結構，並無「斷層」現象。

然而必須注意的是，這個時期的狄爾泰思想中，除了歷史側面外，也非常重視社會側面，尤其在其倫理學與教育學思想裏，更強調個體的心靈結構與社會和文化的關聯。人的核心固然是「一束本能」，而道德世界裏最強大的力量乃是饑餓 (Hunger)、性愛 (Liebe) 與鬪爭 (Krieg)。但「一束本能」並不是心靈結構的全部，最重要的是要透過「教養」(Bildung) 或人類的道德教育，使人類社會歷史世界成爲「精神世界」(geistige Welt)，而這種道德教育實乃一種「社會的要求」(Bedürfnis der Gesellschaft)。⓰ 由此我們可以看出，狄爾泰漸漸將早期的「實踐動機」，落實到倫理學與教育學甚至美學上；而在心理學方面，則一本「心理學是精神的個別科學中最基礎的科學」(GS I, 33) 的信念加以發展，企圖建構「描述與比較的心理學」而使精神科學成爲自主的科學系統，進而對人類生活發生指導作用。

由於狄爾泰的「描述心理學」所處理的是「整體的人」的心靈結構系統，但他發現，心靈生命是不能由部份組合起來的，因此，狄爾泰雖由「非假設的起點」(體驗) 開始，但也不得不承認描述與分析的心理學需要假設，只是描述心理學止於假設，而「說明心理學」則始於假設 (GS V, 175)。但任何假設都有其「完全可疑的特性」(ganzlich problematischer Charakter)，加上狄爾泰深信，我們不可能到處都將體驗提昇到概念 (GS V, 175)，換言之，有些體驗 (如宗教上的神秘體驗) 是無法言說的；因此狄爾泰認爲，不僅康德的「超越觀念」(transzendente Begriffe) 的概念會導致二律背反，更恰當的說，二律背反是來自「人類思想對經驗的探求」(ibid) 的，而這種二律背反，他就叫作「內在的二律背反」(immanent Antinomie)。這種內在的二律背反，使狄爾泰的「描述心理學」遭受了重大困難，因而在晚年逐漸重視生命的客觀表現，終而走向解釋學的途徑。

此外，由於狄爾泰心目中的人是活生生的「行動人」，而體驗又是合內外而言的，因此從生命的立足點來看，實在 (Wirklichkeit) 並非死的、被動的東西，而是和整個心靈生命知、情、意各種活動不可分的東西 (GS V, 172)。因此狄爾泰主張，理論與實踐，事實與價值是不可分的。他說：

---

⑯ 本段論述，參閱 GS X, 52, 59；GS V, 209, 210；GS IX, 192, 193.

> 我們發現，根據心靈生命的結構，一個系統 (Zusammen-hang) 的把握和獨立的評價是不可分的。事實表象和完美表象是相結合的。實際上存在的東西 (was ist)，事實上是無法和可以及應然 (was es gilt und was es soll) 的東西分開的。因此，在生命的事實裏，已含有生命的規範。……在這裏我們看到了一個重大的方法問題，解決了這個問題精神科學的系統才得成立。理論性命題 (theoretische Sätze) 不可脫離實踐性命題 (praktische Sätze)。真理 (die Wahrheiten) 不可以脫離理想表象和規範。……因為事實 (Tatsachen) 和規範 (Norman) 是不可分割地連結在一起的，且此種連結貫穿於所有精神科學之中。(GS V, 267)

譬如說，當我們看一個人在跳舞時，一方面有事實表象，一方面亦會加以評價，而有評價表象。

狄爾泰在此一時期，試圖透過「類型」(Typ) 概念來連結事實與價值，因此側重於個體化的形成過程之分析，據以說明價值判斷之根據在於個體看待事實的類型 (typisch-sehen)。然而此種結合事實與價值的方式，除了人性的同類性之外，實有流於相對主義之虞。因此狄爾泰在晚年時，一方面發展出「世界觀類型學」，一方面則借用黑格爾的「客觀精神」概念，欲給事實與價值的結合提供客觀的根據。

五、第四個階段 (1896～1905)

1896～1905 這十年間，狄爾泰主要致力於思想史的研究工作，表面上就狄爾泰思想的發展而言並無可觀之處，但事實上正是一個關鍵時期。許多解釋者認爲，狄爾泰在晚年思想上發生了「解釋學轉向」(hermeneutische Wendung)，由原先計劃的心理學與知識論途徑，轉向了解釋學途徑，而放棄了前者。另一種解釋則認爲，狄爾泰在這一段時期，由於自己的反省和外來的影響與批判，確實在思想上起了根本的動搖；但這種動搖並未使狄爾泰放棄以前的一些基本觀念，反而對這些觀念加以調整、拓深、發展，而晚年的解釋學思想正是此種發展的自然結果。

筆者認爲，第二種解釋較爲可取。這一方面是因爲這種解釋較爲自然、較爲合乎常情，一方面也的確可以在狄爾泰的著作中找到明確的證據。因此探討這一階段的重點有二：一是論述此一時期狄爾泰思想在自身的反省與外來的影響、批判下所呈現的發展性；二是論述在此一發展中，其前後期思想的連貫性。

(一) 埃賓豪斯

首先，1894 年〈觀念〉發表之後，馬上就受到強烈的批評，其中影響最大的是當時心理學大師，同時也是狄爾泰老友兼同事的埃賓豪斯的批評。埃賓豪斯在 1896 年一篇題爲〈論說明性與描述性心理學〉(*Über erklärende und beschreibende Psychologie*) ⑰文章中，批評狄爾泰對當時心理學界的情況多所隔閡而妄加批判，有攻擊稻草人之嫌。他並指出，心靈生命固然有其「系統」(Zusammenhang)，但此一系統卻非直接可以經驗到的，而是透

⑰ H. Ebbinghaus, "Uber erklärende und beschreibende Psychologie", in: *Ztschr. f. Psychol. und Physiol. der Sinnesorgane* Bd. IX (1895), pp. 161-205.

過部份「建構」起來，這種建構的過程正如說明性科學之所爲。因此他認爲，描述與說明之間的區別並不如狄爾泰所說的那麼明顯，在心理學中同時需應用描述與假設這兩種方法。因此他說:「狄爾泰所推薦的，事實上人們都在做了，而他所攻擊的，早就爲人們所放棄了」。⑱

埃賓豪斯的批評，對狄爾泰造成極大的影響，甚至使他視爲「基礎科學」的描述心理學產生了根本的動搖。其中最重要的是對「描述」方法的重新反省。狄爾泰固然可以說，他所謂的「心理學」研究的主題遠非一般心理學所能涵蓋，他研究的乃是整個人的心靈生命系統，而不只是一般所謂的「心理現象」⑲；但描述方法卻經不起嚴厲的批評。因此到了晚年，狄爾泰可以說是放棄了「描述」的方法，而將原先在「描述心理學」裏居於輔助地位的「了解」方法，提昇爲主要的方法。隨著這種方法上的轉變，狄爾泰對描述心理學的基本概念——體驗——也重新作了反省。但値得注意的是，儘管體驗概念由心理學概念轉變爲解釋學概念，但狄爾泰之以「體驗」作爲心靈生命的基本單位的思想卻是始終一貫的。

此外，放棄描述方法而重視對表現的了解，在 1895 年以前的著作中，亦可以找到相當多的線索，這點前節已有論述。以下我們將分四個段落，論述新康德學派（尤其是巴登學派）、胡賽

⑱ Ibid., p. 205.

⑲ 關於這點，可參考 G. Misch 在《全集》第五册序言中所作的論述 (GS V, lxxx)。狄爾泰始終強調，體驗是生命行程之整個實在的一部份，本身就是具體而統一的，不同於一般心理學者之知覺、印象等概念。

爾、黑格爾和史萊瑪赫等人對狄爾泰進一步發展其晚期思想的影響。

自 1897 年 9 月 12 日約克伯爵死後，狄爾泰頓時喪失了一位思想上長期攻錯的良友，加上埃賓豪斯對其心理學的攻擊，遂使他放棄完成《導論》的計劃，而開始進入另一個思索期。1896～1905 年間，狄爾泰對當時的思潮特別注意，從遺稿中可以看出，他研讀過的思想家包括了 Heinrich Rickert, Edmund Husserl, Wilhelm Wundt, Max Weber, Ferdinand Tönnies, Georg Simmel, William James, Henri Bergson, Theodor Lipps, Carl Stumpf, Franz Brentano, Alexander Pfänder, Alerius Meinong, Hans Cornelius, Oswald Külpe, Rudof Eucken……等人，包含的範圍甚廣，這些人對狄爾泰的影響如何，無法一一檢視，我們只能就「歷史理性批判」的線索，勾劃狄爾泰此一時期思想上的轉變。

（二）巴登學派

首先我們看看巴登學派新康德主義者對狄爾泰有何影響。在新康德主義者當中，和狄爾泰關係最大的是溫德爾班和李恪特。溫德爾班和狄爾泰的論戰早在 1880 年代就已開始了。他在 1883 年的一篇題爲「發生的或批判的方法」(Genetische oder kritische Methode) 的文章中，就明白指出，「歷史理性批判」確是一件值得從事的工作，但在從事之前，卻須先弄淸何謂「理性」。他站在康德哲學的立場，認爲所有的理性（包括「歷史理性」），都必須是以先驗規範爲根據的判斷之事；因此，唯有透過批判哲學的方法，預設一些先驗的價值作爲所有經驗的先天形式，才能講

「歷史理性」，經驗的、發生的方法是無法求得眞正的「理性」概念的。

在這種觀點下，溫德爾斑和李恪特一方面從研究途徑的不同區分自然科學與「文化科學」(Kulturwissenschaften) 或「歷史科學」，認爲自然科學採取的是一種普遍化 (generalizing) 的研究途徑，追求普遍法則，而歷史科學或文化科學則採取「個殊化」(specifying or individualizing) 的方法，目的在於對個體性作詳細的描寫 (Darstellung)；前者稱爲「尋求法則的科學」(nomothetische Wissenschaften)，而後者則叫作「描寫特性的科學」(idiographische Wissenschaften)。另一方面他們又認爲，文化科學的基礎必須是一種絕對的價值哲學或先驗的「規範科學」(Normwissenschaft)，而不能是心理學、人類學或任何「事實科學」(Tatsachenwissenschaft)；也就是說，歷史或文化科學是以一些普遍有效的價值爲基礎，而運用描寫特性的方法建立起來的科學。

因此巴登學派極力區分開事實上的存在與理想上的價値，認爲文化科學必須奠基於先驗的價值哲學，而不能奠基於心理學，並將心理學歸於自然科學之列。而在巴登學派的價値哲學裏，一切價値或規範的根源，乃是作爲經驗自我與外在世界的共同基礎的「先驗自我」(transzendentales Ich)，這也是自然科學與文化科學之有效性的最後根據。

但在狄爾泰看來，人的核心乃是「一束本能」，我們只能透過生命去了解生命，所謂「先驗自我」、「先天規範」都不是經驗事實，只是爲解釋經驗事實所採取的假設而已。狄爾泰認爲，價値判斷的唯一來源乃是體驗，價値哲學的問題即在於說明價値判斷是如何由體驗產生的，不需另立先驗自我等假設。然而狄爾泰也不是一位道德的相對主義者，他相信道德判斷是有其客觀性的。此種客觀性的根據是什麼呢？前此他找到了人性的「同類性」，而在晚期則借用了黑格爾的「客觀精神」概念加以安頓。

基本上狄爾泰對巴登學派是褒貶兼而有之的，但巴登學派對狄爾泰的影響卻不大，這主要是兩者的哲學立場有根本的差異。然而，狄爾泰到了晚年之所以會側重於依研究途徑區分自然科學與精神科學，極可能是得自巴登學派的啓發。

（三）胡賽爾

其次我們要看看胡賽爾的現象學對狄爾泰有何影響。多數解釋者都認爲，狄爾泰之所以在晚年又重拾〈奠基研究〉的工作，主要是受了胡賽爾 1900～1901 出版的《邏輯探究》（*Logische Untersuchungen*）的鼓舞。狄爾泰在 1902 年所寫的一篇知識論研究中就曾明白表示，胡賽爾的《邏輯探究》是知識理論之嚴格的描述性奠基，是「認識的現象學」（Phänomenologie des Erkennens），業已開創了一門新的哲學學科（GS VII, 10）。狄爾泰還承認，他所要建立的「實在論的或批判且客觀的知識理論」的基礎，受到胡賽爾這部「將描述方法運用到知識理論」的劃時代鉅著極大的啓發（GS VII, 14）。

事實上，早在 1894 年左右，狄爾泰卽因柏林大學的同事施頓布福的介紹而注意到胡賽爾了。1900 年《邏輯研究》出版後，狄爾泰對胡賽爾推崇備至，說他是「哲學分析的天才」。在這段期間所寫的遺稿中，更是處處提到胡賽爾之名，甚至簡寫成 Hus. 或 H. 。此外，在 1900 年寫給他女兒的一封信，我們也看到狄爾泰大力推薦當時尚未成名的胡賽爾去接任名聞遐邇的新康德主義哲學家 Friedrich Paulsen 的教席[20]。且在晚年的一些著作裏，狄爾泰也常以「現象學」一詞取代「心理學」。

從以上這些事實看來，胡賽爾對狄爾泰的思想有鉅大的影響乃是不爭的事實。就筆者的觀點，這種影響主要有以下幾點:

第一，胡賽爾在思想的歷程 (cogitation) 中區分三個層次: ①思想的意向所對的對象；②思想中所呈現的意識內容(Inhalt)；③思想活動 (Akt) 本身。此處思想的活動與內容的區分，使狄爾泰描述心理學中的「體驗」概念獲得了重大的突破。因爲這樣一來，我們就可以說，在體驗裏包含有活動與內容兩個層次，而我們所要把握的，並非體驗的實際活動過程，而是體驗所表示的意義或內容。因此，對體驗的了解或所謂「再體驗」(nacherleben)、「再現」(nachbilden)，便不再是心理歷程的重演，而成了意義或內容的再現或再體驗。這樣一來，「體驗」概念也就不再是心理學概念，而成爲解釋學概念了。這一點對狄爾泰思想的發展極爲重要，也可證明狄爾泰晚期思想確是進一步拓深、修正的結果，而不是根本的轉向。

第二，也是因爲「體驗」概念的轉變，使狄爾泰將「了解」概念提昇爲最重要的方法。因爲對體驗的把握，已不再是發生上或心理學上「如何」(Wie) 的問題，而是體驗的意義或內容是「什麼」(Was) 的問題了。而這種對意義的把握，即是「了解」。而狄爾泰從胡賽爾對意義的分析中，也肯定了意義的客觀性，因

---

[20] Michael Ermarth *Wilhelm Dilthey: The Critique of Historical Reason,* Chicago & London: The University of Chicago Press, 1978, pp. 201-02.

此他曾同意胡賽爾的觀點，認爲「在眞正的了解裏，我們所把握到的並非一個字眼的純然的表象 (Vorstellung)，而是其意義，並且這意義是客觀的，在不同的脈絡中始終同一的。」㉑

第三，胡賽爾和狄爾泰一樣，要求知識要有不可懷疑的基礎，而胡賽爾嚴格的精密分析方法，給狄爾泰帶來了無比的信心。胡賽爾對「自我」(Ich)、「世界」(Welt)、「結構」(Struktur) 等概念的分析。皆予狄爾泰以極大的啓發，使他產生重新建構精神科學理論奠基的信心。

然而必須注意的是，在狄爾泰早先的認識中，胡賽爾乃是一位深刻而富於原創性的「實在論」者，是使「體驗」(Erlebnisse) 概念獲得邏輯澄淸科學意義的哲學家，故對他讚賞有加。然而，這種了解是有問題的。事實上，胡賽爾「回到事物本身」(Zu den Sachen selber) 的口號所標舉的理想，和狄爾泰爲精神科學奠基的理想是不同的，這種不同不只是 Erlebnisse 範圍的不同，而是概念內容上的根本差異。

就狄爾泰而言，體驗基本上就帶有時間性、歷史性，卽使在活動與內容上作層次的區分，仍然不能達到超時間的「事物本身」的知識。如他在 1887 年的〈論想像力〉一文中，就已指出：相同的印象與體驗是不可能完全重視的，卽如一片葉子的印象，在不同的情況下也會有不同的把握；同一個人在不同的時間裏對同一個句子的了解，也會有所不同，因爲心靈生命的系統是隨時間而改變的，而任何體驗或了解都會受到此一心靈系統的影響。這點和胡賽爾客觀不變的「意義」概念有極大的不同。也就是說，對狄爾泰而言，對意義的把握是必須基於整個體驗的，而胡

㉑ Ibid., p. 203. （出自一份尙未出版的狄爾泰遺稿）

賽爾卻極力區分開邏輯判斷與認知主體對邏輯判斷的經驗（Urteilserlebnisse）。㉒

如此一來，狄爾泰和胡賽爾的「表現」(Ausdruck) 觀念也有所不同了。就狄爾泰而言，人類精神所建構的世界的一切現象都是有意義的，因爲這些現象都是人類精神所創造的，因此在外在的客觀表現背後，必然含有內在的意義，使這些現象成爲一種特殊的表現，而不同於自然現象。但胡賽爾卻認爲，唯有那些顯然具有溝通意圖而創造出來的現象才是表現，因此任何表現必然是其作者想要有所表現才行。因此，狄爾泰的「表現」概念的內涵遠較胡賽爾的概念爲大，甚至一個無意識的或邏輯上荒謬的表現，也是有意義的，因爲它同樣是某種內在面的表現。

此外，就狄爾泰而言，表現的形式和內容是同樣重要的，因此在晚年他將表現分爲三類；但就胡賽爾而言，表現的形式是次要的，重要的是表現的內容，亦卽思想或判斷的客觀內容。

從以上的論述，我們可以看出，胡賽爾雖然對狄爾泰有鉅大的影響，但兩者之間還是存在著根本的差異。這種差異的產生，或許可以由他們的出身或卽知識背景找出一點線索。狄爾泰早期所受的是神學、語言學、史學與哲學的訓練，關心的是精神科學的奠基問題；而胡賽爾基本上是數學家出身，追求的是絕對不可懷疑的，比數學更嚴格的知識之成立。因此，他們二人的思想在出發點上看起來有點相似，但後來卻分道揚鏢，旨趣各殊。以致胡賽爾終於走入「先驗現象學」一途，而在 1911 年的現象學宣

㉒ Ilse N. Bulhof, *Wilhelm Dilthey: A Hermeneutic Approach to the Study of History and Culture*. The Hague/Boston/London: Martinus Nijhoff, 1980. pp. 96–97.

言「哲學：嚴格的科學」(*Philosophie als strenge Wissenschaft*)一文中，對狄爾泰的「世界觀哲學」(Weltanschauungsphilosophie)施予猛烈的攻擊。[23]

因此我們可以說，胡賽爾對狄爾泰的影響，主要在於其現象學的概念與分析方法，使狄爾泰重燃爲精神科學作理論奠基的決心，基本上兩者在爲學的方向上是不同的。狄爾泰甚至認爲，胡賽爾的現象學方法只是某種更大的「奠基的方法」中的一個過渡；因爲他認爲，現象學方法只能澄清概念與判斷的意義，卻無法決定其「效力基礎」(Rechtsgründe)何在。[24]而狄爾泰此處所謂的「奠基的方法」，卽是他後來所發展出來的「解釋學方法」。

(四) 黑格爾

接著我們要略述黑格爾對狄爾泰思想的影響。

正如 Max Frischeisen-Kahler 所說的，狄爾泰始終堅信，

---

[23] 在這篇文章裏，胡賽爾除了攻擊代表實證主義的「自然主義」(Naturalismus)之外，主要的矛頭是指向心理主義、歷史主義與懷疑主義，而認爲這三者是息息相關的。他所說的「歷史主義」，實卽歷史相對主義。雖沒有指名道性說他所攻擊的是誰，但明眼人一看就知道是針對狄爾泰而發的。雖狄爾泰曾寫信給胡賽爾，表明自己不是一位「直觀哲學家」(Anschauungsphilosoph)，不是歷史主義者，也不是一位懷疑論者("Der Briefwechsel Dilthey-Husserl", *Man and World*, 1(1968), 434)。而胡賽爾也在回信中客氣的說，他所攻擊的不是狄爾泰，他和狄爾泰的思想並無太大乖異之處，但正如 Ermarth 所說的，「胡賽爾極力追求的純粹理性的本質科學理想，使他將一切和其立場不相容的思想，都打作懷疑主義或相對主義」(M. Ermarth, loc. cit., p. 207)。

[24] M. Ermarth, loc. cit. p. 205.

形上學不可能成爲一門科學[25]，只能當作人類歷史中的現象來研究。在他看來，歷史的意義乃是一極爲複雜的東西，不可能形成任何「一言以蔽之」的公式——所有這類公式（如黑格爾和孔德所提出者）都只是「形上學的迷霧」。因此他早期一直厭棄形上學，且受史萊瑪赫影響，深信必須在「此岸」(Diesseits) 世界追求眞理，不可在廣義的經驗 (Empirie) 之外另立超越的或形上的根據。也就由於這種立場，使他一直對黑格爾的思想抱著輕忽的態度，視之爲一獨斷的形上學家[26]。如在《導論》中，狄爾泰卽批評黑格爾的「精神」概念是一個「沒有位置與時間的主體」。(GSI, 104)

然而正如 Hans-Georg Gadamer 所說的：「狄爾泰在晚年愈來愈靠向黑格爾，早年用生命 (Leben) 說的地方，多用精神 (Geist) 去說了。[27]」在這種逐漸靠向黑格爾的過程中，1905 年的〈黑格爾青年史〉(*Die Jugendgeschichte Hegels*) 無疑是最具關鍵性的著作。

在〈黑格爾〉中，狄爾泰由黑格爾早期的神學研究入手，將其思想表徵爲一種「神秘的泛神論」(der mystische Pantheismus) 並指出黑格爾早期思想的中心概念爲「生命」。如他說：「黑格爾以生命概念決定一切實在的特性」(GS IV, 138) 並認爲黑格爾所

[25] Max Frischeisen-Kohler, "Wilhelm Dilthey als Philosoph" in *Logos* II (1911-12), pp. 29-30.

[26] 參見 H. A. Hodges, *The Philosophy of Wilhelm Dilthey* London: Routledge & Kegan Paul, 1952, p. 9.

[27] Hans-Georg Gadamer, *Wahrheit und Methode. Grundzüge einer philosophischen Hermeneutik*. 4 Aufl., Tübingen: J. C. B. Mohr, 1975, p. 214.

說的生命是「部份與整體的關係」，根據此種關係，則若將部份從整體中孤立出來，便「既不可能存在也不可能想像」(ibid.)。因此狄爾泰說生命的特徵在於「生命中固然存在著多樣性，但作爲在一個整體中的各部份的總和，唯有在這種關聯中這多樣性才能存在，也才能爲我們所了解」(GS IV, 138)。

狄爾泰認爲，黑格爾的泛神論思想是從「生命的直觀」(Anschauung des Lebens) 出發的 (GS IV, 141)，然後將「無限的生命」(das unendliche Leben) 界定爲「精神」(Geist)，並且同樣以「整體」或「整體性」範疇去界定精神的本質，說「整體」即是「生命之無限的大全」(das unendliche All des Lebens) (ibid.)，而宇宙的整體卽是精神的自我發展 (die Selbstentwicklung des Geistes)。

狄爾泰的「生命」當然不可能是「無限的生命」，並且，站在生命哲學的立場，狄爾泰也不可能接受黑格爾的「精神」概念。但是，從狄爾泰晚年大量使用「精神」(Geist)、「精神的」(geistig)、「客觀精神」(obiekeiver Geist) 等概念來看，狄爾泰確實受到黑格爾極大的影響。

如果從「歷史理性批判」的內在發展脈絡來看，我們可以將此一時期狄爾泰所受到的黑格爾的影響，簡述爲三點。

第一是「精神」概念的採用，使狄爾泰的「精神科學」概念有了新一層的意義。狄爾泰在〈建構〉中明白指出，他所說的「精神科學」的「精神」概念，相當於孟德斯鳩所說的「法的精神」(Geist der Gesetze)、黑格爾所說的「客觀精神」(objektiver Geist)㉘或德國羅馬法權威耶林 (R. V. Ihering, 1818-1892) 所

㉘ 狄爾泰本人也採取「客觀精神」一詞，但其意義和黑格爾大不相

說的「羅馬法的精神」(Geist des römischen Rechts) 中的「精神」概念(GS VII, 86)。這種意義下的「精神」，顯然不同於「心靈生命」(Seelenleben) 概念，而是指支配人類心靈生命的各種客觀化現象的法則或「精神」。因此在 1900 年以後，狄爾泰便不再說精神科學主要是研究「精神事實」(geistige Tatsachen) 或「意識事實」的科學 (此爲《導論》及〈觀念〉的想法)，而是要把握住「精神世界」(geistige Welt) (GS VII, 156)。

這種「精神科學」概念的改變，連帶的使他改變了精神科學的範圍界定與方法學思想。如他說:

> 唯有當我們體驗到 (erlebt) 人的狀態，使這些狀態在生命表現 (Lebensäußerungen) 中表現出來 (zum Ausdruck gelangen)，並了解了 (Verstanden) 這些表現之後，人類才成為精神科學的對象 (GS VII, 86)。

這段話已點出，一個對象是否是精神科學的對象，乃取決於吾人對待對象的態度，狄爾泰稱之爲「精神的態度」(Verhalten des Geistes)㉙，而非取決於對象本象 (Gegenstand an sich)。這就

(續)同；黑格爾所謂的「客觀精神」是精神自身發展中的一個階段，其中不包括宗教、藝術與哲學，而在狄爾泰的用法中則包括此三者，而泛指一切文化系統及社會組織。(參見 GS VII, 148ff)。

㉙ 此處「精神的態度」一詞中的「精神」，顯然不同於「精神科學」中「精神」一詞的意義，而指經驗個體的心靈生命，因爲後者指的是前者的客觀化現象，而前者須在後者中重新認識自己。狄爾泰雖未曾明白區分開這兩種「精神」概念，但對兩者間的關係却作了詳盡的說明。事實上，「歷史理性批判」的工作，卽在說明兩者之間的關聯。

造成了狄爾泰思想的重大轉變，亦即採取方法學的途徑解決自然科學與精神科學的分界問題。

第二是黑格爾的「客觀精神」概念給狄爾泰帶來極大的啓發。在〈建構〉中，狄爾泰借用黑格爾的「客觀精神」概念界定「歷史世界」概念，意指人類精神發生作用而展現出來的領域，包括語言、家庭、社會、國家、法律、藝術、宗教、哲學等等。這種「客觀精神」概念，一方面使狄爾泰得以證明其解釋學理論並非心理學理論，另一方面也因爲「客觀精神」乃是人與人之間所以能互相溝通、互相了解的媒介，而給狄爾泰的解釋學思想提供了知識論的基礎。㉚

第三是黑格爾的「精神自我發展」概念，以及此一概念中所包含的「整體與部份」關係，對狄爾泰發生廣泛而深刻的影響。狄爾泰晚年之所以會將歷史看作是一種具有目的性的「作用系統」(Wirkungszusammenhang)，極可能是受黑格爾影響的結果，所不同的是，狄爾泰認爲此種作用系統的目的是不可知的，並無最終的目的（如黑格爾的「絕對精神」或「絕對知識」），頂多只能說是不斷在創造中。

此外，「發展史」(Entwicklungsgeschichte) 的觀念，也使狄爾泰將「整體與部份」的範疇，擴充到整個歷史世界中，作爲歷史知識所以可能的一個必要條件，而打破了傳統解釋學的侷限性，完成了新一層意義的「普遍的解釋學」(allgemeine Hermeneutik)。

就整體而言，黑格爾的影響使狄爾泰走向某種介乎個體論與

㉚ Rudolf A. Makkreel, *Dilthey: Philosopher of the Human Studies*. Princeton: Princeton University Press, 1977. p. 305.

全體論之間的「觀念實在論」(Idealrealismus)，也使其歷史哲學成爲介乎分析與思辯之間的特殊的歷史哲學。㉛

（五）史萊瑪赫

最後，我們看看史萊瑪赫對狄爾泰的影響。

前面已說過狄爾泰對史萊瑪赫作了長期而深刻的研究，而在這些研究中，影響狄爾泰最大的，無疑是其解釋學的研究。狄爾泰大多數的解釋學觀念（如「再體驗」、「比作者更了解他自己」、「解釋學循環」），都是直接承襲自史萊瑪赫的。

狄爾泰在 1900 年的〈興起〉一文中，坦承其解釋學思想，是由史萊瑪赫晚年的解釋學思想進一步發展出來的。〈觀念〉中的「了解」概念，即是受到史萊瑪赫「心理解釋」或即「技巧性解釋」(psychologische order technische Auslegung) 影響的結果。而到了〈興起〉一文，狄爾泰更明白表示:

> 普遍有效的解釋 (allgemeingültige Interpretation) 的可能性，可以從了解 (Verstehen) 的性質中導出。(GS V, 329)

並且狄爾泰認爲，解釋學除了在語言（即文法）解釋上有其實際用途之外，更有第二個主要的課題：在理論上奠定解釋的普遍有效性，以抗斥不斷侵入歷史領域的浪漫式專斷與懷疑式主觀。(GS V, 331) 因此他說:

㉛ 參見 Robert C. Scharff, "Non-analytical, unspeculative philosophy of History: The Legacy of Wilhelm Dilthey", in *Cultural Hermeneutics* 3 (1976), 295-331.

> 如果納入精神科學之知識理論、邏輯與方法學的架構中，這種解釋學將會成為哲學與歷史科學之間的一個重要的環節，成為精神科學奠基中的一個主要部份。(GS V, 331)。

從這段話裏，我們看到了狄爾泰晚年走向解釋學奠基的線索。

事實上，狄爾泰早在1892–93年間，就已意識到解釋學對精神科學奠基工作的重要性了。他在那篇題爲〈17世紀精神科學的自然主義體系〉的文章中說：「我們可以說，解釋學對近代爲精神科學尋求奠基的努力而言，乃是最有價值的起點。這是我之所以特別注重研究解釋學歷史的理由。眞希望解釋學爲我自己的這種奠基事業作了準備工作。」(GS II, 115)

史萊瑪赫在1819年講授解釋學時，一開始就說:「作爲了解的藝術的解釋學，尚未成爲普遍的領域，只不過有許多特殊的解釋學（spezielle Hermeneutiken）而已。」㉜ 因此他試圖建構一套「普遍的解釋學」（allgemeine Hermeneutik）。㉝ 對他來說，解釋與了解乃是一體的兩面，每個解釋的問題都是一個了解的問題。

在史萊瑪赫的思想中，「解釋學」只是「避免誤解的藝術」，尚未作爲探討人文現象的工具(史氏的方法主要是其「辯證法」)，至狄爾泰才進一步發展成精神科學的主要方法，甚至成爲精神科

㉜ Fr. D. E. Schleiermacher, *Werke*. Auswahl in vier Bänden, ed., Otto Braun und D. J. Bauer, Leipzig: Felix Meiner, 1911 Vieter Bd., p. 139.

㉝ 史萊瑪赫所謂的「普遍解釋學」，是和「特殊解釋學」相對的，後者爲相應於法律文件、宗教經典、文學作品而成立的解釋學，而史氏所追求的則是可以作爲這些特殊解釋學共同基礎的一種解釋學。

學的方法學基礎。

其次，史萊瑪赫批判康德「普遍的道德法則」概念，賦予個體性極高的價值。然而，他對「個體性」的重視，卻因其神學思想的介入，而形成「種子決定」(Keimentschluβ) 說，謂一個作者的個體性乃是普遍生命（即「上帝」）的一個顯現，是預先被決定的（如「種子」），而其作品只是此一原初決定的發展。因此史萊瑪赫認爲， 唯有回到思想的源頭（即個體性），才能眞正了解作者；而他所說的「心理的解釋」，亦卽將自己投入作者心靈中的「創造活動的再創造」過程。他認爲，在天才的創作過程中，總有許多無意識的成份，而透過有意識的再創作、再體驗的過程，便能達到解釋的最高目標：比作者更了解他自己。

狄爾泰接受並修正了「再體驗」概念，也同樣重視個體性、無意識創作說、及「比作者更了解他自己」等觀念[34]，但卻極力批判史萊瑪赫的「種子決定」說。狄爾泰認爲，「種子決定」說忽略了人的社會性和歷史性，使歷史成了永恒的辯證法的影子，是一種沒有根據的假設。

以上所述，是 1896～1905 這十年間，狄爾泰思想的發展上所受到的四個方面的影響。從本節的論述裏，我們可以看到狄爾泰思想的多面性與發展性，也說明了狄爾泰晚年的解釋學思想，實爲中年、甚至早年思想的進一步修正與拓深，而沒有作根本的轉向。

有了以上的基本認識之後，我們將進入第五章的論述。由於

---

[34] 狄爾泰在〈興起〉中指出：「解釋學程序的最後目標，是要比作者更了解他自己。這個命題乃是『無意識創造說』(Lehre von dem unbewuβten Schaffen) 的必然結論。」(GS V, 331)。

1905 年退休至 1911 年狄爾泰逝世這段期間，乃是他重新建構精神科學奠基理論的時期，因此，筆者擬以此一時期的著作爲論述狄爾泰思想的基本根據，並參考早期與中期著作中的一些重要但在晚期未被凸顯出來的觀念，試著建構狄爾泰「歷史理性批判」的理論結構。

第五章　歷史理性批判

狄爾泰曾說:「人們必須等到生命行程的結束; 唯有在臨死的時刻, 才能對生命的整體 (Ganze) 有個通觀, 因爲只有基於這個整體, 其各部份間的關係才得以確立。」(GS VII, 233) 因此, 本章將以狄爾泰晚年重新建構「歷史理性批判」的一些論著 (包括 1904-1910 的〈奠基研究〉、1907 年的〈本質〉、1910 的〈建構〉和〈批判〉、以及 1911 的〈世界觀〉) 爲其「晚年定論」, 據以說明他一生思想的深層結構。當然, 由於狄爾泰思想的特殊性格, 本章須以前一章爲基礎, 才能論述其思想的統一性。因此, 本章的取材範圍不限於此一時期的著作, 而包括了此一時期以前的若干重要著作。

一、「歷史理性批判」的課題

在〈批判〉的一開頭, 狄爾泰就指出了歷史理性批判的課題, 他說:

> 精神世界的系統 (Der Zusammenhang der geistigen Welt) 在主體中萌生; 精神的運作 (Bewegung des Geistes) 就是

> 要決定這個世界的意義系統(Bedeutungszusammenhang)，而這種運作是和各個邏輯程序相結合的。如此一來，一方面這精神世界是認知主體所創造的；而另一方面，精神的運作又要在這精神世界中獲得客觀的知識。因此，我們面臨了一個問題：主體中的精神世界的建構，如何使關於精神實在的知識(Wissen der geistigen Wirklichkeit)成為可能？我以前曾將這個課題叫作「歷史理性批判」的課題。要解決這個課題，就必須將共同創造出此一精神世界系統的那些貢獻(Leistungen)找出來，並指出每一項貢獻在精神世界中，對歷史行程的建構有什麼作用，對精神世界的系統性的發現(Entdeckung der Systematik)又有什麼作用？(GS VII, 191)

這段陳述相當抽象而複雜，必須等到本章終了之時，才能明白。在此僅先對其中的幾個重要概念加以說明。

(一) 精神世界

在談及了解(Verstehen)對精神科學的貢獻時，狄爾泰指出:「客觀精神與個體的力量，共同決定了精神世界。歷史即是以對這兩者的了解爲基礎。」(GS VII, 213)而在論及精神科學的基本概念時，狄爾泰說:「在精神科學裏，我們是以作用系統的形式(Form von Wirkungszusammenhang)去把握精神世界的，亦即要探討這些作用系統是如何在時間的行程中形成的。」(GS VII, 156)狄爾泰顯然是將精神世界當作一種「作用系統」，而作爲精神科學的研究對象(Objekt)。

由《導論》中我們知道，精神科學的研究對象乃是「社會性-歷史性實在」。因此，「精神世界」事實上指的就是歷史世界與社會世界（die historische wie gesellschaftliche Welt）（GS VII, 152）。

前一章已說過，狄爾泰借用黑格爾的「客觀精神」概念來界定「歷史世界」概念，而以「客觀精神」表示人類精神或生命的各種客觀化現象。因此我們可以說，「精神世界」或即「歷史世界」，乃是客觀精神與創造出客觀精神的「個體的力量」，在不斷交互作用中所形成的「作用系統」。

狄爾泰明白指出，精神世界的「作用系統」不同於自然界的「因果系統」（Kausalzusammenhang）。他認爲，作用系統會根據心靈生命的結構（具有內在目的性），而創造價值及實現目的，並在各種成就或貢獻（Leistungen）之中，形成一種系統（Zusammenhang）。狄爾泰將此種現象叫作「精神的作用系統之內在目的性」（der immanent-teleologische Charakter der geistigen Wirkungszusammenhänge）。在狄爾泰的眼中，歷史的生命是不斷在創造的（GS VII, 153）。

（二）精神的運作與意義系統

此處所說的「精神的運作」，顯然是指狄爾泰晚年特別重視的「了解」（Verstehen）而言的。在這裏，我們必須注意，「了解」基本上也是前一章所說的「思想」（Denken）的一種，因此不可避免的要和各個邏輯程序相結合，所不同的只是「了解」所要把握的乃是意義與「意義系統」，而意義或意義系統是無法知覺到的（nicht vernehmbar），只能加以「了解」（verstehbar）。

（三）歷史理性批判

透過以上的分析，我們似乎可以說，狄爾泰心目中的「歷史理性批判」，乃是要解答「關於歷史世界或精神世界的知識如何可能」的問題。也就是說，認知主體中所建構的「精神世界」如何能說是一種關於「精神實在」的知識。

在這裏，我們很容易將狄爾泰的眞理觀了解爲一種「對應」(correspondence) 眞理觀。也就是說，有一個「精神世界」客觀存在著，這個世界雖然是我們所創造的，但同時又是我們認識的對象，而認識（卽精神科學的知識）之眞假，就看我們主觀上所建構的「精神世界」是否和客觀存在的「精神世界」或「精神實在」相對應。但稍後我們將看出，狄爾泰的眞理觀絕非如此單純。

其次，「歷史理性批判」一詞，很容易讓人誤以爲是一種歷史哲學。當代許多學者如 William H. Dray❶，皆將歷史哲學區分爲批判的（或「分析的」）和思辯的歷史哲學兩種。但從前一章的論述，我們可以肯定的說，狄爾泰長期從事的「歷史理性批判」絕不只是一種歷史哲學而已。他反對黑格爾的「歷史哲學」，亦未曾專以「歷史知識」爲關心的焦點。從《導論》中對「歷史理性」所下的定義 (GS I, 116) 可以看出，「歷史理性批判」的課題，實卽精神科學的知識（亦卽「關於精神實在的知識」或「關於人自己以及人所創造的社會和歷史的知識」，或「關於歷史

---

❶ William H. Dray, *Philosophy of History: An Introduction*, New York: Harper and Row, Torchbook Series, 1960, pp. 1–3.

性-社會性實在的知識」）如何可能的問題，而一般所謂的「歷史」，只是精神科學中的一個部門而已。

第三，「歷史理性」和「歷史意識」是不可分的，也就是說，歷史理性之所以爲「歷史理性」，乃是因爲這種「理性」（能力）具有「歷史意識」。因此狄爾泰說，蘭克（Ranke）是「歷史感的化身」並說他所要從事的工作是「探討歷史意識的性質和條件——一種歷史理性批判」（GS V，9）。換言之，狄爾泰所說的「歷史理性」，即是人類認識自己及自己所創造的社會和歷史的能力，並且此種能力是有限的、具有歷史性（Geschichtlichkeit）的。這種能力是精神科學之所以可能的人性根據。狄爾泰認爲這種能力不同於康德的「純粹理性」（自然科學之所以可能的人性根據），因此有必要對這種能力作批判性的考察，以使精神科學成爲一種具有「相對自主性或獨立性」的系統。

（四）結　論

(a)「歷史理性批判」的課題是：精神科學的知識如何可能❷？或者換個方式說，即：關於精神世界的知識如何可能？這裏狄爾泰是以精神科學和自然科學對照，同時也以精神世界和自然界相對照。

(b) 狄爾泰的「精神世界」概念所包含的範圍甚廣。精神科學即是關於精神世界的科學。精神的運作（了解）是要決定精神

❷ 狄爾泰在〈批判〉中曾明白指出：他將「一切有關精神科學的省察」這基本課題叫作「歷史理性批判」。他認爲，「歷史理性」適於解決此一課題，而這個課題是康德的理性批判所未注意到的(GS VII, 278)。

世界的意義系統，而以「作用系統」的形式加以把握。了解既是把握精神世界的方法，則狄爾泰所說的「歷史理性」，事實上指的就是「了解」能力。但這種能力是要和各個邏輯運作程序相結合的。

(c)「歷史理性」必須包含「歷史意識」；也就是說，我們必須意識到，「了解」能力是有限的、具有歷史性的。此種有限的、具有歷史性的能力如何能認識歷史世界，就成了狄爾泰「歷史理性批判」最重要的問題，這個問題也就是「歷史意識」的問題。

二、精神科學與自然科學的區分

從前兩章可以看出，狄爾泰關於精神科學與自然科學的區分的思想，一直由依主題或內容作區分的方式，逐漸擴充到依經驗或認識方式作區分以及依認知主體的態度或研究途徑作區分的方式。1883 年的《導論》以前，主要是依主體或內容作區分，因此「精神科學」即是研究人、社會、與歷史的科學；《導論》中以及 1894 年的〈觀念〉中的「內在經驗」、「體驗」等概念，則側重於依經驗方式作區分；而到了晚期的〈建構〉、〈批判〉等論著裏，則已將這三種區分方式結合了起來，而形成一套以方法論爲基礎的區分方式。

狄爾泰在第三個〈奠基研究〉裏，提出了下述的問題：我們如何能劃分開精神科學與自然科學？歷史的本質何在，歷史和其他科學有何不同？客觀的歷史知識能達到嗎？(GS VII, 70) 而在《建構》中，狄爾泰一開頭就說：「首先，我們必須以確定的標

記，先行將精神科學與自然科學劃分開。」(GS VII, 79)

狄爾泰心目中的「精神科學」包括有歷史、經濟學（Nationalökonomie)、法律與政治科學（Rechts- und Staatswissenschaften)、宗教學（Religionswissenschaft)、文學與詩的研究、（空間）藝術與音樂的研究、哲學世界觀與哲學體系的研究、以及心理學等等（GS VII, 70, 79)。狄爾泰指出，所有這些科學都和「人類」(Das Menschengeschlecht）這個「偉大的事實」(groβe Tatsachen）有關。❸ 狄爾泰在《導論》中就曾說過：「人是精神科學分析的起點和終點。」(GS I, 388)

但是，「人」這個概念顯然太過空泛，不足以作爲精神科學的標記。譬如生理學也和人有關。但卻不屬於精神科學。此外狄爾泰還指出，隨著各精神科學研究主題的不同，論述的主詞亦各有不同。如由個人到家庭、團體、國家、時代、大的歷史運動或發展系列、社會組織、文化系統等等，這些主詞雖都和「人類」有關，但邏輯主詞旣各不相同，便會有無窮多的定義，難以眞正區分開精神科學與自然科學（GS VII, 81)。

在〈建構〉中狄爾泰已明白表示，我們不能以精神科學和自然科學所涵蓋的「對象本身」(Gegenstand an sich）去區分兩者，因爲精神科學也必須關係到人的物理側面❹；而必須結合主題與「對待對象的態度」(Verhaltung zur Gegenstand)，才能區

❸ 狄爾泰之所以會認爲「人類」是個「偉大的事實」，是因爲他認爲人類是萬物之靈，人的存在是一切現象中最令人驚奇的，也就是說，對人而言，最大秘密就是人類自己。

❹ 這點狄爾泰在《導論》中已明白指出了，他說：「精神科學包含了許多物理事實，且以有關物理世界的知識爲基礎。」(GS I, 14)。

分開兩者。精神科學的主體都和「人」有關，而其對待人的特殊態度則是：將事件的物理側面視爲「條件」或「了解的工具」，而重視由「生命的表現」(Lebensäuserungen) 去把握內在的「自省」(Selbstbesinnung) (GS VII, 81～82)。

須注意的是，狄爾泰晚年所使用的「自省」一詞，已不同於《觀念》中的用法，而等同於「了解」(Verstehen)。如狄爾泰指出，「了解」的作用在於穿透人類歷史中可觀察到的事實，而達到感官所不及，但卻影響著外在事實且表現於外在事實中的一切。而接著又說，精神科學的長遠目標，在於獲得「人對自己的省察」(eine Besinnung des Menschen über sich selbst) (GS VII, 83)。

然而，何以在精神科學中特別要透過生命的表現而去了解「內在」的東西呢？換句話說，精神科學對待「人」的態度，「如何」(wie) 和「人類」這個事實發生關係的呢？在這裏，狄爾泰仍一本生命哲學的基本立場，將精神科學的起點放在「體驗」(Erlebnis) 上。所不同的是，在晚期的思想裏，「體驗」概念已由心理學概念轉變爲解釋學概念了。

(一)「體驗」：精神世界的基本細胞

前面說過，精神科學的知識即是關於精神世界或歷史世界的知識，而狄爾泰指出：「體驗是歷史世界的基本細胞 (Urzelle)。」(GS VII, 161) 然而，何謂體驗呢？又如何由體驗形成精神世界的呢？

狄爾泰在晚年對「體驗」概念有很深刻的分析。在他的分析中，體驗和「生命的範疇」是不可分的，因爲生命的範疇是來自生命，亦即來自體驗的。生命範疇此處暫且不論，然必須指出的是，在狄爾泰的體驗概念中，至少包含了「時間性」(Zeitlichkeit) 與「意義」(Bedeutung) 這兩個生命範疇。

狄爾泰在〈批判〉中，曾對「體驗」概念下定義，他說：

> 卽使是時間推進的最小部份，也還是有一段時間行程。「現在」渺不可得；我們所體驗到的「現在」，總是包含著對剛過去的「現在」的記憶。在其他時刻裏，「過去」會像力量 (Kraft) 一樣，仍在現在有影響、有意義……凡是像這樣在時間之流裏，因為具有統一的意義 (eine einheitliche Bedeutung) 而在「現在」形成的一個單位，就是最小的單位，這種單位可稱之為「體驗」(Erlebnis)。進而言之，由許多個生命部份 (Lebensteilen) 所構成的任何範圍較廣的單位，只要這些部份由於對生命行程具有一共同的意義 (eine gemeinsame Bedeutung)，我們也稱之為一個「體驗」，卽使這些部份因穿插進來的活動而分離了，也算是一個體驗 (GS VII, 194)。

由這段陳述裏我們可以看到，狄爾泰晚年的「體驗」概念事實上和〈觀念〉時期的「體驗」概念並無根本的差異。所不同的是，由於意識活動與意識內容的區分，使狄爾泰以「意義」作爲定義「體驗」概念的基本元素，從而使「體驗」概念由心理學概念轉變爲解釋學概念。

此外狄爾泰還說：

> 體驗是時間中的一種過程，在這種過程裏，每一個狀態

> (Zustand) 在未成為清晰的對象之前就已經改變了，因為，下一瞬間總是建立在前一瞬間之上的，而在這種過程中，每一瞬間還未被把握住，就已經成為過去了 (GS VII, 194)。

換言之，思想是無法穿透「時間體驗」(Erlebnis der Zeit) 的，這種情形狄爾泰就叫作「二律背反」。

思想在「時間體驗」中所發現的這種二律背反告訴我們，「生命之流」(Fluβ des Lebens) 是無法直接把握住的。因爲，根據生命本身的法則，我們所觀察到的每一個生命瞬間，都是被注意力所固定的記憶中的瞬間，而不再是流動性的「流」本身。因此，嚴格說來，我們是無法把握到生命本身的本質的 (GS VII, 195)；也可以說，時間行程是無法體驗的。

由這種「時間體驗」的性質，便可以使我們了解體驗的特性。狄爾泰說：

> 對一體驗的意識和這個意識的狀態是同一個東西，也就是說，我所意識到的體驗，也就是這個意識的內容 (Das Bewuβtsein von einem Erlebnis und seine Beschaffenheit, sein Fürmichdasein und was in ihm für mich da ist, sind eins)：體驗不是作為一個對象而存在於把握者的面前，而是我所要把握的體驗的存在，和我在其中所要把握的內容是不可分的 (Das Erlebnis steht nicht als ein Objekt den Auffassenden gegenüber, sondern sein Dasein für mich ist ununterschieden von dem, was in ihm für

mich da ist) (GS VII, 139)

因此，體驗 (Erlebnis) 與經驗 (Erfahrung) 的「經驗方式」(Erfahrungsweise) 是不同的：經驗預設了主客的對立，換言之，經驗對象是被表象 (vorstellt) 的；但體驗卻無主客之分，是個體生命在時間之流中，由內在（「一束本能」）與外在（自然環境與文化環境）共同造成的具有統一意義的實質存在（＝實在）(das Erlebnis ist ein qualitätives Sein＝eine Realität) (GS VII, 230)。隨著時間的不斷推進，便形成了一個人的「生命行程」(Lebensverlauf)。因此可以說，人是生活在體驗中，且透過體驗而生活的。因此狄爾泰才會說：體驗是精神世界的基本細胞。

（二）表　現

狄爾泰認爲，體驗不是沉默的 (stumm)，也不是晦闇的 (dunkel)。他在晚年曾說：

> 內在生命 (Das Innere) 可以有完全的表現 (Ausdruck)……因此，只有在這種表現裏，我們才可以看到人類心靈生命的全豹。(GS V, lxxxvii)

因爲：

> 在體驗裏，我們既無法在自我的發展形式中，也無法在自我的深處中把握到我們自己。因為就像一座小島一樣，意識到的生命的小小範圍，是由生命深不可測的深處浮現出

> 來的。但表現却是由這深處產生出來的。表現是具有創造性的。如此，我們才能在了解 (Verstehen) 中接近生命本身——透過創造活動的再現 (Nachbilden) 而接近生命本身。(GS VII, 220)

狄爾泰之所以在晚年特別重視表現，固然是因爲表現可以將體驗中無法意識到的內容表現出來，更重要的是因爲表現是固定的，可以作爲吾人不斷探討的對象。因此他特別重視語言的表現方式，因爲，「唯有在語言裏，人的內在生命找到了其完備、澈底而客觀可了解的表現」(GS V, 319)。而他之所以特別重視詩歌，甚至認爲詩人才是「眞正的人」，正是因爲詩人可以不受理智反省的干擾，而將體驗完全表露無遺 (ED, 165-66)。——在這裏，我們看到了狄爾泰的思想中，已含有當代所發展的「深層解釋學」的基本概念，惜他未能在這方面多作發揮。

狄爾泰在晚年的〈批判〉裏，曾將表現分爲三類。第一類包括觀念、判斷、理論 (Denkgebild) 等表現；其內容是理論性的、純理智性的、純爲溝通而立的，因此不因時空和人的改變而不同。由於此種表現純然著重於對「思想內容」的了解，因此最爲確定，也最不會引起誤解。(GS VII, 205)

第二類表現包括各種具有目的的行動 (Handlung)。這類表現只要知道其目的何在，也不難了解。例如工人拿起鐵鎚，大概不外是要釘東西。由於這類表現大多具有約定俗成的意義，故易於了解，但我們所了解到的，通常都和該行爲者的性格或生命內容沒什麼關係。(GS VII, 206)

第三類表現狄爾泰特稱之爲「體驗的表現」(Erlebnisausdrücke)。從同一時期的其他文章中似乎可以確定，這類表現應包括表情、姿態、詩歌、藝術作品、自傳等等能將體驗表露無遺的表現。此種表現無邏輯上的眞假可言，也沒有達不達成目的的問題，只有心靈上「眞」與「不眞」之別。(GS VII, 206)

這三類表現都是「生命的表現」(Lebensausdrücke)，因此都應包含在精神科學的範圍裏；但由於體驗的表現最能窮盡生命的底蘊，因此對精神科學也特別重要。但精神科學要成爲科學，卻必須由後兩類表現提昇到第一類表現，才能得到具有「普遍有效性」(Allgemeingültigkeit) 的眞理。然而，體驗如何能表現出來呢？這必須先預設了「客觀精神」的存在——語言就是一種「客觀精神」。

(三) 客觀精神

狄爾泰在〈批判〉中曾指出：

> 「客觀精神」這個概念，我指的是存在於個體間的共通性 (Gemeinsamkeit) 在感覺世界 (Sinneswelt) 中客觀化出來的種種形式。在這種客觀精神裏，「過去」對我們而言，乃是持續不變的「現在」。客觀精神的範圍包括了生活方式、交往的形式、社會所形成的目標系統，乃至道德、法律、國家、宗教、藝術、科學和哲學。(GS VII, 208)

從這段話我們可以看出，狄爾泰的「客觀精神」概念乃是我們在生活世界裏隨處可以看到的東西，並無任何神秘不可解之處。同時，「客觀精神」只能看作是一個邏輯主詞，而不能當作形上的實體。

狄爾泰在前段引文稍後指出:

> 從孩提時代開始，我們的自我就從這個客觀精神的世界攝取營養。這個客觀精神的世界，也是吾人之所以能了解他人及其生命表現的媒介 (Medium)。因為，凡是精神客觀化出來的東西，都會包含着我和你共通的東西 (ein dem Ich und dem Du Gemeinsames)。(GS VII, 208)

譬如，孩子在家庭中長大，而家庭的倫常與生活方式就是某種「客觀精神」。因此，在未學習語言之前，人已生活在客觀精神的世界裏了；而語言的學習，更使人依賴客觀精神而生活。因此狄爾泰說:「個體在客觀精神的世界中成長。」(GS VII, 209)

事實上，「客觀精神」概念和「人性的同類性」概念是不可分的。在早期的著作裏，狄爾泰認爲，共同 (gemeinsam) 或相同 (gleichförmig, einheitlich) 的人性（一束本能）是人與人之間互相了解的基礎。甚至到了晚年的〈世界觀〉裏，狄爾泰仍主張「人性總是相同的」(GS VIII, 79)。然而，由於「我本身就是一個歷史性的動物」(geschichtliches Wesen)」(GS VII, 278)；因此，雖然每個人都有相同的需要與慾望，但「每個人都只實現了其發展的一個可能性」(GS VII, 279)。因此，嚴格說來，人是只有歷史而沒有「本性」的，我們只能從歷史去把握人性。——狄爾泰常說:「人是什麼，只有歷史能告訴他」。

如此一來，光靠人性作爲互相了解的共同基礎，顯然就不充分了。因此，狄爾泰在晚年特別重視「客觀精神」概念，因爲客觀精神卽是「相同」的人性在感覺世界中客觀化出來的產物。客觀精神旣包含着「我和你共通的東西」，且爲吾人長期學習與了解的對象，自然就可以作爲人與人溝通的媒介。因此狄爾泰說:

> 在客觀精神的領域裏，每一個生命表現 (Lebensäuβerung) 都表達了一個共通的東西 (ein Gemeinsames)。每一個字、每一個句子、每一個表情或客套話、每一個藝術品、以及每一件歷史行為之所以可以了解，乃是因為有一種共通性 (eine Gemeinsamkeit)，將表現出這些東西的人和了解這些東西的人連結起來；每個人都是在一個共同的領域 (eine Sphäre von Gemeinsamkeit) 中體驗、思考、行動，也只有在這樣一種領域裏，才能進行了解。一切被了解的東西，都會帶有來自這種共通性之「熟悉的標記」(die Marke des Bekanntseins)。我們就生活在這種範圍中，這種範圍隨時繞着我們。我們都在這種範圍中受到薰陶。在這個歷史的世界，為我們所了解的世界裏，我們到處都很熟悉，我們了解這一切的含義和意義 (Sinn und Bedeutung)，我們自己就交織在這些共通的事物中。(GS VII, 146-147)

從這段話裏，我們可以更進一步肯定，「客觀精神」不僅是相互溝通與了解的基礎，同時也是表現之所以可能的基礎。

(四) 了　解

狄爾泰曾對「了解」(Verstehen) 下過許多定義，但似乎都不太滿意。許多解釋者常捉住其中幾個定義，便說狄爾泰是直觀主義者、心理主義者。筆者認為，Verstehen 這個字之所以不易下定義，實因這個字在德文裏是一個很普遍的字，應用的範圍甚廣，所包含的用法和意義也格外豐富，不易有明確的把握。然而狄爾泰既是為精神科學尋求理論奠基，則要了解他的 Verstehen 概念，便必須將這概念放在其整個「歷史理性批判」的理論架構中去了解。本節所述的體驗、表現、客觀精神等，即是和 Verstehen 密切相關的幾個概念。

在〈興起〉的附錄裏，狄爾泰曾說：「所謂 Verstehen 我指的是，由給予感官的心靈生命的表現，獲得心靈生命的知識的過程」(GS V, 332)。這個定義指出，了解乃是使我們由表現去把握體驗的過程，這種過程狄爾泰有時也稱之為「再體驗」。這種「再體驗」並非心理歷程的重演，而是體驗的「內容」之再現 (Nachbilden)。

狄爾泰在〈批判〉中指出，體驗本身具有「基本的思想效應」(die elementaren Denkleistungen)，並將此一效應稱為體驗的「理解性」(Intellektualität) (GS VII, 196)。這是了解之所以可能的最終根據，亦即生命具有「內在的反省性」(immanente Reflexivität)，因此狄爾泰說：「知識就在這裏，它不自覺的和體驗 (Erleben) 連結在一起」(GS VII, 18)。因此我們可以說，了解乃是與生俱來的一種能力。

狄爾泰雖認為生命具有「內在的反省性」，但由於生命有「內在的二律背反」，因此由「內省的方法」(introspektive Methode) 是無法認識生命的。要認識生命，必須要透過一種「了解的迂迴」(Umweg des Verstehens) 才行。

個體的生命是由體驗在後天形成的結構系統 (Strukturzusammenhang)，在這個系統中，我們所體驗到的體驗會隨着記憶的累積而形成個人的生命經驗（Lebenserfahrung 即廣義的體驗）(GS Vll, 132)。狄爾泰從人類能互相了解的事實，推論出人性的同類性（GS VII, 141)。社會和歷史是人與人之間相互影響所造成的系統。因此在某一時代的某個社會中，必定存在着普遍的生命經驗（allgemeine Lebenserfahrung)。狄爾泰認爲，這種普遍的生命經驗的確定性高於個人生命經驗的確定性。因爲在普遍的生命經驗中，紛然雜陳的個人觀點消失了，且這種生命經驗所依據的情況遠較個人的生命經驗爲多，因此確定性程度自然較高(GS VII, 133)。

這種個體與個體之間的共通性 (Gemeinsamkeit) 會表現於理性的同一 (Selbigkeit der Vernunft)、情感生命的共鳴 (Sympathie in Gefühlsleben)、以及伴隨着「應然意識」（Bewuβtsein des Sollens）而來的義務與權利的互相結合（GS VII, 141)。這種觀點，事實上乃是人性的同類性之進一步說明。狄爾泰並未憑空說人性都是相同的，而是認爲，從人類對精神世界的整個把握中，我們必須要有這種「基礎經驗」(Grunderfahrung) 作爲了解之所以可能的預設。狄爾泰說:

> 這種「共通性」的基礎經驗，貫穿於人對精神世界的整個把握中；在這種基礎經驗裏，「統一的自我」的意識和「與他人同類」的意識，亦卽人性與個體性的同一性互相連結了起來。這是了解所需的預設。(GS VII, 141)

所以狄爾泰會說，個體間的共通性（die Gemeinsamkeit der

Lebenseinheit)，乃是精神科學中連結個殊與普遍 (Besondern und Allgemeinen) 的一切關係之出發點 (GS VII, 141)。這種論點用最簡單的話說，就是：此心同，此理同。

因此，狄爾泰在一份遺稿中說：

> 了解的特徵有三：①它不僅包含形式的關係，還包含了所了解的東西本身 (was in sich ist) 的內容；②了解的完成是透過心靈力量的整體；③它既不分開歸納與演繹的程序，也不分開個殊與普遍概念，而只表現出在普遍概念之經驗到的界限內的一種「主觀化」 (ein Subjectieren in erfahrenen Grenzen des Allgemeinen) ❺

這段話說明了狄爾泰的「了解」概念並非一種直觀或心理活動 (同情) ❻，而是和概念及判斷不可分的一種「以心靈力量的整體由表現把握住體驗內容 (意義)」的過程。

事實上，以上所述，大多着眼於狹義的「了解」概念，廣義的了解不只可以了解個人的心靈生命，更可以了解社會及歷史的「生命」。例如，狄爾泰在〈建構〉中曾以耶林對羅馬法的研究

---

❺ 引自 Michael Ermarth, *Wilhelm Dilthey: The Critique of Historical Reason.* Chicago and London: The University of Chicago Press 1978. p. 258.

❻ 狄爾泰在 1860 年的「得獎論文」中已明白表示，眞正的了解決不只是一種情感的投射，或某種主觀心境 (Gemütsstimmung) 的重建。在《狄-約通信》和《史萊瑪赫傳》裏，他也曾批評那種只奠定於直觀上的解釋爲「美學的神秘主義」(參見 M. Ermarth, loc. cit., p. 258-9)。

爲例，他說：

> 對一時代某個社會的法律的歷史了解，在於由外在的機構，回溯到由集體意志所促成並貫徹的「法律命令的精神系統」(geistige Systematik der Rechtsimperative)，該機構卽此一系統的外在存在。耶林卽在這種意識下探討羅馬法的精神。對這種精神的了解並非心理學的知識。這種了解乃是要回溯到一個具有自己的結構且有法則可尋的精神性產物 (geistiges Gebilde) 上。(GS VII, 85)

由這個例子我們可以知道，了解決不純是一種直觀。這種例子在歷史知識的領域裏不勝枚舉：可以說，了解的作用卽在穿透人類歷史中可觀察到的事實，以達到感官所不及，但卻影響着外在事實且透過外在事實而表現出來的一切。這也就是說，了解總包含着一種外在與內在的關係，亦卽要由外在去決定內在 (GS VII, 84)。因此狄爾泰說：「了解只能達到存在着內在與外在的這種關係的範圍，正如自然知識只能達到存在有現象與說明現象的理論之關係的範圍。」(GS VII, 83-84)

從這種觀點我們便可以說：精神科學的對象乃是「精神對象」(geistiges Objekt)，凡是精神對象都有內在與外在的關係 (因爲「精神對象」乃是精神的產物)，而由外在把握內在的過程就叫「了解」(Verstehen)；反之，自然科學的對象只是「物理對象」(physischer Gegenstand)，因此不須加以了解，只須「認識」(erkennen) 卽可。(GS VII, 86)

然而，「精神對象」包括了整個歷史世界或精神世界的對象，有些是個人生命經驗的表現，有些是共同生命經驗的表現（客觀精神）。這些表現的客觀化程度各有不同，因此了解和心靈生命的關聯程度亦將有所不同。譬如前述了解羅馬法的例子，就和個人的心靈生命沒有直接的關係。但如果要了解一個人就不一樣了。狄爾泰在 1888 年的〈教育學〉中就曾說：「只有當我們對一個人有所同情（mit ihm fühlen），並在內心中體會（nachleben）他的感受（Regungen），我們才能了解他、影響他。唯有透過愛（Liebe）我們才能了解。」（GS VII, 74）在 1895/96 年間寫成的〈論個體性〉中，狄爾泰也說：「了解依賴於同情心（Sympathie）的大小，對於完全沒有同情的人，我們是不會了解的。」（GS VII, 277）甚至在〈批判〉裏，狄爾泰還是認爲：「在所有的了解中都有一非理性的因素（ein Irrtaionales），正如生命本身就是這樣一種存在」（GS VII, 218）。

了解之有「非理性的因素」，只表示我們無法將了解完全化約爲一些邏輯規則，而不表示了解就是一種神秘的、非理性的直觀。例如在遺稿裏，狄爾泰便曾談及「解釋學的邏輯問題」。他說：

> 用目前的術語來說，「了解」的邏輯面包含於歸納、普遍真理之應用於個別情況、以及比較程序三者的合作。❼

透過以上的論述，我們可以將狄爾泰的「了解」概念定義如下：了解是人類以心靈力量的整體去認識自己及自己所創造的社會及歷史（精神世界）的一種能力，此種能力所展現的，是一種

---

❼ ibid., p. 251.

由精神對象的外在面回溯到內在面的過程，此種過程中雖含有「非理性」的因素，但卻不是一種非理性的直觀。這種能力也就是《導論》中所說的「歷史理性」。

「了解」基本上是相應於「體驗」的「理解性」而產生的一種能力。由於我們一出生就生活在一個客觀精神的世界裏，耳濡目染的結果，使我們對前述三類表現中的各個單一的表現有基本的了解，這種「在實際生活的興趣中所產生的了解」，狄爾泰叫作「基本形式的了解」(elementare Formen des Verstehens)。客觀精神在基本的了解中，扮演着媒介的角色，是相互溝通及了解之所以可能的基礎。(GS VII, 207–208)

當我們在了解一個表現時，如果對其意義不能有確定的把握，便須訴諸「較高形式的了解」(höhere Formen des Verstehens)。精神科學所需要的，就是這種較高形式的了解。狄爾泰的「歷史理性批判」所要探討的，也就是這種形式的了解。

（五）精神科學的範圍

透過以上的論述，我們便可以肯定的說，狄爾泰晚年顯然是要透過方法論的建構，使精神科學獲得獨立性或自主性。譬如他在《建構》中就明白指出：「精神科學奠基於體驗、表現與了解三者的關係上」(GS VII, 131)。此外他還說：

> 體驗、表現與了解三者的關聯 (Zusammenhang)，乃是我們之所以把人類 (Menscheit) 作為精神科學的對象之特定程序。精神科學就是這樣子奠定於生命、表現與了解的這種關聯上的。到這裏，我們才獲得了一個完全清楚的標

> 記，使我們得以明確地劃出精神科學的範圍，只有當我們可以透過一種奠基於生命、表現與了解的關聯中的態度，去把握一門科學的對象時，這門科學才屬於精神科學。(GS VII, 87)

而在生命、表現及了解中，「了解」概念更是他整個方法學的中心概念。因此狄爾泰說：

> 精神科學的範圍相等於了解所及的範圍，而了解則在生命的客觀化中有其對象。因此，就精神科學所涵蓋的現象的範圍而言，「精神科學」的概念是由生命在外在世界的客觀化所決定的。只有精神創造出來的東西，精神才會了解。自然科學的對象是自然，自然所包括的是獨立於精神的作用之外而產生的實在。凡是人主動印上其標記的一切，都是精神科學的對象。(GS VII, 148)

三、生命的解釋學與生命的辯證
(Hermeneutik des Lebens und Lebensdialektik)

狄爾泰曾將解釋（Auslegung, Interpretation）界定爲：對持續而固定的生命表現所作的「有系統的了解」（kunstmäβiges Verstehen）(GS V, 319)；並將解釋學（Hermeneutik）界定爲：了解書寫的固定生命表現的方法學（Kunstlehre）（GS V, 332-333)。這兩個定義都是落在傳統解釋學的脈絡而下的。本節在使用這兩個概念時，將落在狄爾泰的「歷史理性批判」的脈絡中，而對其意義作更概括的使用。如此一來，解釋表示對精神世界所作的有系統的了解；而解釋學則表示了解精神世界的方法學。本節的目的在於說明，在狄爾泰晚年的思想中仍有極強烈的實踐動機或「知識批判」的動機，且透過「生命的解釋學」所要達到的，乃是一種「生命的辯證」，而正是這種「生命的辯證」，使他的思想體系必然是一種開放的系統。

(一) 生命哲學 (Lebensphilosophie)：生命的解釋學

狄爾泰在 1911 年曾說，支配其哲學思想的主要衝動是要「由生命本身去了解生命」(GS V, 4)。他深信「思想不能退回到生命的背後」(GS V, 5)。也就是說，生命是思想的根源，不能在具有時間性的生命背後，另立任何沒有時間性的東西。這種立場，使狄爾泰反對任何先天的或先驗的思想設定，並認爲形上學是不可能的。因此他在 1911 年即說：「我的哲學的基本思想是：迄今爲止，尙未有人以全部完整而無割裂的經驗作爲哲學的基礎，也就是說，哲學尙未奠基於全部而完整的實在 (ganze und volle Wirklichkeit)。」(GS VIII, 175) 因此他稱自己的哲學爲「經驗的哲學」(Philosophie der Erfahrung)，亦即探討實在的科學 (die Wissenschaft des Wirklichen) (GS VIII, 175-176)。

站在這種生命哲學的立場，狄爾泰試圖了解生命或實在。他發現，生命是具有時間性與歷史性的實在，它同時是可以思考的 (gedankenmässig) 卻又是無法窮究的 (unerschöpflich, unergründlich) (GS V, 173-175; GS VIII, 145)。面對這種具有時間性與歷史性，同時又有「內在的二律背反」的實在，狄爾泰在晚年採取了一種迂廻的方式去加以把握，於是建構了作爲精神科學的方法學基礎的解釋學。因此我們可以說，狄爾泰的生命哲學，事實上就是一種「生命的解釋學」。

（二）生命的範疇（Die Kategorien des Lebens）

什麼叫做「範疇」呢？狄爾泰說：

> 在我們用來陳述對象的述語 (Prädikate) 中，含有許多「把握的方式」(Arten der Auffassung)。用來指稱這些方式的概念，我就叫做「範疇」。……最高的範疇即表示把握實在之最高層次的立足點。(GS VII, 192)

於是狄爾泰進一步區分「形式範疇」(formale Kategorien) 與「實在範疇」(reale Kategorien)。他說：

> 形式範疇是有關一切實在的陳述形式 (Aussageformen)。但在實在範疇中所出現的，則是在把握精神世界時所產生的範疇——即使這些範疇後來被轉用到整個實在上。修飾一特定個體的體驗系統 (Erlebniszusammenhang) 的普遍述詞，都是在體驗 (Erleben) 中產生的；一旦這些普遍述詞被用於了解生命的各種客觀表現 (die Objectivationen des Lebens) 以及精神科學陳述的所有主詞上，其有效性的範圍就擴大了，直到顯示出，凡是有精神生命 (geistiges Leben) 之處，都可以用作用系統(Wirkungszusamenhang)，力量 (Kraft)、價值 (Wert) 等等述詞去形容，則這些普遍述詞獲得「精神世界的範疇」的尊嚴了。(GS VII, 192)

用最簡單的話說，生命的範疇（即「實在範疇」）是由生命產生且能用來了解精神世界（生命客觀化所產生的世界）的普遍概念。也可以說，範疇是把握生命的工具。

由於狄爾泰的「生命範疇」是依（廣義的）經驗歸納而得到的，因此不可能像康德的範疇表一樣得到確定的範疇。我們甚至可以說，隨著歷史的演進與人類對精神世界的知識的增加。必定會產生新的範疇。因此當狄爾泰在論述生命範疇時，總是隨機指點。大致上，狄爾泰所曾提出並較重視的範疇有：時間性（Zeitlichkeit）、歷史性（Geschichtlichkeit）、意義（Bedeutung）、價值（Wert）、目的（Zweck）、含義（Sinn）、作用系統（Wirkungszusammenhang）、結構（Struktur）、發展（Entwicklung）、整體與部份（Das Ganze und seine Teile）、本質（Wesen）、力量（Kraft）等等。

這些範疇雖無系統性的關聯，但對了解精神世界（如自傳）而言，確實是很有用的。然而，狄爾泰的範疇理論最大的意義是說明，了解絕非一種直觀，而是與概念和判斷不可分的一種思想能力。

（三）世界觀哲學（Weltanschauungsphilosophie）

世界觀學（Weltanschauungslehre）是狄爾泰晚年所發展的重要思想之一，也是受批評最多的部份。1911 年的〈世界觀〉，表面上看起來似是在證明形上學的不可能；但事實上這只是消極的目的，狄爾泰另有積極的目的。

狄爾泰在 1887 年的就職演說中已指出：「形上學體系都已經沒落了」(GS V, 11)。形上學雖已沒落，但卻不表示過去的形上學是沒有意義的；相反的，對形上學體系的探討，對「生命的解釋學」而言，實具有重大的意義。因爲，狄爾泰認爲，歷史上所有偉大的形上學體系都是某種世界觀的表現，而「世界觀的最後根源乃是生命」(GS VIII, 78)。

世界觀是怎麼產生的呢？狄爾泰認爲，世界觀是人類在面對亙古的「生命之謎」(Rätsel des Lebens) 時所產生的對人生與世界之整體性的直觀。這種直觀主要展現爲三種形式：藝術（尤其是詩歌）、宗教、哲學。生命之謎包括了：我從那裏來？將往何處去？人生無常，但意志卻要求恒常；人受自然的法則所支配，但又具有意志自由……等等。

由於世界觀的發展是在不同的條件下進行的，因此形成各式各樣的世界觀，隨著歷史的演進而依自然淘汰的方式不斷趨於完備（GS VIII, 85-86)。因此狄爾泰說：「世界觀是歷史的產物」(GS VIII, 84)。世界觀的根源旣是生命，且又是歷史的產物，因此便可透過比較的、歷史的方法（das vergleichend-geschichtliche Verfahren）而找出世界觀的類型，以及這些類型在歷史中的形變、發展與交會（GS VIII, 86)。

然而，爲何要找出世界觀的類型呢？狄爾泰再三強調，世界觀類型的區分，「只能用來拓深我們對歷史的認識，並且要從生命出發」(GS VII, 99f, 86, 150, 160)。因此，狄爾泰的「世界觀類型學」事實上只是了解歷史的一種輔助工具而已，其目的在於透過哲學史的分析，對人類精神的本質的主要形式作分類，以掌握「精神的內在運動」(innere Bewegung des Geistes) 和歷史的各種「作用系統」(Wirkungszusammenhang)；換言之，就是要透過歷史世界去把握生命本身，以展現一種「生命的辯證」。

此外，世界觀類型學還有另一種作用，那就是能配合歷史意識（geschichtliches Bewuβtsein），使人們將各自要求普遍有效性而處於一種無政府狀態的諸形上學系統，看作是一些並行不悖的世界觀，都看到了某一面的眞理，但都只是一面而已（GS VIII, 229），而不必「是其所非而非其所是」的互相攻詰。

（四）生命的辯證與開放的思想體系

前一章已說過，狄爾泰一生具有極強的實踐動機或知識批判的動機。在《導論》中，狄爾泰卽說精神科學是產生於「生命的實踐」(Praxis des Lebens) 中的。在〈建構〉裏，狄爾泰說精神科學是「歷史與社會的科學」(Geschichts- und Gesellschaftswissenschaften)（GS VII, 136），其對象是「人類-歷史-社會的世界」(menschlich-geschichtlich-gesellschaftliche Welt) (GS VII, 3, 304, 159)，而其最高的使命則是透過科學知識的客觀性而「回饋到生命與社會上」(GS VII, 138)。

由於生命具有「多面性」（Mehrseitigkeit）（GS VIII, 69），每個個體只能發展出一種可能性；但生命同時還具有「同類性」(Gleichartigkeit)，因此透過客觀精神的媒介，我們便可運用生命的範疇，「由生命本身了解生命」。如狄爾泰說:

> 了解卽是「我」在「你」中的重新發現；精神在不斷提昇的「系統」(Zusammenhang) 的層次中發現自己；精神的這種在「我」、在「你」、在「一個共同體的每一個主體」、在「文化的每一個系統」、乃至在「精神與人類史的整體性」之中的同一(Selbigkeit)，使得各種不同的貢獻(Leistungen)

> 在精神科學中的合作成為可能。在這裏，知識的主體和知識的對象是同一的，並且這對象在其客觀化的所有層次上都是相同的。(GS VII, 191)

換言之，我們可以透過了解的過程，「從生命本身了解生命」，而使我們增加對生命的認識，進而回饋到生命與社會上去，引導新的體驗的方向❽。因此，體驗與了解的關係乃是互相影響、互相依賴的。狄爾泰說：

> 生命與生命經驗，是了解「社會性-歷史性世界」之不斷更新、不斷湧現的泉源；了解發自生命而不斷穿透到更新的生命深處去。精神科學唯有回饋到生命與社會上，才能獲得最高的意義，並且這種意義是有增無減的。但是，要達到這種效果，却必須透過科學知識的客觀性才行。(GS VII, 138)

這種由生命了解生命而開創更深刻的生命之不斷更新的發展過程（其中透過「作用系統」的分析，可發現類似「揚棄」（Aufhebung）的辯證關係），即可稱之爲「生命的辯證」。

歷史就是在這種不斷發展的「生命的辯證」中形成的。由於生命具有「內在的二律背反」，因此我們雖能透過了解而不斷接

---

❽ 在狄爾泰的分析中，體驗是具有時間性的，當我們在進行了解時，同時會對過去作意義的把握，對現在作價値的評價，並對未來作目的的選擇。因此，對生命的了解愈深刻、愈豐富，便能形成更深刻、更豐富的體驗。這自然會影響到人對現在的評價與對未來目的的選擇。

近「普遍有效的眞理」(allgemeingültige Wahrheiten)；但正如了解並無確定的起點，了解也將是永無終止的過程。正如唯有到死前的片刻，我們才能眞正了解自己的生命，歷史也唯有在面臨毀滅的片刻，才能對歷史生命有最終的把握。

因此，在狄爾泰所建構的「歷史理性批判」中，精神的運動必然是一種永無止境向未來開放的運動。甚至「精神科學」也只是在這永無止境的運動中的一項歷史產物而已。隨著體驗的不斷更新發展，精神科學的系統也不斷改變、擴充著。因此，狄爾泰的「歷史理性批判」是隨時準備接受批判與挑戰的，可以被修正，也可以被推翻；而在這種意義下，我們說狄爾泰的思想體系乃是一種「開放的系統」。

最後，在這種「生命的辯證」與「生命的解釋學」概念下，狄爾泰自然不可能承認有絕對確定的知識。因此他常說的「普遍有效的知識」、「普遍的眞理」，事實上也都是相對於「生命的辯證」的發展階段而言的。因此「普遍眞理」才有「發展」可言，如他說：「在了解 (Verständnis) 中，各種方法上的確定性的程度，都繫於普遍眞理的發展」(GS VII, 143)。

四、結　論

在第四章和這一章中，筆者已分別就縱斷面與橫截面分析了狄爾泰思想的發展和結構，完成了導論中所說的前兩個課題；此外，筆者也對第三個課題中的幾個問題作了初步的澄淸。此處將集中於前面對第三個課題所作的解答的不完備之處，作一些必要的補充或說明。我們將依第一章中所提出的「狄爾泰學」裏幾個主要爭論的順序加以說明。

(1) 狄爾泰思想中是否有潛在的實證主義或客觀主義成份?

當哈伯瑪斯批評狄爾泰思想中隱含著實證主義時，他所說的「實證主義」乃是以孔德爲對象的。從《知識與興趣》一書中，我們可以看到，哈伯瑪斯所說的「實證主義」乃是指一套方法論的規則，包括:

1. 所有的知識都必須透過保證相互主觀性之系統性觀察的「感覺的確定性」(sense certainty) 去證明。
2. 方法上的確定性和感覺的確定性同樣重要……科學知識的可靠性，是由方法的統一所保證的。
3. 知識的正確性，只能由形式完備且能由法則性假設作演繹的理論所保證。
4. 科學知識必須是可以形成技術而加以利用的。
5. 知識原則上是未完成的、相對的[9]。

如果從這幾條規則來看，狄爾泰顯然不是一位「實證主義」者。第一，狄爾泰所說的精神科學知識，是不能用「感覺的確定性」去證明的。第二，狄爾泰基本上就反對由法則性假設作起點而進行演繹的方式，這種方式不能用作了解精神世界的方法。第三，不論在「經驗」概念上，或在方法論上，狄爾泰都和孔德大異其趣。第四，狄爾泰所說的「客觀性」、「普遍性」、「普遍有效性」等概念雖和自然科學中所使用的字眼相同，但在內容性質上卻有根本的差異，必須放在狄爾泰的整個理論架構中去了解這些概念的意義，而不能與自然科學中的一般用法混爲一談。

[9] J. Habermas Knowledge and Human Interests tr. by Shapiro, Boston: Beacon Press, 1972. pp. 74-77.

至於 Gadamer 的批評，也同樣可以由上述第四點加以說明。

(2) 狄爾泰的思想是否在晚年發生了重大的「轉向」？

關於這個問題，我們在前一章已有詳盡的說明。簡言之，狄爾泰晚年的解釋學思想，是他反省自己的思想並受許多哲學家影響之後，進一步修正、拓深而發展出來的。

(3) 狄爾泰是否一位「過渡型」的思想家？

第四章說明了狄爾泰思想的多面性與發展性，本章則說明了狄爾泰的思想體系雖未完成，但卻可以形成一種開放的系統。綜合這二章，我們可以說，狄爾泰一生始終致力於尋求自己的哲學問題的解答，並提出了不同於當時任何哲學傳統的思想體系。因此，狄爾泰的思想是有基礎性的，不能把他當作是一位過渡型的思想家。海德格在《存有與時間》中雖說過他對歷史問題的分析是「由掌握狄爾泰的研究產生的⑩」，但我們卻不能將狄爾泰放在海德格的傳統中去了解。正如 Helmut Johach 所說的「狄爾泰所問的並非存有 (Sein) 的意義，而是生命 (Leben) 的意義，並且狄爾泰的『生命』概念顯然是限定在『人類世界』(Menschenwelt) 中的。」⑪ 因此，我們既無法說狄爾泰是繼承那一個傳統的餘緒，也不能說他是海德格的解釋學傳統的先驅。我們只能同意 Karl Mannheim 的說法：在狄爾泰身上滙集了當時所有的思潮，而形成一種「創造性的綜合」。

---

⑩ M. Heidegger, *Sein und Zeit*, Tübingen: Max Niemeyer, 1963, p. 397.

⑪ H. Johach, *Handelnder Mensch und objektiver Geist: Zur Theorie der Geistes-und Sozialwissenschaften bei Wilhelm Dilthey*. Meisenheim am Glan: Anton Hain, 1974, p. 167.

(4) 狄爾泰是否採取一種「先驗的觀點」？是否可以放在康德的傳統去了解他?

關於這一點，重要的解釋者是海德堡大學教授 Manfred Riedel 和他的學生 Hans Ineichen。Riedel 曾提出一個問題：狄爾泰在處理知識問題時，是否立於一種優先於康德的反省層次?而在解答這個問題時，他將狄爾泰的「體驗」(Erlebnis) 概念解釋爲一種先驗概念。Ineichen 則進一步認爲，狄爾泰的「內覺」(Innewerden) 概念相當於康德的「先驗統覺」概念，是一個「確定基點」(fester Punkt)。他認爲，唯有如此才能不落入「心理主義」的窠臼。⓬

這種論點顯然太過強調狄爾泰與康德的類似之處了。如果說「先驗」是就體驗或內覺本身必須在記憶中才能成爲認知對象而言，則體驗無疑是「先驗」的；但這種「先驗」的意義，只是使狄爾泰放棄用直接內省的方法去把握生命，而採取「了解的迂廻」而已，並無康德「統覺」概念的知識論意義。狄爾泰之所以說「體驗是精神世界的基本細胞」，正表示體驗是廣義的「經驗」的一種方式。就生命哲學或「精神的經驗科學」的立場而言，狄爾泰實不需也不能說體驗是一先驗概念。

但是，這種論點似乎也可以發展出某種知識理論，以補足或修正康德的「認知主體」概念的缺失，而作爲另一種認識論的「確定基點」。

(5) 狄爾泰是否是一位「心理主義」者?

⓬ 此段論述摘自 Bernard E. Jensen, "The Recent Trend in the Interpretation of Dilthey", in *Philosophy of Social Science*, 8 (1978), pp. 427–428.

在前一章中我們已指出，狄爾泰的「體驗」概念，在晚期思想中已由心理學概念轉變爲解釋學概念； 此外， 我們也說明了「了解」概念絕非一種心理的直觀。因此，狄爾泰並非一位心理主義者。只不過，站在生命哲學的立場，心理活動（如直觀、同情）也是心靈生命的一部份，因此也必然會包含於體驗與了解活動中，而心理因素的多寡則取決於精神對象本身的性質。

(6) 狄爾泰是否是一位「精神科學的哲學家」？是否可以用 Karl Popper 的科學方法論去了解狄爾泰的解釋學思想?

首先，從貫穿狄爾泰一生的「實踐動機」來看，「歷史理性批判」仍然是以「行動人的科學（Wissenschaften des handelnden Menschen）的知識如何可能」爲課題的。從前一章所述的「生命的解釋學」和「生命的辯證」來看，狄爾泰無疑是要連結理論與實踐，使我們透過體驗與了解的雙重關係而在精神世界或歷史世界中所獲得的知識，能夠回饋至生命與社會上，使人類社會不斷提昇到更完美的境界。因此我們可以說，狄爾泰不只是一位專以爲精神科學尋求奠基爲職志的「精神科學的哲學家」。

其次， 我們固然可以像 Peter Kraussser 一樣， 以某種類似 Karl Popper 所謂「嘗試錯誤」（try and error）的概念， 去解釋狄爾泰的方法論思想⓭，但這種解釋乃是抽離掉「生命的解釋學」的內容後，所把握到的狄爾泰方法論思想的形式結構。這種解釋或許可以說明「發現與學習過程的結構」⓮，但卻無法說明事實與價値、理論與實踐是如何連結起來的。

⓭ Peter Kraussser, "Dilthey's Revolution in the Theory of the Structure of Scientific Inquiry and Rational Behavior", in *the Review of Metaphysics*. 22 (1968-69), 262-280.

⓮ ibid., p. 264.

附錄(一) 狄爾泰的解釋學

最奇異的現象是自己的存在。
最大的秘密是人自己。

——(ED, 306)

客觀精神與個體的力量，共同決定精神世界。
歷史即基於對此二者的了解。

——(GS VII, 213)

一、前 言

「解釋學」(Hermeneutik, hermeneutics) 一詞在英美與歐陸的神學界、哲學界、甚至文學批評界與社會學界，已是一個耳熟能詳的名詞。在歐洲新教神學裏，所謂的「新解釋學」(The New Hermeneutic) 已是一股主導性的神學思潮❶。Gehard Ebeling 甚至宣稱：解釋學乃是今日神學問題的焦點。當代大哲海德格 (Martin Heidegger, 1889-1976) 的哲學，自始至終皆含有濃厚的解釋學色彩。他的學生嘉達瑪 (Hans-Georg Gadamer, 1900-) 進一步發展「哲學解釋學」(philosophical hermeneutics)，使解釋學成了現代德國哲學重要的一章❷。此外，義大利的法律史大

❶ 「新解釋學」的主要代表人為 Rudolf Bultmann, Gehard Ebeling 和 Ernst Fuchs。這派的神學解釋學思想，是順着海德格——嘉達瑪這一條路線發展下來的。

❷ 嘉達瑪的鉅著《眞理與方法》(*Wahrheit und Methode,* 1960) 至今仍是解釋學上劃時代的經典之作。

師貝諦（Emilio Betti）的大著《普遍解釋學：精神科學的方法論》❸、美國解釋學家赫許（E. D. Hirsch, Jr.）的《解釋的有效性》❹，亦分別以不同於嘉達瑪的立場，提出各自的解釋學理論，而在解釋學本身及文學批評的領域裏，激起了巨大的廻響。而法國解釋學大師里科爾（Paul Ricoeur, 1913-）的「現象學的解釋學」（phenomenological hermeneutics）和以「意識型態批判」（Ideologiekritik）聞名於世的德國批判解釋學大師哈伯瑪斯（Jürgen Habermas, 1929-）和阿佩爾（Karl-Otto Apel, 1922-）等人的努力，更使解釋學和社會科學（尤其是方法論）發生了極爲密切的關係。

但是，「解釋學」究竟是怎樣的一門學問呢？相信對國內讀者而言，還是相當陌生的。因此我們有必要在此先對「解釋學」一詞的意義作初步的說明。

二、解釋學的字源學意義

首先，就字源學而言，不論是德文的 Hermeneutik 或英文的 hermeneutics，其語根都是來自希臘文「解釋」的動詞 hermēneuein 和名詞 hermēneia。在希臘文中，解釋神喻的司祭叫作 hermeios。以上這幾個字都和希臘神話中的「諸神使者」赫梅斯（Hermes）密切相關。赫梅斯是將諸神交付的使命傳達給塵世之

---

❸ *Allgemeine Auslegungslehre als Methodik der Geisteswissenschaften.* Tübingen：J. C. B. Mohr, 1967。本書最早在 1955 年以義大利文出版。

❹ *Validity in Interpretation,* New Heaven and London：Yale University Press. 1967.

人的使者；但因諸神所使用的乃是另一個「世界」的語言，因此要傳達諸神的訊息顯然不能照本宣科，而須加以說明，並翻譯成塵世的語言，使人得以了解諸神的意旨。因此，解釋學的原始意義，乃是宣告、翻譯、說明和解釋的藝術。

三、解釋學的起源、形成和發展

其次，我們還必須從歷史的角度，略述解釋學的起源、形成和發展；因爲唯有透過歷史的考察，我們才能得知狄爾泰解釋學的淵源與特色。

希臘是西方文明的發源地。解釋學的起源亦可追溯到希臘的啓蒙時代。在希臘的敎育課程裏，對荷馬等詩人作有系統的解釋與批評，乃是重要的一環；再加上辯士派哲人的努力，遂催生了修辭學與詩學。亞里士多德在這方面建樹尤多，可以說是後世文學解釋學的鼻祖❺。

希臘化時代的亞歷山大里亞學者，爲了整理希臘文化遺產，逐漸發展出偏重校勘考證的語言學，爲解釋學的發展邁進了重要的一步。

---

❺ 須注意的是，亞里士多德《工具》(*Organon*) 一書中的《論解釋》(*On Interpretation*) 一文，乃是一種邏輯文法學，而非解釋學著作。此外，柏拉圖在 Politikos 260d 中雖亦曾提及「解釋學」一詞，但指的乃是諸如國王、傳令官等傳達指示或命令的技巧，而不屬於任何思想表達的範疇，與現代所用的「解釋學」一詞大異其趣。這點亦可由對話錄 Epinomis 957c 中，柏拉圖將解釋學與占卜術（Mantik）並列，指稱一種說明神意的藝術，得到證實。然而，同樣須注意的是，柏亞二氏雖未直接建立解釋學，但其思想中的若干成分，却對後世的解釋學發生了深遠的影響。

此後在一千多年的中世紀裏，解釋學的發展一直和基督宗敎神學的發展息息相關。事實上，在中世紀的思想氛圍中，解釋學實不外解經學，亦卽神學解釋學。神學解釋學乃是一種正確詮釋聖經的藝術，其所面臨的問題主要是新舊約之間的緊張❻，以及聖經中許多寓言的隱義（Hintersinn）問題。爲此，聖奧古斯丁（St. Augustine, 354–430）寫了中世紀最重要的一部解釋學著作《論基督敎義》(*De doctrina christiana*)。奧古斯丁在該書第三卷中，提出了一套完整而一貫的解釋學理論；他藉助於新柏拉圖主義思想，區分開「文字」與「精神」，並敎人超越文字與道德的意義而達到宗敎的意義。奧古斯丁是古代解釋學之集大成者，其解釋學思想支配了中世紀的神學解釋學幾達千年之久。

直到十六世紀宗敎改革興起，反對敎會壟斷聖經解釋權，倡導返回聖經的文字本身，解釋學才又獲得一次新的刺激。再加上文藝復興以來，歐洲人對古希臘文藝與學術的狂熱追求，神學解釋學和人文主義解釋學二大傳統，遂在路德（Martin Luther, 1483–1546）與梅蘭希頓（Melanchthon, 1497–1560）的努力下滙爲一流。J. Dannhauser 在 1654 年出版的 Hermeneutica sacra sive methodus exponendarum sacrarum litterarum，乃是第一本書名冠有「解釋學」的著作。

十六世紀最重要的解釋學家，當推路德派神學家佛拉休斯（M. Flacius, 1520–1575），其解釋學著作《鑰匙》(clavis) 代表

---

❻ 這裏所說的「新舊約之間的緊張」，指的是舊約所記載的猶太民族的特殊歷史（猶太人將舊約解釋爲猶太民族的拯救史）與耶穌在新約中所宣揚的普遍福音之間的緊張。這種緊張造成了解釋基督敎義的許多問題，故須藉解釋學以尋求解決之道。

了解釋學發展的一個新的里程碑。佛拉休斯有很高的方法論自覺，深信透過解釋學規則之有系統的運用，也可獲致有效的了解或解釋。此外，具體的宗教經驗，一直是聖經詮釋者解決他們所遭遇到的困難的巧妙佐助，而佛拉休斯則是第一個把握住心理或技巧的解釋原則的重要性者。他認爲，一個文學作品乃是一個整體，要了解此一整體中的一部份，必須透過其與整體和其他部份的關係才可能❼。

到了十八世紀，在德國哲學家包姆加登（A. Baumgarten, 1714–1762）、謝姆樂（S. Semler, 1725–1762）和彌夏立斯（J. D. Michaelis, 1719–1791）等人的努力下，終於擺脫了教條的束縛而建立了注重由語言使用與歷史環境解釋宗教典籍的「文法一歷史學派」(grammatisch–historische Schule)。史萊瑪赫（F. E. D. Schleiermacher, 1768–1834) 的解釋學思想，即深受此一學派的葉拿斯提（J. A. Ernesti, 1709–1791）影響。

此外，影響史萊瑪赫的解釋學思想最大的，當推與他同時代的二位語言學家阿斯特（F. Ast, 1778–1841）和吳爾夫（F. A. Wolf, 1759–1824)。阿斯特認爲，解釋學的基本目的，在於把握古代典籍背後的「精神」(Geist)；解釋學不同於文法學，後者處理典籍的「外在形式」，而前者則要萃取其精神意義。阿斯特以「精神」爲一切發展與變化的根源，且具有統一性，因此形成其「解釋學循環」(hermeneutical circle) 概念：「整體的精神」(Geist des Ganzen) 表現於部份；因此，部份須從整體去了解，而整體又須由其部份間的內在和諧去了解❽。因此他將解釋學的

❼ 參考 GS V, 325

❽ Palmer, Richard E., *Hermeneutics: Interpretation Theory in*

工作分成三個層次的了解：（1）歷史的了解；（2）文法的了解；（3）精神的了解，分別相應於一作品的內容、形式與精神。此外，阿斯特視了解歷程爲「創造歷程的重複」，亦即「再創造」(Nachbildung）的概念，亦予史萊瑪赫、狄爾泰等極大的影響。

吳爾夫的解釋學思想則較乏系統性。他界定解釋學爲「認識符號的意義的科學」❾；因此，由於規則會隨對象的不同而改變，自然也就有適用於詩歌、歷史、法律等不同對象的解釋學了。吳爾夫認爲，解釋學的規則必須由實際的解釋經驗中獲得，因此解釋學基本上乃是一種蒐集規則的工作，而不是理論性的工作。此外，他還認爲一件作品乃是一個作者想表達其思想以獲得溝通的結果；解釋卽是與作者對話；而解釋學的目標卽在獲致完全的溝通。但他却未對其理論作系統的反省，而使其解釋學思想缺乏基本的系統性統一。

要賦予解釋學以系統性的統一，除了需要高度的語言學解釋素養，還需要眞正的哲學能力。同時具備這兩項條件的思想家，乃是狄爾泰稱之爲「神學的康德」的史萊瑪赫。

四、史萊瑪赫的普遍解釋學

史萊瑪赫 1819 年在柏林大學講授解釋學課程時，闢頭就說：「作爲了解的藝術的解釋學，至今尚未成爲普遍的學問，有的只是一些特殊的解釋學（spezielle Hermeneutiken）。」❿因此他提

(續) *Schleiermacher, Dilthey, Heidegger, and Gadamer*. Evanston: Northwestern University Press, 1969, p. 77.

❾ Ibid., p. 81.

❿ *Schleiermachers Werke*, Vierte Band. Leipzig: Felix Meiner, 1911, p. 137.

出「普遍解釋學」(allgemeine Hermeneutik) 的構想，作爲所有「特殊解釋學」的基礎。

史萊瑪赫直接以人類了解活動爲眞正的起點，而使解釋學成爲眞正的「了解的藝術」。因爲以了解 (Verstehen) 爲對象，故此種解釋學可適用於任何一種文件 (Text)。

史萊瑪赫建構「普遍解釋學」的動機，乃是因爲他發現，「陌生」的經驗和「誤解」的可能性是普遍的現象。也唯有當我們對一個言說或文件內容有誤解之虞時，才會發生解釋學的問題。因此史萊瑪赫甚至將解釋學界定爲「避免誤解的藝術。」⑪以下將對史萊瑪赫的解釋學思想作理論結構的舖陳。

吳爾夫和阿斯特將解釋學的範圍限定在陌生的語言和寫下來的文字上；而史萊瑪赫則認爲，在交談或聽人講話的時候，也可能發生誤解，而須納入解釋學的範圍內。這種擴充表面上只是了解範圍的擴充，但實際上却是一種基本的轉變：所要了解的不只是文字或話語的客觀意義，而是作者或說話人的「個體性」(Individualität)。史萊瑪赫對個體性的強調，是受德國浪漫主義傳統的影響。他雖也深受德國先驗哲學傳統的影響，尤其對康德賦予極高的評價，但對康德的形式倫理學却施予猛烈的攻擊。他認爲，人類生命具有兩極性，一方面人類在本性上、環境上有其共通處，但另一方面在生理上、心理上却又人人不同：每個人都是獨特的個體，都有其個體性。

因此史萊瑪赫認爲，唯有回到思想的源頭，才能眞正了解作

⑪ Gadamer, Hans-Georg, *Wahrheit und Methode: Grundrüge einer philosophischen Hermeneutik*, 4. Aufl. Tübingen: J. C. B. Mohr, 1975, p. 173.

者。這是他之所以將「了解」視為作者心理歷程之重演，並在傳統的文法解釋之外另立「心理解釋」或即「技巧解釋」）的基本原因。所謂「心理解釋」，類似赫德 (J. G. Herder, 1744–1803) 所說的「投入了解」(Einfühlung)，亦即將自己投入另一人（作者或說話人）心靈中的過程。

然而，為何要了解作者的個體性呢？這又和史萊瑪赫的「種子決定」(Keimentschluss) 說密切相關。他認為，尤其在詩歌、藝術作品、傳記、偉大哲學著作等文件中，我們所要了解的並非其客觀內容，而是要了解它們是怎樣形成的。也就是說，在這些文件裏含有「生命的要素」(Lebenselemente)，而這些要素永遠是「個人的思想」，不受對象的限制。譬如說荷馬的史詩，如果我們把它當作客觀的歷史來讀，便永遠無法把握到荷馬所要表達的眞義。「種子決定」說卽是將作者的心靈比喻作種子，而作品卽此種子自然萌芽成長的結果。

史萊瑪赫有一個形上學概念，卽認為個體性乃是共通於全人類的「全生命」(All-Leben) 之個體化的結果。此一概念使他肯定，共通的人性乃是人與人間之所以會有共同的語言的基礎，同時也是了解之所以可能的基礎——因為，基於共通的人性，我們便有可能「將心比心」而對另一個體有一定程度的「預知」(divination)。尤其當兩個人的氣質或個體性相近時，也就更能「相知」或「知心」了。

透過「預知」的概念，史萊瑪赫進一步將傳統的「解釋學循環」概念運用到心理解釋上。了解基本上是一種帶有參考性質的心靈活動：參考已知的東西去了解另一東西。因此進行了解之前，必須先有最起碼的相關知識；而在了解一部作品時，整體的意義須透過部份去把握，而要把握部份和部份與部份之間的關聯，又須預先對整體有所了解。這在邏輯上顯然是一個循環論證，而實際上也是如此。譬如對不知愛爲何物的人「談情說愛」是沒用的；對天生盲目的人說大千世界萬紫千紅，亦是對牛彈琴。因此，解釋學循環的概念，必須預設「預知」的能力和最起碼的知識。這裏有一項極爲重要的理論結果：知識沒有「絕對的起點」。

將「解釋學循環」概念運用到心理解釋的結果，使史萊瑪赫特重對一作品的「風格」(Style) 的了解，並試圖透過作品的風格和「預知」的能力，進一步把握作者的個體性。他甚至認爲，心理解釋的「整個目標，不外要對風格作完全的了解。」[12] 然則風格和個體性有何關聯呢？這必須了解史萊瑪赫晚年解釋學思想的轉變：由以語言爲中心的解釋學轉變到以主體性爲中心的解釋學。史萊瑪赫晚年一再強調語言與思想的同一性，如謂「每一言說 (Rede) 皆預設了一旣有的語言」「每一言說皆基於一先有的思想」[13]，甚至明白指出：「基本上就內在而言，思想及其表現是完全相同的。」[14] 因此，把握風格卽無異把握作者的個體性。

然而，在史萊瑪赫看來，個體性乃是神秘而無法完全把握住的[15]，因此就理論而言，所有的了解都是相對的，都只能達到一

---

[12] 同[10] p. 152.

[13] Ibid. p. 139.

[14] 同[8] p. 93. 筆者認爲，史萊瑪赫這種思想與語言同一的思想，乃是一種素樸的想法，和海德格所說的「人存在的語言性」是不可混爲一談的。事實上在亞里士多德的〈論解釋〉一文中，已可窺見此一思想的雛形了。(*On Interpretation, 16a*)

[15] 這種觀點顯然是受浪漫主義影響的結果。這使我們想起歌德的一句名言：個體是難以形容的 (Individuum est ineffabile)。

定程度確定性。但史萊瑪赫有時也會提到「完全的了解」，認爲透過預知能力的高度轉換（divinatorische Transposition），亦有可能達到一體俱現、通體透明、心心相印的境界。但這種境界絕對無法透過機械式的固定程序達到，而須透過一種直接的移情作用、一種「心心相印」的了解，才能突破解釋學的界限。因此史萊瑪赫一再強調：解釋是藝術（Das Auslegen ist Kunst）⑯。

此外，史萊瑪赫認爲，解釋學方法的最後目標，是要「比作者更了解他自己」（to understand the author better than he understood himself）⑰。但他使用這句話時，却和康德、赫德、費希特等人的用法不同，而是狄爾泰所謂「無意識創造」說（Lehre von dem unbewuβten Schaffen）（GS V, 331）的必然結論。「無意識創造說」是浪漫主義的遺產之一，意指在文學作品，尤其是詩歌的創作過程，不光是在表達意識到的思想，更是在表達一種未曾意識到的（心靈）系絡（Zusammenhang）；此種系絡會在作

---

⑯ 同⑩ p. 141.

⑰ 康德在《純粹理性批判》（1781）的〈先驗辯證論〉裏，認爲柏拉圖的觀念論思想尙未確定、完備，故發生許多相衝突的論點，而他自信針對此一主題，當能比柏拉圖更了解他自己的思想。（Critique of Pure Reason, B 370）同年，赫德在一封論及神學研究的書信中，也有類似的說法。後來費希特在《論知識份子的天職》（*Vorlesungen über die Bestimmung des Gelehrten*）演講集裏，指出盧梭思想的矛盾，並說解決這些矛盾之後，便可「比盧梭更了解他自己」。可見這句話在史萊瑪赫當時已甚爲流行，故他引用這句話而未作說明。赫許在其《解釋的有效性》一書中，反對康德的說法。他認爲，作者的「原意」是文件解釋之有效性的標準，這是不可懷疑的。因此他說：「康德比柏拉圖更了解的，不是柏拉圖的原意，而是柏拉圖所要分析的主題」（見同❻ p. 20）。

品的組織中發生作用，而了解活動即產生於其內在形式。作者在創作過程中，不需要也不可能完全意識到此一系絡；但解釋者却可以透過有意識的了解活動，而將此一系絡展現出來，自然可以「比作者更了解他自己」了⑱。

以上是史萊瑪赫的「普遍解釋學」構想之理論結構的大要。

五、狄爾泰的解釋學

狄爾泰 (Wilhelm Dilthey, 1833-1911) 出生的第二年，史萊瑪赫去逝，但他的思想（尤其是解釋學思想）對狄爾泰的影響，却是極其鉅大而深遠的。狄爾泰大學時代的主修是神學，這使他對史萊瑪赫這位偉大神學家發生濃厚的興趣。1860 年他寫了一篇討論佛拉休斯至史萊瑪赫間解釋學體系之發展的論文；1861～63 年間，致力於史萊瑪赫書信集之編纂；其間還寫了一篇討論史萊瑪赫政治觀的論文；1864 年的博士論文是研究史萊瑪赫的倫理學的；1867 和 1870 年，更陸續發表了後來編爲二鉅册的《史萊瑪赫傳》。可以說，史萊瑪赫的思想，一直是狄爾泰從事哲學思考的一個重要參考。尤其到了晚年，此種影響的痕跡更見深刻。狄爾泰在 1900 年所寫的〈解釋學的興起〉(*Die Entstehung der Hermeneutik*) 一文，可以說是他重新拓深史萊瑪赫的解釋學思想的肇端。在這篇文章中，狄爾泰坦白承認他的解釋學思想，是

⑱ 此種說法顯然比 August Boeckh（稍早於狄爾泰的德國語言學家）的說法高明得多。Böckh 解釋史萊瑪赫這句話時，側重於文法解釋的層面；認爲作者在創作過程中大多不會意識到他所依循的文法規則和寫作風格，而解釋者則必須反省及此才能作透澈的解釋，故能比作者更了解他自己。

承續史萊瑪赫而加以進一步發展的 (GS V, 329)。

狄爾泰承續了史萊瑪赫大部份的解釋學思想，如：對個體性的強調、視了解爲一種再體驗或再創造的歷程、共通的人性是共通的語言與互相溝通的基礎、解釋學循環、無意識創造說、比作者更了解他自己……等等。但他對史萊瑪赫的解釋學思想也作了修正和拓深的工作。「修正」是就他反對史萊瑪赫的某些論點而言的；「拓深」則指狄爾泰將他承續自史萊瑪赫的解釋學觀念，嵌在他自己所開創的思想中，而獲致了更深一層的意義。

以下先談「修正」的部份。

六、對史萊瑪赫的「修正」

首先，狄爾泰雖也強調「個體性」概念，但却反對史萊瑪赫的「種子決定說」。他認爲，「種子決定說」忽視了創作過程中歷史側面和社會側面的重要性，從而使歷史發展變成只是永恒辯證法的影子。因此狄爾泰堅持，個體性必須透過「歷史——比較」的方式去掌握。

其次，狄爾泰早年雖亦接受史萊瑪赫的「了解」概念，但在晚年思想中，却修正了史萊瑪赫的心理主義，而將了解視爲對「生命表現」之內容或意義的「再體驗」（其中亦包含一定程度的心理活動）。他甚至將了解的意義擴充爲「精神科學之一切進一步運作的基本程序」(GS V, 333)；從而主張，奠立精神科學的基礎的主要工作之一，乃是要對「了解作知識論的、邏輯的、與方法論的分析」(GS V, 333)。

其三，狄爾泰晚年發現，光是共通的人性，不足以充份說明人類互相溝通的事實。因此他從黑格爾的哲學中，借用了「客觀精神」概念，表示人類精神所創造出來的客觀產物，而作爲溝通之所以可能的第二個條件。

其四，狄爾泰雖然曾將解釋學界定爲「了解用文字書寫固定下來的生命表現的方法學」(GS V, 332-3)，表面上似乎所包含的範圍還較史萊瑪赫的解釋學爲小；但他實際上所從事的「生命的解釋學」(Hermeneutik des Lebens) 的範圍，却已超乎對言說與文字記錄的了解，而擴展到對包括人、社會與國家的整個「歷史世界」或「社會性——歷史性實在」的了解。隨着解釋學範圍的擴充，「解釋學循環」概念的運用範圍也擴充到「歷史世界」了。

最後，也是最重要的一項修正，乃是「解釋學」概念本身的根本改變。史萊瑪赫的解釋學只是一種「避免誤解的藝術」，但狄爾泰所要建立的「生命的解釋學」却已轉變爲精神科學之「知識論——方法學」基礎：一方面賦予「精神科學」相對的獨立性或自主性精神科學知識之所以可能的基礎；一方面也是探討精神科學知識的主要方法。

然則，何以解釋學到了狄爾泰手裏，會發生如此重大的轉變呢？回答這個問題之後，我們才能明白狄爾泰建構其解釋學的根本動機，然後進一步探討他所從事的「拓深」的工作。要回答這個問題，必須從他早期的知識及時代背景着手。

七、狄爾泰的知識與時代背景

狄爾泰早年除了神學與文字學訓練外，最重要的是歷史學與哲學的訓練。他是德國歷史學派大師蘭克 (Leopold von Ranke, 1795-1886) 的學生，對該學派有深刻的同情與了解，很想替其理想提供哲學基礎。他在高中時代就已熟讀康德的《純粹理性批判》，且深受斯賓諾莎泛神論思想的影響；因此他一方面接受康德的批判精神，摒棄形上學（但非否定形上學的價值和意義），另一方面則修正當時的生命哲學，逐漸形成自己的「生命」概念。

他所處的是一個自然科學（尤其是物理學）蓬勃發展，駸駸乎凌駕百學之上，儼然而爲一切學問之典範；而歷史意識的興起，固然摧毀了形上學體系，但也使人們一向信持的價值與信念，悉數淪爲相對的東西，各種信念紛然雜陳的「無政府狀態」，造成人們難以安頓的「空虛的痛苦」(GS VIII, 198)。這種時代的處境，使狄爾泰懷有強烈的「文化危機感」。他在1860年就想從事一套「基於吾人的歷史——哲學的世界觀所作的純粹理性之新的批判」⑲，以救治當時的文化與社會危機。這一構想一直貫穿着他一生的思想，或名之曰「社會理性批判」(GS XIX, 228)，或名之曰「歷史理性批判」(Kritik der historischen Vernunft)。

八、「歷史理性批判」的事業

狄爾泰深信，當時歐洲的學術與文化危機的癥結，乃在於「人類對自己的精神及其在宇宙中的地位等問題一籌莫展」(GS V, 3)；換言之，就是研究社會與歷史的人文與社會科學（即「精神科學」）出了問題，不能給人類實踐提供確定的知識與信念。基於這項認識，狄爾泰認爲，唯有替精神科學提供堅實的哲學基礎，才是解決當時文化危機的根本之道。「歷史理性批判」是狄爾泰晚年計劃撰寫的一部大書的書名，同時也代表着他一生試圖

---

⑲ *Der junge Dilthey: Eine Lebensbild in Briefen und Tagebüchern, 1852–1870*. ed. Clara Misch geb. Dilthey, Leipzig und Berlin: B. G. Teubner, 1933. p. 120.

爲精神科學提供哲學奠基所從事的長期思想工作；可惜這部著作未及完成，他就與世長辭了。

歷經四十年思想不斷的探索與反省之後，大約在本世紀初，狄爾泰終於走向解釋學的道路，試圖給精神科學提供一套基於解釋學傳統的「知識論——方法論」基礎，而完成其「歷史理性批判」的事業。

狄爾泰在1883年出版了著名的《精神科學導論》（*Einleitung in die Geisteswissenschaften*）第一册，副標題是「爲社會與歷史之研究奠基的嘗試」。這部書可以說是狄爾泰「歷史理性批判」事業的初步成果；事實上，他本想將此書叫作「歷史理性批判」的，但因自忖思想尙未完備而作罷。（GS I, iii）他在這部著作中，曾將「歷史理性」界定爲：人認識自己以及自己所創造的社會和歷史的能力（GS I, 116）；並明白表示，將採取一種「知識論的奠基」，以解決「精神科學的哲學基礎」問題(GS I, 116)。但狄爾泰未曾嚴格區分知識論與心理學的不同，加上諾瓦里斯(Novalis, 1772–1801)[20]的啓發和自己熱切研究心理學的影響[21]，遂使他嘗試建構一套「描述與分析的心理學」作爲精神科學的共同基礎。1894年付梓的〈關於描述與分析的心理學的一些觀念〉，

---

[20] Novalis 是 Friedrich L. F. von Hardeenberg 的筆名。他是德國浪漫主義運動的領導人之一，亦是一位著名的詩人。狄爾泰曾在一八六五年發表一篇 Novalis，後收編於《體驗與詩》中；而在書後晚年所加的註裏，狄爾泰明白表示，他之所以會以心理學作爲精神科學的基礎，實得自 Hardenberg 的「實在心理學」思想的啓發。(JD, 472)

[21] 狄爾泰在一八六六年在巴塞爾（Basel）大學任教，此後幾年間，他對心理學的研究非常熱衷。

可說是狄爾泰早期的「歷史理性批判」事業主要的理論結晶。

但這篇作品發表後不久，就受到當時心理學界的強烈批評；加上新康德學派、胡賽爾、黑格爾、史萊瑪赫的影響，遂使狄爾泰在 1895～1905 這十年間，思想上發生了重大的修正與轉向。「修正」是指修正早期的心理學思想（不是放棄）；「轉向」則指邁向晚期的解釋學思想——1900 年的〈解釋學的興起〉一文，乃是此一「轉向」的里程碑；傳統的解釋學在狄爾泰的改造下，呈現了嶄新的面貌。

關於狄爾泰一生思想的發展細節，筆者已有專文探討，此處僅作以上簡略的交代，以說明何以解釋學會在狄爾泰的手中發生重大的轉變。答案是：因為狄爾泰所要處理的問題，與傳統解釋學的問題大不相同。

以下我們將對狄爾泰晚年的解釋學思想，作系統性的理論結構的舖陳，並由其中進一步凸顯出狄爾泰的解釋學思想與史萊瑪赫解釋學思想的不同，和前者對後者的「拓深」。必須先作說明的是，由於狄爾泰思想有很高的一貫性，且乏系統性的論述；本文將直探狄爾泰解釋學思想的「深層結構」，故取材範圍雖以晚期（1905 年以後）作品為主，但也兼取早期作品為佐。

九、生　命

狄爾泰在 1911 年回顧其一生的思想時說：支配我的哲學思想的主要衝動，是想「由生命本身去了解生命」(GS V, 4)。這是他的「生命哲學」的基本立場：生命永遠是它自己的證明(GS V, 131)；知識不能追溯到生命背後 (GS VIII, 184)。換言之，「生命」乃是一切知識的起點和終點。然而何謂「生命」呢？這是一個極端複雜的問題，此處只作最簡單的說明。

當我們談及「我的一生」之類的話時，這裏頭就有類似狄爾泰的「生命」概念。在狄爾泰思想中，人的「生命」乃是活生生的實在；是「自我與世界的統一體」；這個「生命統一體」(Lebenseinheit) 本身是由「一束本能」（知、情、意）構成之具有力量 (Kraft) 的不可分割的整體；這個整體具有時間性，並且在與自然環境、社會文化環境的不斷相互作用的過程中，發展成一種具有社會性與歷史性之不斷延伸的結構系統 (Strukturzusammenhang)；此一結構系統具有內在目的性；此一「心靈生命的結構系統」具有多面性，思想只是其整體中的一項功能；「生命」一方面可以爲思想所探究，但「生命之謎」終究是無法爲思想所窮究。

狄爾泰晚年常以「精神」取代「生命」概念，常令人聯想到黑格爾的哲學而滋生誤解，以爲狄爾泰晚年走向了觀念論。事實上，狄爾泰晚年雖較能同情的了解黑格爾，但他基於生命哲學所堅持的廣義經驗主義 (Empirie)㉒ 立場却始終未變，甚至自詡爲「頑強的經驗論者」㉓。因此我們必須隨時記住，狄爾泰所要探討的，乃是實實在在、活生生的「生命」所展現的一切。

㉒ 狄爾泰區分 Empirie 與 Empirismus，以後者爲狹義的經驗論，而認爲眞正的經驗哲學應包括心靈生命之一切表現的完整內容。如他在晚年說明自己的哲學的基本概念時即認爲：迄今尙未有人以完整的、全部的，未經割裂的經驗，作爲哲學思考的基礎。(GS VIII, 171)

㉓ Georg Misch, *Vom Lebens- und Gedankenkreis Wilhelm Diltheys*. Frankfurt am Main: Gehard Schulte-Bulmke, 1947, p. 20.

十、體　驗

「生命」或「精神」所創造出來的世界，狄爾泰稱之爲「精神世界」；這個世界也就是狄爾泰早期常說的「人類——歷史——社會的世界」，或作爲精神科學研究對象的「社會性——歷史性實在」——別於自然科學所探討的物理世界。這個「精神世界」是怎麼構成的呢？狄爾泰指出，構成精神世界的基本細胞乃是「體驗」(Erlebnis)(GS VII, 161)。

狄爾泰的「體驗」概念和其「生命」概念息息相關。根據狄爾泰的分析，生命的行程乃是不斷延伸、不斷推進的「現在」，但「過去」會像力量一樣，仍對現在有影響、有意義，而「凡是像這樣在時間之流裏，因爲具有統一的意義 (eine einheitliche Bedeutung) 而在現在形成的一個單位，就是最小的單位，這種單位可稱之爲體驗。」(GS VII, 194) 譬如觀賞一幅畫後的整體感受，就是一個體驗。

在上述的體驗定義裏，有兩點必須注意。第一，一個體驗之所以是一個體驗，乃因爲有一「統一的意義」。因此，由生命行程的許多部份所構成的範圍較廣的單位（如法國大革命的經歷），如果具有一共同的意義，亦可稱爲一個體驗。第二，由於體驗帶有時間性，是時間中的一種過程，而在這種過程裏，每一個狀態在未成爲意識的清晰對象之前就已經又改變了；因此，可以說我們是「生活在體驗中，並透過體驗而生活」的。體驗的這種時間性，使體驗成爲一種特殊的經驗方式：無主客之分。因此體驗不同於經驗 (Erfahrung)。

十一、表 現

體驗雖然是構成精神世界的基本細胞，但却無法直接用「內省」（Introspection）的方式去把握。這一方面是因爲我們是「透過」（durch）體驗而生活；另一方面也是因爲要把握體驗，必須將體驗呈現在意識中（回憶），而「意識到的生命的小小範圍，就像一座小島一樣，是由生命深不可測的深處浮現出來的」（GS VII, 220）。

然而狄爾泰發現，體驗却可以透過「表現」（Ausdruck）而展露出來。表現是具有創造性的（GS VII, 220），尤其表情、姿態、詩歌、藝術作品、自傳、偉大哲學作品等和個體性密切相關的「體驗的表現」，更能將意識所不及的體驗表露無疑——無意識創作說。

狄爾泰特別重視形諸語言的表現，因爲「唯有在語言裏，人的內在生命才找到其完備、徹底而客觀可了解的表現。」（GS V, 319）而在語言表現中，他又特別重視詩歌，甚至認爲詩人才是「眞正的人」，因爲詩人可以擺脫理智的干擾而將體驗表露無遺。他晚年之重視自傳，亦是基於相同的理由。

十二、了 解

表現可以將體驗徹底的展現出來，而透過表現去把握其中所展現的體驗的「意義」或「內容」的過程，即是了解（Verstehen）。這種過程狄爾泰有時也稱之爲「再體驗」（Nacherleben）或「再現」（Nachbilden）。但需注意的是，狄爾泰此處所謂的再體驗，已不是像史萊瑪赫所說的那種「心理歷程之重複」，而是要把握展現於表現中的體驗的意義或內容——至於了解過程中所需心理活動（如移情作用）的程度，則視所了解的表現的性質而定。

人與人之間互相的了解與溝通是事實，但了解如何可能呢？狄爾泰提出兩項條件：個體間的共通性（即人性的同類性）與「客觀精神」(objektiver Geist)，而前者又是後者的基礎。

人性的同類性，使體驗具有「基本的思想效應」，而可以透過表現為人所了解。這種說法用最簡單的話說，就是「人同此心，心同此理」。這種人性的同類性，還會在歷史的行程中造成普遍的生命經驗；這種普遍的生命經驗是無數人經長期而形成的，因此較個人的生命經驗有較高的確定性，甚至具有某種系統與結構（如羅馬法），是精神科學獲致普遍有效眞理的主要途徑之一。

此外，人性的同類性客觀化於感覺世界中，便形成了種種具有持久性與普遍性之精神的客觀產物——客觀精神，包括語言、生活方式、交往的形式、社會價值體系，乃至道德、法律、國家、藝術、宗教、哲學等等 (GS VII, 208)。我們每個人從小就生活在這種「客觀精神」的世界裏，也唯有藉着客觀精神的媒介作用，我們才能作恰當的表現並了解他人及其生命表現。因爲，「凡是精神客觀化出來的東西，都會含有我和你共通的東西」。(GS VII, 208) 狄爾泰說：

> 每一個字，每一個句子，每一個表情或客套話，每一個藝術品，以及每一件歷史行為之所以可為人了解，乃是因為有一種共通性，將表現出這些東西的人和了解這些東西的人連結了起來；每個人都是在一個共同的領域中體驗、思考、行動，也只有在這樣一種領域裏才能進行了解。一切

被了解的東西，都會帶有來自這種共通性的「熟悉」的標記。………在這個歷史的世界，為我們所了解的世界裏，我們到處都很熟悉，我們了解這一切的含義和意義 (Sinn und Bedeutung)，我們就交織在這些共通的事物中。(GS VII, 146–147)

由以上的論述可知，小自個人的體驗表現，大至客觀精神，甚至精神世界或歷史世界，究竟言之，都是由精神世界的基本細胞——體驗構成的。這類的對象狄爾泰概稱之爲「精神對象」，由於這類對象都是人類精神的產物，故皆具有一種內在與外在的關係，而由外在把握內在的過程就叫「了解」。「體驗」是心靈生命整體之事，了解自然也是心靈力量整體之事。精神對象的客觀化程度不同，則了解和心靈生命或心理歷程的關聯程度亦將隨之不同。由於生命本身就有非理性的因素，因此了解也必然含有非理性的因素 (GS VII, 218)。這是狄爾泰之所以認爲康德所說的知性 (Verstand) 不足以了解歷史世界，而代之以了解 (Verstehen) 的理由；也是狄爾泰之所以要在《純粹理性批判》之外，另立「歷史理性批判」的理由。了解之含有非理性的因素，並不表示了解就違反理性或只是一種神秘的直觀；事實上正如狄爾泰所說的，「自然科學與精神科學中所運用的基本邏輯運作，當然是相同的」(GS V, 334)。

「體驗——表現——了解」這三個概念，構成了狄爾泰的「解釋學公式」。

十三、歷史理性

了解既是以精神世界或歷史世界中的一切對象的範圍，則了解豈不正是一種「人認識自己以及自己所創造的社會和歷史的能力」？因此，「了解」正是狄爾泰心目中所謂的「歷史理性」。但爲什麼叫作「歷史理性」呢？這可分兩方面來說。

第一，就個體心靈生命系統之形成而言，個體與社會、歷史，甚至自然環境是不可分的。因此，生命基本上就具有社會性與歷史性，「了解」自然也帶有社會性和歷史性。因此狄爾泰說：「人是什麼，只有歷史能告訴他」(GS VIII, 224)。第二，就個體心靈生命之開展而言，人是「生活在體驗中，並透過體驗而生活」的；因此，透過時間的推移與「體驗——表現——了解」此一解釋學公式之運用，人類的生命將隨歷史的演變而發展。因爲，了解將增加體驗的新內容，而新的體驗亦將給了解帶來新對象。因此，就某種意義而言，人會變成什麼樣子，乃是人自己走出來的。因此，「歷史理性」實含有「有限性」與「開放性」的雙重意義。

十四、結　語

透過上述的理論架構，狄爾泰將傳統的解釋學概念作了重大的改造，使解釋學一變而爲精神科學的「知識論——方法論」基礎。譬如他說：「精神科學奠基於體驗——表現與了解三者的關係上」(GS VII, 131)。又說：「精神科學的範圍相等於了解所及的範圍，而了解則在生命的客觀化中有其對象。……只有精神創造出來的東西，精神才會了解。……凡是人主動印上其標記的一切，都是精神科學的對象。」(GS VII, 148)

透過這種重大的轉變，狄爾泰不僅使傳統解釋學，尤其是史萊瑪赫解釋學的許多觀念，獲得了更深刻的意義，同時也爲解釋學的發展打開了一條新的道路，有待後人繼續開拓。事實上，就近二十年來的「狄爾泰學」觀之，狄爾泰思想的影響正可說是「方興未艾」。

關於狄爾泰晚年的解釋學思想，尙有二個主題須提一提。一個是狄爾泰的「生命的範疇」概念。簡單的說，生命的範疇的作用有點類似康德的知性範疇，是由生命產生且能用於了解精神世界的一些普遍概念，如系統、意義、價值……等等。另一個主題是狄爾泰的世界觀哲學。這和狄爾泰早年受全德倫堡（Trendelenburg, 1802–1872）的類型學思想影響有關，對其解釋學思想亦有一定程度的影響。但由於狄爾泰晚年有關這兩個主題的著作，涉及極複雜的理論問題，故省略不談。

必須一提的是，狄爾泰論及精神科學的知識時，常愛用「普遍有效的眞理」的字眼，致生許多不必要的誤解，認爲他尙未擺脫自然科學的知識概念、思想中潛伏着一種「實證主義」。事實上這只是一個語意學的問題。因爲從他的生命哲學來看，精神科學的知識將隨着人類「體驗」的發展而發展，因此只能有「客觀性」和「相對的普遍有效性」——一項精神科學眞理，即使只對一個人有效，也算是客觀的眞理。

最後，我想引用狄爾泰在 1910 年所說的一段話，作爲本文的結語。

> 生命與生命經驗，是了解社會與歷史世界不斷更新，不斷湧現的泉源；了解發自生命而不斷穿透到生命更深的深處去。精神科學唯有回饋到生命與社會上，才能獲得最高的

意義，並且這種意義是有增無減的。但是，要達到這種效果，却必須透過科學知識的客觀性才行。(GS VII, 138)

附錄（二） 狄爾泰1896年前的精神科學奠基計劃及其在《全集》中的相關著作一覽表

截至 1982 年爲止，狄爾泰的《全集》已出了十九册；計劃中的第二十册和第二十一册，將分別就 1896 年前有關奠基工作的一些邏輯學、知識論與心理學的演講，和晚年「歷史理性批判」新起點的相關論述，補充《全集》中的不足。

由於當初在編輯《全集》時，缺乏一套嚴謹周詳的計劃，因此要由浩瀚的《全集》中，掌握狄爾泰的整個精神科學奠基的架構，實爲一極困難之事。有鑒於此，筆者特譯下《全集》第十九册的〈編者弁言〉中所提供的一個關於全部奠基計劃及相關著作的圖表，供讀者參考，希望有益於使讀者易於研究狄爾泰的思想。（此一圖表基本上是以《導論》第一册和〈柏林草稿〉爲根據的）。

全部奠基計劃分六卷	《全集》中相應部份：GS I～GS XVIII	GS XIX	GS XX
卷一：綜觀所有精神科學的系統，並說明建立一「基礎科學」的必要性	《導論》第一册第一卷（GS I, 1-120）		「全集」第二十册中將收入
卷二：形上學作爲精神科學的基礎的歷史興衰	《導論》第一册第二卷（GS I, 121-408）		

卷三：經驗科學與知識論的研究：今日精神科學所面臨的問題（以上三卷爲歷史論述部份）	包括《全集》第二册中的幾篇文章：(1)〈15與16世紀對人的把握與分析〉(2)〈17世紀的精神科學的自然主義體系〉(3)〈思想的自主性，建構式的理性主義；和17世紀泛神論的一元論的關聯〉(4)〈布魯諾〉(5)〈人類學在16及17世紀的功能〉	〈柏林草稿〉第三卷（301–307）	的關於邏輯學、知識論、心理學與哲學系統的一些演講稿
卷四：知識的奠基	(1)〈論實在性〉(GS V, 90–138) (2)〈觀念〉(GS V, 139–240) (3)〈心靈生命的多樣及其導論〉(GS XVIII, 117–183)	第四卷：(1) 第一部份（〈布累斯勞手稿〉）(58–173)：〈意識事實〉(2) 第二部份：〈外在世界的知覺〉(174–195) (3) 第三部份：〈內在知覺與心靈生命的經驗〉(195–227) (4)〈柏林草稿〉(307–318)	

卷五：思維的法則與形式：思想與實在的關係	〈經驗與思想〉(GS V, 74–89)	第五卷： (1) 第一部份到第五部份（228–264） (2) 〈柏林草稿〉(318–326) (3) 〈生命與認知〉(333–388)
卷六：精神實在的知識與精神科學的系統	(1) 《導論》第一册第一卷 (2)〈1875年論文〉(GS V 31–73) (3) 〈論個體性〉(GS V 241–316) (4) 〈解釋學的興起〉(GS V 317–338) (5) 《全集》第六册中有關美學、倫理學與教育學的論文 (6) 〈1875年論文〉續篇（GS XVIII, 57–111)	第六卷： (1) 第一部份到第九部份（264–295） (2) 〈柏林草稿〉(327–332)

附錄（三） 狄爾泰年表

1831 黑格爾死於柏林。

1833 11月19日狄爾泰生於德國萊茵河畔小鎮 Biebrich。父麥克西米連（Maximilian, 1804–1867），爲喀爾文派牧師，母勞拉（Laura, 1810–1907）是新教虔敬派信徒。

祖父撒慕爾（Samuel, 1770–1852）亦爲一牧師；外祖父霍希克爾（John Peter Heuschkel, 1770–1853）則爲一樂隊指揮。

1835 德國關稅同盟成立，普魯士進入產業革命時期。

1839 狄爾泰在家鄉讀小學（四年制）。

1843 狄爾泰在一所私立學校（Privatschule）讀了三年書。

1844 尼采生。

1847 狄爾泰轉往離家鄉不遠的威斯巴登（Wiesbaden）文科中學（Gymnasium，九年制），從四年級開始讀起，至 1852 年畢業。（1852 年 4 月以第一名的優越成績畢業）。

1848 馬克思發表〈共產黨宣言〉；柏林三月革命起。

1852 狄爾泰開始在海德堡大學讀神學，讀了三個學期。

1853 多，爲費雪被迫離職事件（發生於 1853 年 6 月），轉往柏林，九月在柏林大學神學院註册入學。第一個學期卽參加了蘭克著名的近代史課程，加入一個研究史萊瑪赫的圈子；參加全德倫堡、拉扎勒斯的家中聚會；聽過波克的希臘文課程。

1856 夏，在家鄉通過了神學考試，並佈過道。11月初在柏林通過高中任教資格的國家教育局考試，旋即於11月中在柏林的皇家法文中學任助教。

1857 4月下旬轉往約欽斯塔文科中學 (Joachimsthalsche Gymnasium) 任正式教師及助理，但於9月底便放棄了教書的工作。開始替赫左的《新教神學與教會之實在百科》，寫有關中世紀神學的一些款目。此時狄爾泰的心力主要用在研究中世紀神學上，並幫約拿斯編輯史萊瑪赫的書信集。

1859 約拿斯死後，狄爾泰接手編輯史萊瑪赫書信集的工作；《史萊瑪赫書信集》第三、四册分別於1861及1863年出版。同時，狄爾泰致力於一篇有關史萊瑪赫解釋學的有獎論文；此一論文在1860年2月獲得了雙倍的獎金。

達爾文發表《物種的起源》。拉扎勒斯與施坦塔爾發行《民族心理學與比較語言學雜誌》。

1861 2月，狄爾泰離開神學院轉讀哲學院，研究哲學。

1862 俾斯麥任普魯士首相，推行「鐵血政策」，使普魯士工商業及國力迅速發達起來。

1864 1月16日，通過博士論文口試，題目是《史萊瑪赫的倫理學原理》；6月17日，以一篇題爲〈分析道德意識之嘗試〉的論文，取得在大學任教的資格，旋即在柏林大學任私講師。開始精讀孔德與穆勒的著作。

1866 應聘前往瑞士的巴塞爾任教。結識布克哈特 (Jacob Burckhardt, 1818–1897)。

普奧戰爭起。

1867 狄爾泰在巴塞爾升任教授，發表就職演說〈1770–1800年間德國的詩與哲學運動〉；同年發表《史萊瑪赫傳》第一冊的第一分冊。與同僚希斯（Wilhelm His）致力研究心理學。

北德意志聯邦成立；馬克思《資本論》卷一出版。

1868 到北方的基爾（Kiel）大學任教。

1870 發表《史萊瑪赫傳》第一冊第二分冊。

普法戰起。

1871 轉往東方的布累斯勞（今屬波蘭）任教。

德意志帝國成立。

1874 與 Katharina Püttman 結婚；計劃寫作〈1875 年論文〉。

約在此時，讀了布倫他諾的《經驗觀點的心理學》。

1875 在《哲學月刊》(Philosophische Monatshefte) 上發表第一篇重要的系統性論著〈論關於人、社會與政治的科學之歷史的研究〉(一般稱爲〈1875 年論文〉)。

1876 寫成二份作爲〈1875 年論文〉續篇的手稿。

1877 結識約克伯爵，形成《導論》的計劃。

1879 德奥同盟。

1880 寫成一份〈描述心理學草稿〉；開始着手寫作《精神科學導論》（簡稱《導論》）的計劃。著名的〈布累斯勞手稿〉即大約在此時寫成。同時狄爾泰也致力於準備完成《史萊瑪赫傳》第二冊。

1882 離開布累斯勞，前往柏林大學接任洛采的講座。

1883 發表《導論》第一冊，並開始致力第二冊部份。

馬克思死。

1886 發表演講〈詩人的想像力與神經錯亂〉。

1887 協助 Ludwig Stein 等人編《哲學史叢誌》，並膺選為普魯士皇家科學院會員。

1888 發表著名的教育學論文〈論一般教育學的可能性〉。

1890 發表〈論實在性〉論文。開始〈柏林草稿〉的精神科學奠基計劃。

1892 發表論文〈經驗與思想〉、〈近代美學的三個時期及其今日課題〉等，寫成一份題為〈生命與認知〉的手稿，並致力於寫就〈柏林草稿〉。

1894 發表〈觀念〉一文；此文於同年年底，受到埃賓豪斯的猛烈抨擊。

1895 為完成〈觀念〉的原訂計劃，寫成了一篇題為〈論比較心理學〉的論文；此論文原已送去要印了，但狄爾泰覺得有些不妥，因此收回重寫，並改題目為〈論個體性之研究〉而於 1896 年付印；文中對埃賓豪斯的抨擊有所答覆。但於這一年年底，狄爾泰決定了放棄完成《導論》的計劃，轉而將心力放在研究德國觀念論（尤其是黑格爾與康德），並密切注意當時人文社會科學與哲學上的新發展。

1900 發表〈解釋學的興起〉，標誌着對史萊瑪赫重新產生了興趣，並對晚年思想有重大影響。同年及翌年，胡賽爾發表二册《邏輯探究》，鼓舞了狄爾泰重新為精神科學尋求知識論——方法論——心理學奠基的雄心。

1905 《體驗與詩》出版，狄爾泰的聲望達到巔峯。同年發表第一個〈奠基研究〉——此後繼有發表。同年並發表〈黑格爾的青年史〉，此文後經改寫於翌年正式付梓。

1907 發表長篇論文〈哲學的本質〉；正式從大學退休。

1910　在科學院發表論文〈精神科學中歷史世界的建構〉(簡稱〈建構〉)。並寫成一份題名爲「歷史理性批判」的後續研究草稿。此時狄爾泰身體已極爲虛弱，不宜強探力索，故想完成《史萊瑪赫傳》第二册，作爲其精神科學理論的具體成果，惜未能完成。

1911　〈世界觀的類型及其在形上學體系中的形成〉、〈尼布爾的歷史的世界觀的起點〉等文付梓。是年 9 月底狄爾泰和往年一樣，欲前往 Tyrol 避寒，途經魯爾河畔的 Bozen 時罹疾，不數日卽於 10 月 1 日逝世於 Seis，享年七十八歲。

參考書目

（關於狄爾泰德文原著，卷首已有說明，玆略不載）

1. Antoni, Carlo, *From History to Sociology: The Transition in German Historical Thought*. tr. by Hayden V. White Detroit: Wayne State University Press, 1959.
2. Apel, Karl Otto, "Das Verstehen: eine Problemgeschichte als Begriffsgeschichte". *Archiv für Begriffsgeschichte*, Band I. (1955), 142-199.
3. Bernstein, Richard J., "From Hermeneutics to Praxis", in *The Review of Metophysics* 35 (1982), 823-845.
4. Bleicher, Josef, *Contemporary Hermenentics: Hermeneutics as Method, philosophy and Critique* London, Boston and Henley: Routledge & Kegan Paul. 1980.
5. Bollnow, Otto Friedrich, *Philosophie der Erkenntnis: Das Vorverständnis und die Erfahrung der Neuen*. Stuttgart, Berlin, Köln, Mainz: W. Kohlhammer, 1970.
6. Bollnow, Otto F., *Existenzphilosophie* 5. Aufl., Stuttgart: W. Kohlhammer, 1960.
7. Bollnow, Otto F., *Dilthey: Eine Einführung in Seine Philosophie* Stuttgart, Berlin, Köln, Mainz: Kohlhammer, 1967.
8. Bollnow, Otto F., "The Objectivity of the Humanities and The Essence of Truth." in *Philosophy Today*, 18 (1974), 3-18.
9. Brandt, Richard B., *The Philosophy of Schleiermacher: The Development of His Theory of Scientific and Religious Know-*

ledge. Westport, Connecticut: Greenwood Press, 1971.

10. Brown, Richard H., & hyman Standford M., (ed.) *Sturcture, Consciousness, and History* Cambridge University Press, 1978.
11. Brunner, August *Geschichtlichkeit* Bern und München, 1961.
12. Bubner, Rüdiger *Modern German Philosophy* tr. by Eric Mathews Cambridge University Press, 1981.
13. Bulhof, Ilse N. "Structure and Change in Wilhelm Dilthey's Philosophy of History." in *History and Theory*. 15 (1976), pp. 21–32.
14. Bulhof, Ilse N. *Wilhelm Dilthey: A Hermeneutic Approach to the Study of History and Culture* The Hague: Martinus Nijhoff. 1980.
15. Bultmann, Rudolf *History and Eschatology* Edinburgh University Press, 1975.
16. Chisholm, Roderick M., ed. *Realism and the Background of Phenomenology.* New York: Collier-Macmilliam Limited, London. 1967.
17. Dilthey, Wilhelm *The Essence of Philosophy*. tr. by Stephen A. Emery and William T. Emery. The University of North Cardina p. 1956.
18. Dilthey, Wilhelm *Pattern & Meaning in History: Thoughts on History and Society*. ed. & tr. by J. P. Rickman. New York: Harper & Brothers, 1962.
19. Dilthey, Wilhelm *Selected Writings* ed. tr. & intro. by H. P. Rickman Cambridge U. P. 1976.
20. Dilthey, Wilhelm *Descriptive Psychology and Historical Understanding* tr. by Richard M. Zaner and Kenneth h. Heiges,

with an intr. by Rudolf A. Makkreel. The Hague: Martinus Nijhoff, 1977.

21. Ermarth, Michael *Wilhelm Dilthey: The Critique of Historical Reason.* Chicago and London: The University of Chicago Press, 1978.

22. Frischeisen-Kehler, Max "Wihelm Dilthey als Philosoph." in *Logos* II (1911-12), 29-58.

23. Gadamer, Hans-Georg *Wahrheit und Methode. Grundzüge einer philosophischen Hermeneutik.* 4. Aufl., Tübingen: J. C. B. Mohr. 1975.

24. Gadamer, Hans-Georg *Kleine Schriften.* 4 Bände, Tübingen: J. C. B. Mohr.

I. *Philosophie / Hermeneutik,*	2 Auf. 1976.
II. *Interpretationen.*	2 Aufl. 1979.
III. *Idee und Sprache.*	1972.
IV. *Variationen.*	1977.

25. Gadamer, Hans-Georg *Philosophical Hermeneutics* tr. & ed. by David E. Linge Berkeley, Los Angeles. London: University of California Press, 1977.

26. Gadamer, Hans-Georg & Gottfried Boehm (ed.) *Seminar: Philosophische Hermeneutik* Trankfurt am Main: Suhrkamp 2, Aufl. 1979.

27. Habermas, Jürgen *Knowledge and Human Intersts.* tr. by Jeremy J. Shapiro Boston: Beacon Press, 1972.

28. Heelan, Patrick "Natural Science as a Hermeneutic of Instrumentation." in *Philosophy of Science,* 50 (1983), 181-204.

29. Heidegger, Martin *Sein und Zeit* Tübingen: Max Niemeyer

Verlag, 1962.

30. Hirsch, Eric Donald *Validity in Interpretation* New York: Yale University Press, 1967.
31. Hirsch, Eric D., "Truth and Method in Interpretation." in *The Review of Metaphyics*, 19 (1965), 488–507.
32. Hodges, Herbert Arthur *The Philosophy of Wilhelm Dilthey* London: Routledge & Kegan Paul, 1952.
33. Hodges, Herbert Arthur *Wilhelm Dilthey: An Introduction* London: Routledge & Kegan Paul 2nd. 1949.
34. Holborn, Hajo "Wilhelm Dilthey and the Critique of Historical Reason." in *Journal of the History of Ideas*, 12 (1950) 93–119.
35. Hoy, David Couzens, *The Critical Circle: Literature History and Philosophical Hermeneutics* Berkeley, Los Angeles, London: University of California Press, 1978.
36. Hufnagel, Erwin *Einführung in die Hermeneutik* Stuttgart, Berlin, Köln, Mainz: W. Kohlhammer, 1976.
37. Johach, Helmut, *Handelnder Mensch und Objektiver Geist: Zur Theorie der Geisteswissenschaften bei Wilhelm Dilthey* Meisenheim am Glan: Verlag Anton Ham, 1974.
38. Kimmerle, Heinz *Philosophie der Geisteswissenschaften als Kritik ihrer Methoden.* The Hague: Martinus Nijhoff. 1978.
39. Kluback, William *Wilhelm Dilthey's Philosophy of History* Columbia University Press. 1956.
40. Kluback, William & Weinbaum, Martin *Dilthey's Philosophy of Existence: Introduction to Weltanschauungslehre* (translation of an Essay with Introduction) New York, 1957.

41. Krausser, Peter "Dilthey's Revolution in the Theory of the Structure of Scientific Inquiry and Rational Behavior." in *The Review of Metophysics,* 22 (1968-9), 262-280.

42. Landgrebe, Ludwig *Wilhelm Diltheys Theorie der Geisteswissenschaften: Analyse ihrer Grundbegriffe* Halle, 1928.

43. Linge, David E., "Dilthey and Gadamer, Two Theories of Historical Understanding." in *Journal of the American Academy of Religion.* 61 (1973), 536-553.

44. Maclean, Michael J., "Johann Gustav Droysen and the Development of Historical Hermeneutics." in *History and theory: Studies in the Philosophy of History.* 21 (1982), 347-365.

45. Maddox, Randy I., "Hermeneutic Circle: Viscious or Victorious." *Philosophy Today,* 27 (1983), 66-76.

46. Makkreel, Rudolf A., "Toward a Concept of Style: An Interpretation of Wilhelm Dilthey's Psycho-Historical Account of the Imagination." in *The Journal of Aesthetics and art criticism,* 27 (1968) 171-182.

47. Makkreel, Rudolf A. *Dilthey: Philosopher of the Human Studies.* Princeton: Princeton U. Pr. 1975.

48. Makkreel, Rudolf A. "Husserl, Dilthey and the Relation of the Life-world to History." in *Research in Phenomenology* 12 (1982), pp. 39-58.

49. Mannheim, Karl *Structures of Thinking* ed. & intr. by David Kettler, Volker Meja and Nico Stehr; tr. by Jeremy J. Shapiro and Shierry Weber Nicholsen, London, Boston, Henley: Routledge & Kegan Paul, 1982.

50. Misch, Georg, *Lebensphilosophie und phänomenologie: Eine*

Auseinandersetzung der Diltheyschen Richtung mit Heidegger und Husserl. 3 Aufl. Darmstadt. 1967.

51. Misch, Georg *Vom Lebens- und Gedankenkreis Wilhelm Diltheys*. Frankfurt an Main, 1947.

52. Murray, Michael (ed.) *Heidegger and Modern Philosophy: critical Essays*. New Heaven and London: Yale University Press. 1978.

53. Olafson, Frederick A., *The Dialectic of Action: A Philosophical Interpretation of History and the Humanities*. Chicago and London: The University of Chicago Pr. 1979.

54. Oman, Wilhiam H., *Wilhelm Dilthey's Methodology of the Geisteswissenschaften: A Comparism with Positivism and Marxism on Whole-Part and Theory-Practice* Dissertation, Fordham University. New York, 1979.

55. Outhwaite, William, *Understanding Social Life: The Method called "Verstehen"* New York, Holmes & Meier, 1976.

56. Palmer, Richard E., *Hermeneutics: Interpretation Theory in Schleiermacher, Dilthey, Heidegger, and Gadamer* Evanston: Northwestern U. Pr. 1969.

57. Plantinga, Theodore *Historical Understanding in the Thought of Wilhelm Dilthey*. Toronto, Buffallo, London: University of Toronto Press, 1980.

58. Renthe-Fink, Leonhard von, *Geschichtlichkeit: Ihr terminologischer und begrifflicher Ursprung bei Hegel, Haym, Dilthey und Yorck* 2., durchgesehene Aufl. Göttingen, 1968.

59. Riedel, Manfred "Das erkenntniskritische Motiv in Diltheys Theorie der Geisteswissenschaften." in *Hermeneutik und*

Dialektik I pp. 233-255. ed. Rüdiger Bubner, Konrad Cramer & Reiner Wiehl, Tübingen: J. C. B. Mohr. 1970.

60. Rodi, Frithjof *Morphologie und Hermeneutik: Zur Methode von Diltheys Aesthetik.* Stuttgart, Berlin, Köln, Mainz: Kohlhammer, 1969.

61. Rothacker, Erich "Logik und Systematik der Geisteswissenschaften" in *Handbuch der Philosophie,* Abtlg. II, Betiräge c, ed. A Baeumler & M. Schroter, Münschen und Berlin: R. Oldenbourg, 1926.

62. Scharff, Robert C., "Non-analytical, Unspecutative Philosophy of History: The Legacy of Wilhelm Dilthey." in *cultural Hermenoutics,* 3 (1976), 295-331.

63. Schleiermacher, Fr. D. E., "The Aphorisms on Hermeneutics From 1805, and 1809/10" tr. by Roland Hass and Jan Wojcik in *Cultural Hermeneutics* 4 (1977) 367-390.

64. Schnädelbach, Herbert *Geschichtsphilosophie nach Hegel: Die probleme des Historismus.* Muncheny: Verlag Karl Abler Freiburg. 1974.

65. Spiegelberg, Herbert *The Phenomenological Movement: A Historical Introduction* The Hague, Boston, London: Martinus Nijhoff. 1982.

66. Stegmüller, Wolfgang "The Socalled Circle of Understanding." in *Collected Papers on Epistemology, Philosophy of Sicence and History of Philosophy,* vol. II. Dordrecht, Boston: D. Reidel. 1877.

67. Taylor, Charles, "Interpretation and the Sciences of Man." in *The Reiveiw of Metaphysics.* 25 (1971), 3-51.

68. Tuttle, Howard Nelson *Wilhelm Dilthey's Philosophy of Historical Understanding: A critical Analysis.* Leiden: E. J. Brill, 1969.

69. Wach, Joachim *Die Typenlehre Trendelenburgs und Ihr Einfluss auf Dilthey* Tübingen, 1926.

70. Wach, Joachim *Das Verstehen: Grundzüge eine Geschichte der hermeneutischen Theorie im 19. Jabrhundart,* I–III. Tügingen, 1926–33.

71. Weber, Max "Ueber einige Kategorien der verstehende Sozlolgie." in *Logos* IV (1913) 253–294.

72. Westphal, Merold. *History and Truth in Hegel's "Phenomenology"* New Jersey: Humanities Press, Inc. 1979.

73. White, Hayden *Metahistory: The Historical Imagination in Nıneteenth-Century Europe.* Baltimroe & London: The Johns Hopkins University Press, 1974.

74. Willey, Thomas E., *Back to Kant: The Revival of Kantianism in German Social and Historical Thought, 1860–1914.* Detroit: Wayne State University Press. 1978.

75. Young, Thomas J., "The Hermeneutical Significance of Dilthey's Theory of World-Views." in *International Philosophical Quarterly,* 23 (1983), 125–140.

人名索引